पुस्तकालय आन्दोलन

पुस्तकालय आन्दोलन

डॉ॰ अजय कुमार सिंह

अर्जुन पब्लिशिंग हाउस

पुस्तकालय आन्दोलन

प्रथम संस्करण, 2011

ISBN 978-81-8330-276-0

प्रकाशक :

अर्जुन पब्लिशिंग हाऊस

4831/24, प्रह्लाद गली,

अंसारी रोड, दरियागंज,

नई दिल्ली—110002

फोन : 23272541, 23257835

फैक्स : 91-011-23257835

e-mail : arjunbooks2001@gmail.com

टाइपसेटिंग :

डिम्पल कम्प्यूटर्स

दिल्ली—110092

प्रिन्टर्स :

रोशन आफसेट प्रिंटर्स

दिल्ली – 53

प्रस्तावना

सन् 1850 में विश्व में सबसे पहले सार्वजनिक पुस्तकालय कानून इंग्लैंड में पारित हुआ। सार्वजनिक पुस्तकालय आन्दोलन को अग्रसर करने में कागज के आविष्कार, मुद्रण के आविष्कार, प्रजातन्त्र के आगमन, साक्षरता अभियान तथा औद्योगीकीकरण का महत्त्वपूर्ण योगदान रहा है। ब्रिटेन में सार्वजनिक पुस्तकालय कानून लागू कराने तथा पुस्तकालय आन्दोलन को तीव्र करने में ब्रिटिश म्यूजियम के तत्कालीन सहायक पुस्तकालयाध्यक्ष एडवर्ड्स, ब्रिटिश पार्लियामेंट के सदस्य विलियम एवर्ट तथा जोसेफ ब्राथर्टन के साथ-साथ थॉमस ग्रीनवुड के प्रयत्न विशेष रूप से सराहनीय है।

संयुक्त राज्य अमेरीका आज विश्व का सबसे ज्यादा सम्पन्न तथा विकसित राष्ट्र है। यही वजह है कि पुस्तकालयों की उन्नति में भी वह आगे है। अमेरिका में सार्वजनिक पुस्तकालयों की स्थापना और विकास में Andrew Carnegie का विशेष योगदान रहा है। इसके अलावा रॉकफलर फाउन्डेशन, फोर्ड फाउन्डेशन तथा जनरल एजुकेशन बोर्ड आदि ने भी सार्वजनिक पुस्तकालयों को अनुदान देकर पुस्तकालय आन्दोलन की गतिमान बनाया।

हमारे राष्ट्र में स्वतंत्रता प्राप्ति के बाद से ही पुस्तकालय आन्दोलन लोकप्रिय होता जा रहा है। मात्र शहरों में ही नहीं, गाँवों में भी हजारों की संख्या में पुस्तकालय खुलने लगे हैं। यह स्थिति प्राचीन काल में नहीं थी, क्योंकि मुद्रणकला के अभाव में इतनी पुस्तकें पहले नहीं थीं। दूसरी बात यह थी कि उस समय पुस्तकें सर्वसाधारण की न होकर व्यक्तिगत थीं। जिनके पास पुस्तकें थीं वे ही विद्वान समझे जाते थे। पुस्तकों को वे निधि समझते थे। पुस्तकों के आदान-प्रदान में बहुत संकोच था, परन्तु वर्तमान में इस विषय में बड़ी उदारता

है। यद्यपि पुस्तकालय बड़ी मात्रा में खुलते जा रहे हैं, परन्तु उनसे ज्यादा लाभ नहीं हो रहा है, क्योंकि उनमें से अधिकांश का संचालन जनता की पृष्ठपोषकता में होने के कारण उनका संचालन तथा उपयोग वैज्ञानिक पद्धति से नहीं होता।

ग्रन्थालयों के विकास का आधुनिक काल बीसवीं शताब्दी के प्रारंभ में बम्बई के बड़ौदा जिले में प्रारंभ हुआ। बड़ौदा के महाराजा ने पुस्तकालय आन्दोलन की रूपरेखा निश्चित करने के लिए अमेरिका के सुप्रसिद्ध पुस्तकालयशास्त्री मिस्टर बोरडन को अपने यहाँ बुलाकर, उन्हें अपने राज्य के पुस्तकालय विभाग का अध्यक्ष बनाया। उन्होंने एक निश्चित योजना के अनुसार पुस्तकालयों की स्थापना की। हर शहर तथा महत्वपूर्ण गाँवों में पुस्तकालयों की स्थापना की गई। भ्रमणशील पुस्तकालयों द्वारा घर-घर पुस्तकें पहुँचाई जाने लगीं। आज बड़ौदा राज्य में सार्वजनिक पुस्तकालयों की संख्या हजारों है। पुस्तकालय की स्थापना के साथ-साथ पुस्तकालय-संचालन की शिक्षा देने तथा पुस्तकालय-साहित्य के प्रकाशनों का चातुर्दिक विकास किया गया।

प्रस्तुत पुस्तक 'पुस्तकालय आन्दोलन' में इसके विविध पहलुओं को उजागर करने का प्रयास किया गया है। इस पुस्तक की रचना में प्रत्यक्ष एवं परोक्ष रूप से सहायता करने वाले उन सभी लोगों का आभारी हूँ जिनके सहयोग से पुस्तक की रचना की गई है। पुस्तक की भाषा सरल व सुबोध रखी गई है। आशा है, पुस्तक अध्येताओं का मार्गदर्शन करेगी।

लेखक

अनुक्रम

1

विषय बोध

विश्व में सभ्यता-विकास के साथ-साथ पठन-पाठन की आवश्यकताओं को ध्यान में रखते हुए व्यक्ति ने पुस्तकालयों की स्थापना पर भी ध्यान दिया। इस बात के प्रमाण मेसापोटमिया, मिश्र, यूनान, रोम, चीन, भारत एवं सिंधु-सभ्यता से मिले हैं। कागज का अविष्कार चीन में प्राचीन काल में ही हो गया था। और जब इसकी जानकारी अरब को मिली और इसने यह चीज यूरोप में पहुँचाई। यूरोप में पुनर्जागरण काल के प्रारम्भ से पुस्तकालय आन्दोलन विधिवत ढंग से प्रारम्भ हुआ। फ्रांस और अमरीकी क्रांति के पश्चात् द्रुतगामी गति से पुस्तकालयों का विकास प्रारम्भ हुआ।

ग्रेट ब्रिटेन में ग्रन्थालयों का विकास

सन् 1850 में विश्व में सबसे पहले सार्वजनिक पुस्तकालय कानून इंग्लैंड में पारित हुआ। सार्वजनिक पुस्तकालय आन्दोलन को अग्रसर करने में कागज के आविष्कार, मुद्रण के आविष्कार, प्रजातन्त्र के आगमन, साक्षरता अभियान तथा औद्योगीकीकरण का महत्त्वपूर्ण योगदान रहा है। ब्रिटेन में सार्वजनिक पुस्तकालय कानून लागू कराने तथा पुस्तकालय आन्दोलन को तीव्र करने में ब्रिटिश म्यूजियम के तत्कालीन सहायक पुस्तकालयाध्यक्ष एडवर्ड्स, ब्रिटिश पार्लियामेंट के सदस्य विलियम एवर्ट तथा जोसेफ ब्रार्थर्टन के साथ-साथ थॉमस ग्रीनवुड के प्रयत्न विशेष रूप से सराहनीय हैं।

ब्रिटेन के पुस्तकालय आन्दोलन को दो भागों में विभाजित किया जा सकता है जो निम्न प्रकार हैं—

सन् 1850 से पूर्व पुस्तकालय आन्दोलन—सन् 1850 से पूर्व इंग्लैंड में अग्रलिखित तरह के पुस्तकालय थे—

(i) व्यक्तिगत पुस्तकालय—ये पुस्तकालय जनसाधारण के लिए न होकर पुस्तकालयों के मालिकों तक ही सीमित होते थे। इनमें निहित ज्ञान तथा जानकारी का स्वतन्त्र प्रवाह नहीं था।

(ii) अभिदान ग्रन्थालय—ये पुस्तकालय सामाजिक कार्यकर्ताओं द्वारा स्थापित किये जाते थे। मित्र तथा संबंधी आपसी सहयोग से पुस्तकों का संग्रह कर लेते थे तथा उन्हें एक स्थान पर पढ़ने के लिए उपलब्ध कराते थे। इन पुस्तकालयों का संचालन दान तथा चन्दे आदि की मदद से किया जाता था।

(iii) संस्थानिक ग्रन्थालय—संस्थागत पुस्तकालय शैक्षणिक, धार्मिक, सामाजिक राजनीतिक तथा व्यावसायिक संस्थाओं के माध्यम से स्थापित किये जाते थे। इन पुस्तकालयों का प्रयोग सम्बन्धित संस्था के सदस्य ही कर सकते थे। मठों तथा गिरिजाघरों के पुस्तकालय भी इसी में शामिल थे।

उपरोक्त पुस्तकालय उचित अर्थों में सार्वजनिक पुस्तकालय नहीं थे क्योंकि वे मात्र कुछ ही लोगों तक सीमित थे। 18वीं शदी के मध्य पुस्तकालय शुल्क पुस्तकालय, पुस्तक क्लब तथा रीडिंग सोसाइटी के नाम से प्रकाश में आये। पुस्तकालयों को व्यावसायिक आधार पर भी स्थापित किया गया। इन पुस्तकालयों को लाभ के लिए बड़े-बड़े पुस्तक विक्रेता चलाया करते थे और इन्हें 'संचरित पुस्तकालय' कहा जाता था। सन् 1725 में सर्वप्रथम एडिन वर्ग में Allon Ramsay नामक पुस्तक विक्रेता ने इस तरह के पुस्तकालय की स्थापना की। 19वीं शताब्दी के प्रारम्भ से पूर्व ग्रन्थालयों की संख्या लाखों में पहुँच गई थी।

1850 के उपरांत ग्रन्थालयों का विकास—

(A) 14 The Public Libraries Act, 1850—यह अधिनियम अगस्त 1850 को लागू किया गया। यह कानून इंग्लैंड तथा वेल्स पर ही लागू होता था। इस कानून की मुख्य विशेषताएँ निम्न प्रकार हैं।

(*i*) इन पुस्तकालयों के संचालन के लिए वित्त की व्यवस्था पालिका द्वारा वसूल किये जा रहे सम्पत्ति कर पर पुस्तकालय अधिभार लगा कर की जाती थी। इस राशि को पुरतक क्रय पर खर्च नहीं किया जा सकता था बल्कि यह भवन, प्रकाश, फर्नीचर, पंखों तथा वेतन आदि पर ही व्यय की जा सकती थी।

(*ii*) पुस्तकालय उपयोग निःशुल्क रखा गया।

(*iii*) यह कानून राष्ट्रात्मक न होकर अनुज्ञात्मक था। 10,000 या उससे ऊपर जनसंख्या वाले नगरपालिका क्षेत्रों को इस कानून के अधीन रखा गया। कानून को अपने क्षेत्र में लागू करने के लिए पालिका अधिकारियों को इसका प्रस्ताव पालिका सदस्यों से पारित कराना होता था, प्रस्ताव उपस्थित सदस्यों के 2/3 सदस्यों की सहमति से स्वीकार किये जाने का अधिनियम में प्रावधान था।

इस अधिनियम को लोगों ने अधिक दिलचस्पी से नहीं अपनाया। 1852 तक केवल छः नगरों में सार्वजनिक पुस्तकालय खोले गये। इस कानून के सर्वप्रिय न हो पाने में निम्नलिखित कारण थे--

(*i*) पुस्तकों की खरीद के लिए अधिनियम में कोई प्रावधान न था।

(*ii*) 2/3 मत के अलावा एक बार अधिनियम अस्वीकार हो जाने पर फिर से प्रस्ताव लाने के लिए दो साल का वक्त व्यावहारिक नहीं था।

(*iii*) कानून लागू करने के लिए जनसंख्या को आधार बनाया गया।

(*iv*) वित्तीय साधन मात्र सम्पत्ति कर पर अधिभार था और कोई वित्त का साधन न था।

इस अधिनियम का एक अच्छा परिणाम यह हुआ कि लोगों तथा सरकार ने पुस्तकालयों की स्थापना की जरूरत को पहचानना आरम्भ कर दिया।

(B) 1853 का अधिनियम--इस कानून के द्वारा **The Public Libraries Act, 1850** का कार्यक्षेत्र आयरलैण्ड तथा स्कॉटलैण्ड तक बढ़ा दिया गया।

(C) 1855 का अधिनियम--सन् 1855 में दूसरा पुस्तकालय कानून लागू किया गया, जिसकी प्रमुख विशेषताएँ निम्न प्रकार हैं--

(*i*) इस आमदनी को अब पुस्तक खरीद तथा समाचार पत्रों के खरीद पर भी खर्च किया जा सकता था।

(*ii*) जनसंख्या 10,000 से घटा कर 5,000 कर दी गई।

(*iii*) पुस्तकालय अधिभार की राशि आधा पैनी से बढ़ाकर एक पैनी कर दी गई।

(D) 1892 का कानून--इस कानून के अधीन पुस्तकालय उपकर में वृद्धि की गई जिससे पुस्तकालयों का तीव्र विकास हो सके।

(E) 1898 का कानून--सन् 1898 के कानून में यह प्रावधान किया गया कि पुस्तकालय सम्पत्ति को दूषित करने वालों पर जुर्माना डालना चाहिए।

(F) 1900-1909 के अन्तराल में 208 स्थानीय निकायों ने पुस्तकालय कानून लागू किये और 366 पुस्तकालय भवनों का निर्माण किया गया।

(G) 1913 कार्नेगी ट्रस्ट का निर्माण–सन् 1913 में कार्नेगी यूनाइटेड किंगडम ट्रस्ट की स्थापना की गई जिसने इंग्लैंड पुस्तकालय संघ की मदद से सार्वजनिक पुस्तकालय सेवा स्थापित करने की कोशिश की। इससे उपनगरीय तथा ग्रामीण क्षेत्र भी पुस्तकालय सेवा के अधीन आ गये।

(H) 1915 एडम्स रिपोर्ट–वर्तमान युग में पुस्तकालय व्यवस्था में एक अव्यवस्था-सी फैल गई थी। कार्नेगी ट्रस्ट ने इस अव्यवस्था पर काबू करने के लिए, इंग्लैंड की पुस्तकालय व्यवस्था का सर्वेक्षण कराने के लिए ऑक्सफोर्ड विश्वविद्यालय के प्रो. एडम्स को चुना। प्रो. एडम्स ने अपनी रिपोर्ट 1915 में पेश की जिसमें उन्होंने लिखा "अधिकांश पुस्तकालय अपने रख-रखाव पर ही इतनी धनराशि खर्च कर रहे हैं कि उनके मुख्य उद्देश्य पुस्तकालय सेवा और पुस्तक खरीदने हेतु धनराशि बचती ही नहीं। अनेक पुस्तकालयों में व्यर्थ के मदों जैसे भवन निर्माण आदि पर 10,000 पौंड से भी अधिक व्यय किये गये जिनके रख-रखाव के लिए ही पैनी की दर से वसूल किये गये धन का सारा हिस्सा व्यय हो जाता है और अनेक पुस्तकालयों में तो पुस्तक खरीद के लिए धन बचता ही नहीं। जहाँ दान दाताओं द्वारा दी गई मदद से बड़े भवनों का निर्माण हो गया; इन भवनों में कमी करनी पड़ी। अनेक मामले तो ऐसे सामने आये जिनकी आमदनी, इन सुन्दर भवनों के योग्य पुस्तकालय निर्माण करने, योग्य पुस्तकालयाध्यक्ष उपलब्ध कराने के लिए अपर्याप्त थी।"

सन् 1919 में प्रो.एडम्स रिपोर्ट से प्रभावित होकर ही ग्रन्थालय अधिनियम लागू किया गया था।

(I) 1919 का सार्वजनिक पुस्तकालय अधिनियम–इस कानून को 23 दिसम्बर, 1919 को राजकीय मान्यता मिल गई। इस कानून की मुख्य विशेषताएँ निम्नलिखित हैं–

(*i*) स्थानीय निकाय तथा परिषद् को पुस्तकालय प्राधिकरण का स्थान दिया गया।

(*ii*) पुस्तकालयों के भवन, वित्त, कर्मचारी, पुस्तकों आदि की जरूरत के मुताबिक व्यवस्था करना निकायों का दायित्त्व निर्धारित किया गया।

(*iii*) इस कानून द्वारा इंग्लैंड तथा वेल्स में पुस्तकालय उपकर की सीमा हटा दी गई।

(*iv*) पुस्तकालय सेवा को काउन्टी तक पहुँचाने की व्यवस्था की गई।

इस अधिनियम के लागू होने के उपरांत 96 प्रतिशत लोगों को ग्रन्थालयी सुविधा प्राप्त होने लगी।

(J) सन् 1923 में इंग्लैंड के शिक्षा बोर्ड के माध्यम से सर फ्रेडरिक कैनियन की अध्यक्षता में 'पुस्तकालयों' के लिए एक समिति का निर्माण किया गया। इस समिति के निम्नलिखित लक्ष्य थे–

(*i*) राष्ट्र की सामान्य शिक्षा में पुस्तकालयों के योगदान का अध्ययन।

(*ii*) पुस्तकालय अधिनियमों के अधीन स्थापित पुस्तकालयों तथा अन्य साधनों द्वारा स्थापित पुस्तकालयों के पारस्परिक सम्बधों का अध्ययन।

(*iii*) पुस्तकालय अधिनियमों में दिये गये पुस्तकालयों के प्रावधानों की उपयुक्तता का अध्ययन।

1927 में सर कैनियन ने अपनी रिपोर्ट प्रस्तुत की और कहा कि इंग्लैंड तथा वेल्स में 96% लोगों को पुस्तकालय सेवाएँ प्राप्त हो रही हैं। उन्होंने वाचनालयों पर होने वाले व्यय को अतिरिक्त खर्च बताया। उसकी मुख्य अनुशंसाएँ निम्नवत थीं–

(*i*) छात्रों के केन्द्रीय पुस्तकालय को ब्रिटिश म्यूजियम पुस्तकालय से सम्बद्ध किया जाये।

(*ii*) सार्वजनिक पुस्तकालयों का विशिष्ट पुस्तकालयों के साथ समन्वय किया जाए।

(*iii*) पुस्तकालय सेवा में सुधार तथा प्रोन्नति के लिए पुस्तकालयों में प्रशिक्षित पुस्तकालयाध्यक्षों का चुनाव तथा वर्तमान कार्यरत पुस्तकालयाध्यक्षों को प्रशिक्षित किया जाए।

(*iv*) पुस्तकालय व्यवसाय में अच्छे व योग्य व्यक्तियों को आकर्षित करने के लिए उनको उचित वेतन दिया जाये तथा उनके पद की गरिमा में वृद्धि की जाए।

(*v*) सरकारी पुस्तकालयों के साथ-साथ वांछित सेवार्थी संस्थाओं को भी सार्वजनिक पुस्तकालय खोलने के लिए प्रेरित किया जाये।

(*vi*) एक केन्द्रीय पुस्तकालय बनाया जाये जिसके अधीन क्षेत्रीय आधार पर पुस्तकालयों का एक समूह बनाया जाये।

(*viii*) पुस्तकालयों में सहभागिता तथा सहकारिता में वृद्धि की जानी चाहिए।

इस समिति की अनेक सिफारिशों को व्यावहारिक रूप दिया गया। इस समिति ने पुस्तकालयों को शिक्षा के महत्त्वपूर्ण माध्यम के रूप में स्वीकार किया था, इसीलिए ब्रिटेन के सार्वजनिक पुस्तकालयों के इतिहास में कैनियन समिति की रिपोर्ट एक बदला हुआ बिन्दु था।

(K) मैक-कोलविन रिपोर्ट, 1941–पुस्तकालय संघ के सन् 1941 में अपने मानद सचिव मैककोलविन जो वैस्टमिन्सटर के सिटी पुस्तकालय के अध्यक्ष थे, को इंग्लैंड के सार्वजनिक पुस्तकालयों की वर्तमान स्थिति तथा उनकी भविष्य की जरूरतों का सर्वे करने के लिए चुना गया। 1942 में उन्होंने अपनी रिपोर्ट प्रस्तुत की। इस रिपोर्ट की सिफारिशें इस प्रकार हैं–

(*i*) सार्वजनिक पुस्तकालयों का अनुदान भी उच्च शिक्षा के पुस्तकालयों के समान होना चाहिए।

(*ii*) राष्ट्र में पुस्तकालय सेवा के विकास तथा उसके अनुरक्षण के लिए केन्द्रीय स्तर पर एक प्राधिकरण होना चाहिए।

(*iii*) एक ऐसे विभाग का निर्माण किया जाये जो पुस्तकालय भवनों के प्रस्ताव, ऋण आदि के प्रस्तावों का परीक्षण तथा विश्लेषण करे, पुस्तक खरीदने के मापदण्ड निश्चित करे, पुस्तकालय कर्मचारियों की योग्यता तथा वेतन निश्चित करे।

यह रिपोर्ट सरकारी रिपोर्ट न होते हुए भी इंग्लैंड के सार्वजनिक पुस्तकालयों के विकास के लिए इसने विशेष योगदान दिया है।

(L) राबर्ट्स रिपोर्ट—सन् 1957 में पुस्तकालय संघ के प्रयत्नों से एक समिति की स्थापना राबर्ट सिडनी की अध्यक्षता में की गई। राबर्ट ब्रिटेन के शिक्षा मन्त्री थे। समिति ने सिडनी 1959 में निम्नलिखित सिफारिशें प्रस्तुत कीं—

(*i*) पुस्तकालयों में योग्य तथा प्रशिक्षित व्यक्तियों का चुनाव किया जाए।

(*ii*) काउन्टी, काउन्टी वारोज, मैट्रोपोलिटन वारोज और लंदन शहर को पुस्तकालय प्राधिकरण बनाए रखने की सिफारिश की गई।

(*iii*) पेरिस को पुस्तकालय प्राधिकरण का अधिकार न दिया जाए।

(*iv*) सार्वजनिक पुस्तकालयों की देख-रेख का दायित्व शिक्षामंत्री पर होना चाहिए।

(*v*) सार्वजनिक पुस्तकालय तथा अन्तःपुस्तकालय सहयोग के लिए अधिनियमों में और प्रावधान किये जाएँ।

(M) सार्वजनिक पुस्तकालय तथा संग्रहालय अधिनियम, 1964—इस अधिनियम के अंतर्गत सार्वजनिक पुस्तकालय सेवा के मानक तथा अन्तःपुस्तकालय सहकारिता पर गठित किए गए दो कार्यकारी दलों को जाता है, जिन्होंने अपनी रिपोर्ट 1962 में पेश की। सार्वजनिक पुस्तकालय तथा म्यूजियम कानून अप्रैल, 1965 को लागू किया गया। इस अधिनियम के द्वारा शिक्षा तथा विज्ञान विभाग के सचिव को सार्वजनिक पुस्तकालय सेवा की प्रोन्नति, विकास तथा अधीक्षण के लिए उत्तरदायी बनाया गया। ग्रन्थालयों का विकास द्रुतगामी गति से प्रारम्भ हो गया देशभर के सभी स्थानीय निकायों में ग्रन्थालयों की पहुँच हो गई।

(N) पैरी कमीशन—विश्वविद्यालय पुस्तकालयों की वस्तु स्थिति की जानकारी, विश्वविद्यालय अनुदान आयोग के माध्यम से उनके विकास की सम्भावनाओं तथा राष्ट्रीय पुस्तकालय ब्रिटिश म्यूजियम के साथ उनके भावी सम्बन्धों की सम्भावनाओं

का पता लगाने के लिए थामस पेरी की अध्यक्षता में एक आयोग बनाया गया। इस आयोग ने 1967 में अपनी रिपोर्ट प्रकट करते हुए सरकार का ध्यान पुस्तकालय व्यवस्था और निर्माण की और खींचा और एक शिखर पुस्तकालय "ब्रिटिश राष्ट्रीय पुस्तकालय" की सिफारिश की।

(O) डायटन समिति—डॉ. एफ.एस. डायटन की अध्यक्षता में ब्रिटिश म्यूजियम लाइब्रेरी, नेशनल लैंडिंग लाइब्रेरी फॉर साइन्स एण्ड टैक्नालॉजी और साइन्स म्यूजियम लाइब्रेरी के कार्य तथा निर्माण की समीक्षा के लिए ब्रिटिश सरकार के शिक्षा सचिव ने एक समिति बनाई। इस समिति ने राष्ट्रीय पुस्तकालय प्राधिकरण की स्थापना की अनुशंसा की। सरकार ने इस समिति की अनुशंसाओं के आधार पर नया कानून लाने पर विचार किया। नये कानून में पुस्तकालय सेवा में सन्दर्भ सेवा, ऋण पुस्तकालय सेवा, तथा वाङ्मय सेवा को शामिल करने का प्रावधान किया गया। इस नये निर्माण को 'ब्रिटिश लाइब्रेरी' कहा गया। ब्रिटिश लाइब्रेरी एक्ट, 1972 में पारित हुआ और 1973 में लागू किया गया।

ब्रिटिश ग्रन्थालय के लक्ष्य—आधुनिक राष्ट्रीय तथा अर्द्ध-राष्ट्रीय पुस्तकालयों की विलय कर एक पुस्तकालय तन्त्र बनाना था। ब्रिटिश लाइब्रेरी के अग्रलिखित तीन विभाग सन्दर्भ विभाग, आदान विभाग, वाङ्मय सेवा विभाग थे।

वर्तमान सन्दर्भ तथा आदान विभागों की जगह मानविकियों तथा समाज सेवा विज्ञान, विज्ञान, तकनीकी तथा उद्योग विभाग स्थापित किये गये हैं। ब्रिटिश लाइब्रेरी के प्रबन्धन के लिए ब्रिटिश लाइब्रेरी बोर्ड का निर्माण किया गया है।

वर्तमान समय में ब्रिटिश ग्रन्थालय के अन्तर्गत सर्विस सेक्टर निम्न हैं—

(*i*) अनुसन्धान तथा विकास।
(*ii*) विज्ञान, तकनीकी तथा उद्योग।
(*iii*) मानविकी तथा समाज विज्ञान।
(*iv*) केन्द्रीय प्रशासन।
(*v*) वाङ्मय सेवाएँ।

ब्रिटेन के सार्वजनिक ग्रन्थालयों के विकास में 1850 का समय एक ऐतिहासिक काल माना जाता है। 1919 के कानून द्वारा काउन्टी कौंसिल को भी राष्ट्रव्यापी सार्वजनिक पुस्तकालय तन्त्र का विकास करने के लिए लागू कर दिया गया था, परन्तु कुछ विकसित टाऊन पुस्तकालय इस तन्त्र से अलग रहे। **Museum and Library Act of England and Wales, 1964** तथा **Local Government Act, 1972** (लागू हुआ 1974) ने 1973 और 74 में प्राधिकरणों

को दुबारा लागू किया। इन कानूनों के द्वारा सार्वजनिक पुस्तकालयों में पुस्तकालय सेवाओं के विकास के आदर्शों में वृद्धि हुई।

संयुक्त राज्य अमेरीका में पुस्तकालय आन्दोलन

संयुक्त राज्य अमेरीका आज विश्व का सबसे ज्यादा सम्पन्न तथा विकसित राष्ट्र है। यही वजह है कि पुस्तकालयों की उन्नति में भी वह आगे है। अमेरीका में सार्वजनिक पुस्तकालयों की स्थापना और विकास में Andrew Carnegie का विशेष योगदान रहा है। इसके अलावा रॉकफलर फाउन्डेशन, फोर्ड फाउन्डेशन तथा जनरल एजुकेशन बोर्ड आदि ने भी सार्वजनिक पुस्तकालयों को अनुदान देकर पुस्तकालय आन्दोलन को गतिमान बनाया। संयुक्त राज्य अमेरिका के ग्रन्थालयों के इतिहास को तीन भागों में विभाजित किया गया है–

1. औपनिवेशिक काल
2. सामाजिक पुस्तकालय
3. वाणिज्यिक ग्रन्थालय

1. औपनिवेशिक काल–अमेरिका की खोज के पश्चात् यूरोपीय देशों से गए लोग ने अनेको ग्रन्थों के संग्रह भी अपने साथ ले गए थे। इस युग के सभी पुस्तकालय निजी पुस्तकालय थे। इच्छुक व्यक्ति ही इन पुस्तकों का उपयोग कर सकते थे। पुस्तकें घर पर पढ़ने के लिए जारी नहीं होती थी। उस समय के कुछ मुख्य पुस्तकालय प्लाईमाउथ कॉलोनी के विलियम ब्रेवस्टर, कोनेक्टीकट कॉलोन के गवर्नर विनथ्रोप, फलेडे लाफिया कॉलोनी के जेम्स लॉगन इत्यादि थे। अमेरीका में सार्वजनिक पुस्तकालयों की स्थापना का श्रेय बोस्टन के एक व्यापारी को जाता है जिसने अपनी वसीयत में 1963 में लिखा था कि, "मेरे मरणोपरांत मेरी सम्पत्ति में से 300 पौंड का बोस्टन के टाऊन हाऊस में एक हाल का निर्माण करने तथा उसमें सार्वजनिक पुस्तकालय खोलने में जाये।" **थॉमस ब्रे** जो आंग्लीकन पादरी थे, ने कॉलोनीवासियों के धर्म साहित्य अध्ययन के लिए साहित्यिक केन्द्र खोले। ये साहित्यिक केन्द्र एक तरह के सार्वजनिक पुस्तकालय ही थे। सन् 1955 तक इस तरह के कुल 70 केन्द्र खुल चुके थे। इन ग्रन्थालयों में धार्मिक पुस्तकों का संग्रह भी बहुतायत में किया गया था।

2. सामाजिक पुस्तकालय–सत्रहवीं सदी में अनेकों ग्रन्थालय क्लब के समान थे। इन पुस्तकालयों का प्रयोजन था–लोगों की ज्ञान विषयक जरूरतों को पूरा करना। ये पुस्तकालय या तो व्यक्तिगत थे अथवा चन्दे से संचालित थे। अमेरीका में भी इंग्लैंड

की भाँति चन्दा पुस्तकालय और पुस्तक क्लब बनाए गए थे जिनको सार्वजनिक पुस्तकालय कहा जाता था। 1793 में फ्रेंकलिन ने एक कम्पनी **'Library Company of Phieladelphia'** बनाई। अमेरीका में सामाजिक पुस्तकालयों की स्थापना करने वाली इसी कम्पनी को माना जाता है क्योंकि पुस्तकालय क्षेत्र में रुचि रखने वालों को इस कम्पनी में शामिल करने का श्रेय फ्रैंकलिन को जाता है।

3. व्यावसायिक पुस्तकालय—संयुक्त राज्य अमेरिका में 18वीं शताब्दी के अन्त एवम् 19वीं शताब्दी के प्रारम्भ में अनेकानेक सामाजिक पुस्तकालय जैसे न्यूपोर्ट का रेड वुड पुस्तकालय, न्यूयार्क सोसाइटी लाइब्रेरी आदि प्रचलित हो चुके थे। इन सामाजिक पुस्तकालयों में धार्मिक पुस्तकों के अलावा इतिहास, साहित्य, व्याकरण तथा जीवनियों से सम्बन्धित पुस्तकें भी उपस्थित थीं परन्तु सार्वजनिक पुस्तकालय कानून ने इसकी गति को धीमा कर दिया। औद्योगिक क्रान्ति से प्रभावित होकर नये-नये व्यावसायिक घरानों, बड़े उद्योगों व कारखानों के वैज्ञानिकों तथा श्रमिकों के लिए उनके व्यवसाय से सम्बन्धित ज्ञान का साहित्य प्रदान करने के लिए व्यावसायिक पुस्तकालय स्थापित करने पड़े। व्यापारियों तथा व्यापारिक संघों ने अपने कर्मचारियों के लिए व्यावसायिक पुस्तकालय स्थापित किए।

निःशुल्क सार्वजनिक पुस्तकालय सेवा की ओर सर्वप्रथम न्यूयार्क राज्य के गवर्नर डेविट क्लिंटन का ध्यान गया और उन्होंने राज्य की विधानसभा को जिला स्कूल पुस्तकालय बनवाने की सलाह दी। सन् 1835 में न्यूयार्क विधान सभा ने इस विषय में एक कानून पारित किया। 1876 के अन्त तक 21 राज्यों में इस तरह के स्कूल जिला पुस्तकालय उद्भूत हुए।

पुस्तकालय अधिनियम

सन् 1833 में अमेरिका में न्यू हैम्पशायर राज्य में सर्वप्रथम सार्वजनिक पुस्तकालय की स्थापना की। अमेरीका में सबसे पहले मैसाच्यूस्ट्स राज्य की विधानसभा ने बोस्टन शहर की नगरपालिका को सार्वजनिक पुस्तकालय संचालन के लिए कर लगाने की अनुमति प्रदान की। अगले साल न्यू हैम्पशायर राज्य ने भी अपने शहरों और कस्बों की नगरपालिकाओं को सार्वजनिक पुस्तकालय स्थापित करने की स्वीकृति दे दी। 1859 में Boston Public Library Act पारित कर पुस्तकालय को सर्वसाधारण के लिए निःशुल्क खोल दिया। इसी तरह 1865 में Maine में, Vermount तथा न्यूयार्क में 1872 में पुस्तकालय कानून बनाये गये। इन अधिनियमों का उद्देश्य नगरपालिका के नागरिकों को निःशुल्क पुस्तकालय सेवा उपलब्ध करना था। प्रायः सभी अधिनियमों

में प्रावधान किया गया कि अतिरिक्त कर की आय को पुस्तकालय मद में अलग से संग्रह किया जाये।

संयुक्त राज्य अमेरिका की केन्द्रीय सरकार ने पुस्तकालय अधिनियम में कोई बदलाव नहीं किया। 1956 में पहली बार सामान्य पुस्तकालय अधिनियम राष्ट्रीय स्तर पर पारित किया गया। यह अधिनियम ग्रामीण क्षेत्रों में पुस्तकालय सेवा प्रदान करने के लिए बनाया गया था। इसमें 1964 में संशोधन किया गया तथा इसके कार्यक्षेत्र में नगरों को भी शामिल कर लिया गया। सन् 1966 में इस अधिनियम का नाम विस्तृत कर ग्रन्थालयी सेवा एवम् निर्माण अधिनियम रखा गया।

इस राष्ट्रीय कमीशन के कार्य निम्नवत हैं–

(*i*) पुस्तकालय सेवा में सुधार लाने तथा उसे कारगर बनाने के लिए अमेरीकी कांग्रेस को सलाह देना और उसकी त्रुटियों से परिचय कराना।

(*ii*) पुस्तकालय सेवा विकास की भावी योजनाएँ तैयार करना।

(*iii*) पुस्तकालयों के विकास के लिए कांग्रेस, राष्ट्रपति, राज्यों तथा स्थानीय निकायों को परामर्श देना।

(*iv*) पुस्तकालय उपभोक्ता का समय-समय पर सर्वेक्षण करना।

ग्रन्थालय संघ एवं ग्रन्थालयों का विकास

अमेरिकी ग्रन्थालयों के विकास में अमेरिका ग्रन्थ संघ ने महती भूमिका निभाई है। अमेरिकन ग्रन्थालय संघ की स्थापना सन् 1876 में की गई। 1876 में ही **Melvil Dewey** ने दशमलव वर्गीकरण पद्धति का पहला संस्करण निकाला था। इस तरह सन् 1876 अमेरिकी पुस्तकालयों के इतिहास का एक स्वर्णकाल था। **मेलविल ड्यूई** (Melvil Dewey) ही अमेरिकन ग्रन्थालय संघ के संस्थापक-सचिव थे। अमेरिकन ग्रन्थालय संघ ने निम्नलिखित कार्यों को प्रधानता दी–

(*i*) बौद्धिक स्वतन्त्रता।

(*ii*) जनजागृति आदि।

(*iii*) ज्ञान तथा सूचना प्राप्त करना।

(*iv*) वैज्ञानिक तथा वित्तीय साधन।

सन् 1948 में अमेरिकन ग्रन्थालय संघ के द्वारा 'पुस्तकालय अधिकारों का विधेयक' स्वीकार किया गया और इसका प्रकाशन अमेरिकन ग्रन्थालय संघ Bulletin, जुलाई-अगस्त 1948 में किया गया। संघ ने 'पढ़ने की स्वतंत्रता' को भी स्वीकार किया। संघ के वार्षिक सम्मेलन में लगभग 7500 सदस्य हिस्सा लेते हैं।

अमेरिकन ग्रन्थालय संघ के अलावा, विशिष्ट पुस्तकालय संघ, चिकित्सा विज्ञान पुस्तकालय संघ तथा अमेरीकन पुस्तकालय-अध्ययनशालाओं का संघ आदि अन्य राष्ट्रीय संघ भी अमेरीका में पुस्तकालय आन्दोलन को गतिमान करने में सक्रिय रूप से भाग ले रहे हैं।

वर्तमान समय में अमेरिका के अनेक राज्यों में सार्वजनिक ग्रन्थालय इस प्रकार हैं—

(*i*) कानून सन्दान पुस्तकालय।

(*ii*) काउन्टी पुस्तकालय।

(*iii*) राज्य पुस्तकालय।

(*iv*) नगरपालिका पुस्तकालय।

(*v*) विद्यालय मण्डल में सार्वजनिक पुस्तकालय।

इनके अलावा संयुक्त राज्य अमेरीका में शैक्षणिक, अनुसंधान तथा विशिष्ट पुस्तकालय भी सेवारत हैं, जैसे National Library of Medicine (USA) (1836) एवं राष्ट्रीय कृषि पुस्तकालय आदि।

संयुक्त राज्य अमेरीका में प्राथमिक विद्यालयों से ही पुस्तकालय सेवा शुरू हो जाती है। समस्त महाविद्यालयों में प्रशिक्षित पुस्तकालयाध्यक्ष सेवा प्रदान करते हैं। विश्वविद्यालय पुस्तकालय तो विश्वविद्यालय का हृदय माना जाता है। अतः अमेरिकी विश्वविद्यालयों में बहुत बड़े तथा उत्तम पुस्तकालय हैं।

पुस्तकालय व्यक्तियों तथा समूहों दोनों को ग्रन्थालयी सेवा प्रदान करा रहे हैं। 'वरिष्ठ नागरिकों' को भी सार्वजनिक पुस्तकालय सेवा उपलब्ध कराई जाती है। चल पुस्तकालयों का भी प्रावधान है। आज अमेरीका में लगभग 7600 सार्वजनिक पुस्तकालय तन्त्र मौजूद हैं। लगभग 21500 प्रशिक्षित व्यक्ति कार्य कर रहे हैं। न्यूयार्क सार्वजनिक पुस्तकालय विश्व का सबसे विशाल सार्वजनिक पुस्तकालय तन्त्र है।

लाइब्रेरी ऑफ कांग्रेस की स्थापना 1800 में की गई। यह विश्व का विशालतम पुस्तकालय है। संयुक्त राज्य अमेरीका के पुस्तकालयों के विकास में ग्रन्थालय अधिनियम, 1956 की प्रमुख भूमिका रही है।

भारत में ग्रन्थालयों का विकास

ऐसा भारत में पुस्तकालयों की स्थापना आर्यों में आगमन से प्रारंभ हुआ माना जाता है। क्योंकि उनके आने के पश्चात् वृहद रूप में वेद, ब्राह्मण, पुराण आदि ग्रन्थ,

लिखे गए थे। इससे इस बात की आशंका भी होती है कि इन पुस्तकों के पठन-पाठन हेतु इन पुस्तकों को रखने की भी व्यवस्था अवश्य रही होगी। पुस्तकालयों के सम्बन्ध में स्पष्ट उल्लेख मुगलों के काल में होता है जिन्होंने अनेकों पुस्तकालयों की स्थापना की थी बाद में यूरोपीयन पुर्तगाली, फ्रांसीसी तथा अंग्रेजों ने पुस्तकालयों के विकास में महत्त्वपूर्ण भूमिका निभाई।

हमारे राष्ट्र में स्वतंत्रता प्राप्ति के बाद से ही पुस्तकालय-आन्दोलन लोकप्रिय होता जा रहा है। मात्र शहरों में ही नहीं, गाँवों में भी हजारों की संख्या में पुस्तकालय खुलने लगे हैं। यह स्थिति प्राचीन काल में नहीं थी, क्योंकि मुद्रणकला के अभाव में इतनी पुस्तकें पहले नहीं थीं। दूसरी बात यह थी कि उस समय पुस्तकें सर्वसाधारण की न होकर व्यक्तिगत थीं। जिनके पास पुस्तकें थीं वे ही विद्वान समझे जाते थे। पुस्तकों को वे निधि समझते थे। पुस्तकों के आदान-प्रदान में बहुत संकोच था, परन्तु वर्तमान में इस विषय में बड़ी उदारता है। यद्यपि पुस्तकालय बड़ी मात्रा में खुलते जा रहे हैं, परन्तु उनसे ज्यादा लाभ नहीं हो रहा है, क्योंकि उनमें से अधिकांश का संचालन जनता की पृष्ठपोषकता में होने के कारण उनका संचालन तथा उपयोग वैज्ञानिक पद्धति से नहीं होता।

तीसरी दुनिया के देशों में भारत के समान स्कूलों एवं कालेजों में पर्याप्त ग्रन्थालयों की व्यवस्था नहीं है। यद्यपि वहाँ उत्तम किस्म की पुस्तकें संग्रहीत रहती हैं, पर छात्र अपनी पाठ्य-पुस्तकों के अलावा उन पुस्तकों को भी पढ़ें। पुस्तकें आलमारियों की शोभा बनी रहती हैं, पर छात्र उन पुस्तकों का उपयोग कर किस तरह आनन्द और शिक्षा प्राप्त कर सकते हैं, यह उन्हें नहीं बतलाया जाता। यही वजह है कि बहुत कम छात्र पुस्तकालयों का उपयोग करते हैं।

अतएव, पुस्तकालयों और पुस्तकों का ज्यादा से ज्यादा उपयोग कराना भी पुस्तकालय-आन्दोलन की मुख्य जिम्मेदारी होती है। इसके लिए समय-समय पर पुस्तकालय में विभिन्न तरह की प्रदर्शनियों का आयोजन कर पाठकों का ध्यान पुस्तकालय की विशिष्टिता की ओर मोहित करना होगा जिससे उनमें पुस्तकालय आकर पढ़ने की रुचि पैदा हो। साथ ही पुस्तकों के चुनाव में काफी सतर्कता रखनी होगी, पुस्तकालय के उद्देश्य की सफलता तथा सार्थकता काफी हद तक इसी पर आधारित होती है। पुस्तकें ऐसी हों, जो ज्ञानवर्धक होने के साथ-साथ मनोरंजन करने वाली भी हों। ये दोनों कार्य बहुत कुछ पुस्तकालयाध्यक्ष की योग्यता पर ही निर्भर करते हैं। परन्तु हमारे यहाँ पुस्तकालयाध्यक्ष के निर्वाचन के समय उनकी योग्यता को महत्त्व नहीं दिया जाता। ग्रामीण पुस्तकालयों की बात तो छोड़िये, शहरों तथा स्कूलों, कालेजों के पुस्तकालयों में भी इस पर उचित

ध्यान नहीं दिया जाता। अतएव, भारत में चतुर्दिक विकास लाने हेतु पुस्तकालय का पर्याप्त विकास किया जाना अति जरूरी है।

ग्रामीण ग्रन्थालय के पुस्तकालयाध्यक्षों के ऊपर बहुत बड़ा दायित्व है। गाँवों में शिक्षित लोगों की संख्या बहुत कम है, उनमें पढ़ने की रुचि नहीं के बराबर रहती है। ऐसे लोगों में पुस्तकें पढ़ने की रुचि उत्पन्न करना और उन्हें पुस्तकालय के प्रति आकर्षित करना अवश्य ही विशेष जिम्मेदारी का कार्य है। अनुभवी पुस्तकालयाध्यक्ष ही इस कार्य को बेहतर ढंग से कर सकता है।

पुस्तकालय को विश्वविद्यालय का पूरक कहा गया है। जो चीज विश्वविद्यालय के बँधे-बँधाये पाठ्यक्रम में नहीं सीखी जा सकती, उसे सीखने का सुयोग पुस्तकालय में आसानी से प्राप्त किया जा सकता है। सोवियत रूस में निरक्षरता-निवारण के लिए आरम्भ में पुस्तकालय की ही मदद ली गई थी। हमारे राष्ट्र में भी मानव-शिक्षा के विस्तार में पुस्तकालयों से मदद लेना लाभदायक सिद्ध होगा किन्तु, पुस्तकालय की इस उपयोगिता की ओर अभी तक ध्यान नहीं दिया गया है, न तो सरकार की ओर से और न जनता की ओर से। जब तक ग्रामवासियों की निरक्षरता दूर नहीं होती तब तक पुस्तकालय-आन्दोलन पूर्ण रूप से सफल तथा सार्थक नहीं हो सकता।

अतः निरक्षरता-निवारण के लिए पुस्तकालय को एक जरूरी साधन बनाना होगा, क्योंकि पुस्तकालय प्रौढ़ों में प्राथमिक और माध्यमिक स्तर की शिक्षा का विस्तार जितनी आसानी से कर सकता है, उतनी आसानी से अन्य कोई भी संस्था नहीं कर सकती। अगर कोई जिज्ञासु पाठक शिक्षा के प्रसार में परिवर्तन लाना चाहता है तो उसे इस आन्दोलन में अवश्य भाग लेना चाहिए।

इन समस्त लक्ष्यों की प्राप्ति के लिए सबसे पहले पुस्तकालय-आन्दोलन को राष्ट्रीय आन्दोलन की मर्यादा प्रदान करनी होगी, जिससे राष्ट्र में साहित्य तथा ज्ञान-विज्ञान का समुचित प्रसार हो सके, राष्ट्र का सांस्कृतिक स्तर ऊँचा उठ सके और राष्ट्र के ज्ञान-भंडार में वृद्धि हो सके।

प्राचीन भारत में पुस्तकालय-आन्दोलन

ऐसा माना जाता है कि पुस्तकालयों का विकास भारत में प्राचीन काल से ही प्रारंभ हो गया था। प्राचीन काल से भारत प्राकृतिक सम्पदा सम्पन्न देश रहा है और यही वजह है कि यहाँ पर शुरू से चिन्तन-मनन की प्रक्रिया में लगे हुए अनेकों ऋषि हुए जिन्हें चलते-फिरते पुस्तकालयों की संज्ञा दी जाती थी।

लिखावट के आविष्कार के पूर्व भारत में कवित प्रधान साहित्य का पूरा विकास हो चुका था और यह मौखिक रूप से पिता से पुत्र और गुरु से शिष्य के पास आता रहा। जब लिखावट का आविष्कार हुआ, तब बड़ी सावधानी से ताड़ के पत्तों, केले के छालों या ताम्रपत्रों पर उन साहित्यों की पाडुलिपियाँ तैयार की गईं जिसे हम प्राथमिक पुस्तकालय की संज्ञा दे सकते हैं। संस्कृत वाङ्मय के अध्ययन से मालूम होता है कि वैदिक काल में भी पुस्तकालय का आस्तित्त्व था। ज्ञानी लोग सभा-समितियों में हस्तलिखित पुस्तकें पढ़कर सुनाया करते थे। इसका विकसित रूप हमें बौद्ध काल में मिलता है। कनिष्क ने बौद्ध ग्रन्थों का एक प्रामाणिक संग्रह किया और उन्हें ताम्रपत्रों पर लिखवाकर एक अलग स्तूप में उन्हें सुरक्षित रखवाया।

भारत में चन्द्रगुप्त द्वितीय (396-414 ई.) ने अपनी पुस्तक में उसने लिखा है कि उन्हें पटना के एक मठ से महायान साहित्य की पुस्तकें प्राप्त हुईं। दूसरे चीनी यात्री ह्वेनसांग, जो महाराज हर्षवर्द्धन के समय 626 ई. से 644 ई. तक यहाँ रहे, भारतीय साहित्य का अध्ययन करने के लिए कुछ समय तक नालंदा विश्वविद्यालय में निवास किया था। उस समय नालन्दा विश्वविद्यालय का पुस्तकालय तो बहुत ही उच्च कोटि का था। 'इत्सिंग' ने इस पुस्तकालय का नाम 'धर्मगंजा' लिखा है। पुस्तकालय में इतनी पुस्तकों की भरमार थी कि वे एक जगह नहीं रखी जा सकती थीं, इसलिए पुस्तकालय तीन विभागों में बाँट दिया गया था–(1) रत्नोदधि, (2) रत्नसागर तथा (3) रत्नरंजक। इनमें से हर में छात्र एक साथ बैठकर पढ़ते या नकल करते थे। कुछ विदेशी भी यहाँ आकर पुस्तकों की नकल किया करते थे। पुस्तकालय की पुस्तकों का वर्गीकरण विषय के आधार पर था। पुस्तकें दीवारों में ईंट या पत्थर की बनी आलमारियों में बेशकीमती कपड़ों में लपेट कर रखी जाती थीं। यदि कोई पुस्तक पुरानी हो जाती तो तुरंत उसकी नकल करा ली जाती थी। उस वक्त वहाँ के छात्रों के कामों से मुख्य काम पुस्तकों की नकल करना था। पुस्तकालय का भवन नौमंजिला था और हर भवन में तीन सौ कमरे थे। खम्भे और गुम्बज सर्प की आकृति में सजे थे। शहतीरें सूर्यप्रकाश के सप्तवर्णीय रंगों से रँगी हुई थीं। छत के खपड़े शीशे की तरह चमकते थे, जिनमें चमक होती थी और पल-पल में हजारों रंग खिलते थे। नालन्दा विश्वविद्यालय के ग्रन्थालयों की ख्याति दुनियाभर में दूर-दूर तक थी।

चीन, जापान, तिब्बत आदि राष्ट्रों के विद्वान यहाँ शिक्षा प्राप्त करने आते और अपनी ज्ञान-जिज्ञासा शांत कर तथा पुस्तकों की नकल करके अपने-अपने राष्ट्रों में

लौटकर भारतीय सभ्यता और शिक्षा का प्रचार करते थे। इतना ही नहीं यहाँ के भी बहुत-से विद्वान आमंत्रित होकर विदेशों में ज्ञान और शिक्षा का प्रचार करने जाते थे। विक्रमशिला के सबसे बड़े विद्वान हिस्सालपुर जिला-निवासी 'अतिश दीपंकर' आमन्त्रित होकर तिब्बत गये थे।

वर्तमान समय में हिस्सालपुर जिले के कहलगाँव स्टेशन के नजदीक विक्रमशिला विश्वविद्यालय स्थित है। इस विश्वविद्यालय में भी एक विशाल और बेशकीमती पुस्तकालय था जिसकी प्रशंसा आक्रमणकारी यवनों ने भी की है। 'इत्सिंग' भी इस पुस्तकालय में आया था और उसने अपने भ्रमण-वृतान्त में इसकी मुक्तकंठ से प्रशंसा की है। वह यहाँ से तकरीबन दो सौ हस्तलिखित पुस्तकें ले गया था। बख्तियार खिलजी नामक अक्रांता ने इन सभी को तहस-नहस कर जला डाला। यहाँ के बहुत-से विद्वान अपने साथ बहुत-सी पुस्तकें लेकर नेपाल गए जहाँ पर अभी भी ताम्रपत्र पर लिखी पुस्तकों का विशाल संग्रह है।

प्राचीन नालन्दा विश्वविद्यालय के विघटन के उपरांत औदन्तपुरी में एक बड़े पुस्तकालय की स्थापना हुई थी। इस में भी हस्तलिखित पुस्तकों का बहुत बड़ा संग्रह था। ईस्वी सन् के पूर्व छठी शताब्दी से ही तक्षशिला विश्वविद्यालय का पुस्तकालय विख्यात है, जहाँ बैठकर वैयाकरणी पाणिनी और कूटनीतिज्ञ चाणक्य ने विद्या अध्ययन किया था। इस पुस्तकालय में वेद-वेदांग, ज्योतिष, कृषि एवं गणित आदि विषयों की पुस्तकें थीं। ये सभी मुस्लिम आक्रान्ताओं द्वारा तहस-नहस कर दी गईं।

संस्कृति तथा विद्या के प्रसार के लिए जैन-धर्मावलम्बियों ने भी अपने बड़े-बड़े पुस्तकालय स्थापित किये थे। गुजरात और काठियावाड़ में उनके कितने ही पुस्तकालय असंख्य ग्रन्थों के लिए विख्यात थे। पाटन, जैसलमेर, सूरत, बड़ौदा, ग्वालियर, अहमदाबाद के पुस्तकालयों में हजारों की संख्या में पुस्तकें थीं। पाटन में आज भी तेरह हजार हस्तलिखित पुस्तकें उपलब्ध हैं।

ग्यारहवीं शताब्दी के परमार वंश के राजा भोज ने विद्या के व्यापक प्रसार के लिए सराहनीय कार्य किये। इस संबंध में ऐसा माना जाता है कि मजदूर और जुलाहे भी व्याकरणशास्त्र पर अपनी-अपनी सम्मति देते थे। बड़े-बड़े मन्दिरों में धर्माचार्यों के संरक्षण में बड़े-बड़े पुस्तकालय खोले गये थे। चालुक्य वंश के राजा विशालदेव (सोलहवीं शताब्दी) ने 'भारती भंडार' के नाम से एक विशाल पुस्तकालय स्थापित किया था। अभी भी कई राज्यों में अच्छे-अच्छे संग्रहालय सुरक्षित चले आ रहे हैं। इनमें से विशेषकर बड़ौदा, कश्मीर, गुजरात, ट्रावनकोर, मैसूर, अलवर, जयपुर, बीकानेर आदि के ग्रन्थालय भी महत्त्वपूर्ण हैं।

मुगल काल में ग्रन्थालयों का विकास द्रुतगामी गति से हुआ। उन लोगों ने अरबी और फारसी के अच्छे-अच्छे पुस्तकालय स्थापित किये। जलालुद्दीन खिलजी ने अमीर खुसरो को शाही पुस्तकालय का पुस्तकालयाध्यक्ष चुना था। फिरोज तुगलक स्वयं विद्वान था और विद्वानों का सम्मान करता था। इसने भी दिल्ली में एक पुस्तकालय की स्थापना की थी। बहमनी वंश के मुहम्मद शाह तृतीय ने एक महाविद्यालय की स्थापना की थी, जिसके पुस्तकालय में तीन हजार पुस्तकें थीं। अकबर के शासन काल में विद्वानों को काफी सम्मान प्राप्त था। इनके शाही पुस्तकालय में अरबी, फारसी और संस्कृत की हजारों पुस्तकें थीं। अकबर ने 1582 ई. में महाभारत और 1589 ई. में रामायण का फारसी में अनुवाद कराया। शाहजहाँ के पुत्र भी संस्कृत के बहुत बड़े विद्वान थे। जिसने उपनिषद, योगवशिष्ठ, वैराग्यशतक आदि का फारसी में अनुवाद किया था। औरंगजेब के शासनकाल में पुस्तकालय तथा पुस्तकों को जलाकर नष्ट कर दिया गया। तभी से पुस्तकालय-आन्दोलन का भारत में ह्रास हो गया।

आधुनिक काल

ग्रन्थालयों के विकास का आधुनिक काल बीसवीं शताब्दीं के प्रारंभ में बम्बई के बड़ौदा जिले में प्रारंभ हुआ। बड़ौदा के महाराजा ने पुस्तकालय-आन्दोलन की रूपरेखा निश्चित करने के लिए अमेरिका के सुप्रसिद्ध पुस्तकालयशास्त्री मिस्टर बोरडन को अपने यहाँ बुलाकर, उन्हें अपने राज्य के पुस्तकालय विभाग का अध्यक्ष बनाया। उन्होंने एक निश्चित योजना के अनुसार पुस्तकालयों की स्थापना की। हर शहर तथा महत्त्वपूर्ण गाँवों में पुस्तकालयों की स्थापना की गई। भ्रमणशील पुस्तकालयों द्वारा घर-घर पुस्तकें पहुँचाई जाने लगीं। आज बड़ौदा राज्य में सार्वजनिक पुस्तकालयों की संख्या हजारों है। पुस्तकालय की स्थापना के साथ-साथ पुस्तकालय-संचालन की शिक्षा देने तथा पुस्तकालय-साहित्य के प्रकाशनों का चातुर्दिक विकास किया गया।

ग्रन्थालयों के विकास का यह आन्दोलन बम्बई से कर्नाटक तथा मध्य प्रदेश तक जा पहुँचा। भारतीय राज्यों में सबसे पहले पंजाब ने इस आन्दोलन को अपनाया। सन् 1916 ई. में पंजाब विश्वविद्यालय ने अमेरीका के एक दूसरे पुस्तकालयशास्त्री मिस्टर डिक्सन को अपने यहाँ बुलाया। श्री डिक्सन ने विश्वविद्यालय-पुस्तकालय को संगठित करने के साथ-साथ समस्त प्रान्त में पुस्तकालय-आन्दोलन का सूत्रपात किया। सन् 1929 ई. में वहाँ पुस्तकालय के निर्माण के लिए संघ की स्थापना हुई और एक त्रैमासिक पत्रिका 'मॉडर्न लाइब्रेरियन' का प्रकाशन शुरू हुआ। उसी साल

दिसम्बर में लाहौर में एक विशाल देशव्यापी ग्रन्थालय सम्मेलन आयोजित किया गया।

मद्रास में इस आन्दोलन का सूत्रपात सन् 1928 ई. में हुआ। मद्रास में यह आन्दोलन बहुत प्रभावी रहा जिसका श्रेय डॉ. एस.आर. रंगनाथन को है। उनके प्रयत्न से मद्रास में सन् 1933 ई. में ''सार्वजनिक पुस्तकालय-अधिनियम'' सभा के सम्मुख पेश किया गया जो सन् 1949 ई. में स्वीकृत हुआ। इसके अनुसार राज्य केन्द्रीय पुस्तकालयों, जिला केन्द्रीय पुस्तकालयों, शाखा पुस्तकालयों तथा वितरण केन्द्रों का निर्माण किया गया। इस समय यहाँ एक राज्य केन्द्रीय पुस्तकालय, 568 शाखा पुस्तकालय तथा 680 वितरण केन्द्र, 13 जिला पुस्तकालय कार्य कर रहे हैं। मद्रास तथा कोयंबटूर में तीन चल पुस्तकालय कार्य करते हैं। इनमें से 6 जिला तथा 10 शाखा पुस्तकालय के निजी भवन हैं। कानून द्वारा लगाये गये पुस्तकालय-कर से नौ लाख रुपये की सालाना आमदनी होती है; पर इस मद में लगभग उन्नीस लाख सालाना व्यय होता है।

आन्ध्र प्रदेश में 1931 ई. में पुस्तकालय-संघ की स्थापना हुई जिसकी ओर से तेलुगू भाषा में 17 पुस्तकें प्रकाशित हुई हैं। संघ के मुख पत्र के रूप में ''आन्ध्र पुस्तकालय'' नामक पत्रिका का प्रकाशन होता है। 1955 ई. में आन्ध्र राज्य का अलग निर्माण होने के बाद वहाँ भी सार्वजनिक पुस्तकालय अधिनियम लागू हुआ। 1954 ई. में हैदराबाद में भी डॉ. रंगनाथन द्वारा प्रस्तुत प्रारूप के आधार पर कानून स्वीकृत तथा लागू हुआ; पर 1956 ई. में राज्यों के पुनर्निर्माण होने के कारण हैदराबाद का काफी हिस्सा आन्ध्रप्रदेश में मिला दिया गया। इसके फलस्वरूप 1960 ई. में अधिनियमों में संसोधन कर इसे नया रूप प्रदान किया गया।

पंजाब में पुस्तकालय-संनिर्माण का बेहतर कार्य हुआ। बंटवारे के बाद पुनः पूर्वी पंजाब (भारत) में सन् 1948 ई. में एक नये पुस्तकालय संघ की स्थपना हुई, जिसने आन्दोलन को आगे बढ़ाया है। वहाँ पुस्तकालय-विकास की योजना के कार्यान्वयन के लिए एक ''केन्द्रीय पुस्तकालय समिति'' का निर्माण किया गया है। चंडीगढ़ में ''राज्य केन्द्रीय पुस्तकालय'' तथा अम्बाला, जालंधर में ''जिला केन्द्रीय पुस्तकालय'' का संचालन कार्य चल रहा है।

केरल 1942 में ट्रावनकोर-कोचीन में पुस्तकालय संघ का निर्माण हुआ था, पुनः राज्य-पुनर्गठन के बाद वहाँ 'केरल ग्रन्थशाला संगम' की स्थापना हुई, जो उस राज्य के पुस्तकालयों के निर्माण तथा प्रशासन में विशेष भूमिका निभाता है।

बंगाल में सन् 1931 ई. में पुस्तकालय संघ की स्थापना हुई है जो एक सक्रिय संस्था है। इसकी ओर से काफी पुस्तकें प्रकाशित हो चुकी हैं और 'ग्रंथागार' नामक

मासिक पत्रिका का नियमित प्रकाशन हो रहा है। 1981 में बंगाल में "बंगाल पब्लिक लाइब्रेरी एक्ट" स्वीकृत हो चुका है।

उत्तर प्रदेश में 1956 में पुस्तकालय संघ का निर्माण हुआ जिसकी शाखा-प्रशाखा के रूप में अधिकतर जिलों में जिला पुस्तकालय संघ का निर्माण हो चुका है। उड़ीसा में 1944 ई. में, मध्य प्रदेश में 1957 ई. में, गुजरात में 1953 में और मैसूर तथा राजस्थान में 1962 में पुस्तकालय संघ का निर्माण हुआ है।

बम्बई—भारत ने स्वाधीनता प्राप्ति के उपरांत बड़ौदा रियासत को बम्बई में शामिल कर लिया गया तथा बड़ौदा के पुस्तकालयों की देखभाल के लिए एक पुस्तकालय अधिकारी का चुनाव हुआ और परिणामस्वरूप सम्पूर्ण राज्य में पुस्तकालयों का विकास हुआ। बम्बई, मारवाड़, पूना और अहमदाबाद में एक-एक "राज्य केन्द्रीय पुस्तकालय" की स्थापना हुई। सन् 1950 ई. में बम्बई में पुस्तकालय संघ की स्थापना हुई परन्तु बम्बई और गुजरात के अलग हो जाने के बाद वहाँ के पुस्तकालय-विकास के नक्शे में भी बदलाव आ गया। आजकल वहाँ बम्बई पुस्तकालय संघ के अलावा महाराष्ट्र लाइब्रेरी एसोसिएशन, मारठवाड़ा लाइब्रेरी एसोसिएशन तथा विदर्भ पुस्तकालय संघ अपने-अपने क्षेत्रों में "महाराष्ट्र राज्य पुस्तकालय संघ" के अधीन कार्य कर रहे हैं। महाराष्ट्र सरकार की तरफ से 1967 ई. में महाराष्ट्र राज्य पुस्तकालय विधेयक को मान्यता मिली जिसके अनुसार बम्बई तथा नागपुर स्थित केन्द्रीय पुस्तकालय, तथा क्षेत्रीय जिला एवं स्थानीय स्तर पर ग्रन्थालयों की स्थापना तथा विकास के लिए आर्थिक सहायता प्रदान की गई।

सन् 1936 ई. में बिहार में आधुनिक पुस्तकालय-आन्दोलन का सूत्रपात बिहार-निर्माता डॉ. सच्चिदानन्द सिन्हा के माध्यम से हुआ। डॉ. सिन्हा के निर्देशन में श्री अयोध्या प्रसाद (पुस्तकालयाध्यक्ष, पटना सचिवालय) तथा श्री राय मथुरा प्रसाद के प्रयत्न से 15 अक्तूबर, 1936 ई. को बिहार प्रान्तीय पुस्तकालय सम्मेलन की स्थापना हुई, जिसका पहला अधिवेशन फरवरी 1937 ई. में श्री मन्नु लाल लाइब्रेरी; और दूसरा अधिवेशन गया में हुआ। 1945 ई. में, तीसरा अधिवेशन वैशाली में, चौथा अधिवेशन 1948 ई. में दरभंगा में हुआ। संस्था एक तरह से 1951 ई. तक निष्क्रिय ही रही। 1951 में हिन्दी साहित्य के सुप्रसिद्ध विद्वान श्री जगन्नथ प्रसाद मिश्र, एम. एल. सी. की अध्यक्षता में राज्य संघ का पाँचवाँ अधिवेशन हिस्सालपुर में हुआ जिसके पश्चात् से ही पटना विश्वविद्यालय के पुस्तकालयाध्यक्ष राय साहब श्री इन्द्रदेव नारायण सिंह, श्री विद्यानारायण शास्त्री (हिस्सालपुर), श्री अनुज शास्त्री (हिस्सालपुर), श्री तपेश्वर सिंह (आरा), प्रो. श्री नागेश्वर प्रसाद सिंह नागेश (गया) आदि के सक्रिय

योगदान से यह आन्दोलन बिहार के गाँव-गाँव तक पहुँचा। सभी जिलों में इसकी शाखा-प्रशाखा के रूप में जिला पुस्तकालय संघ, सब डिविजनल पुस्तकालय संघ तथा थाना पुस्तकालय संघ की स्थापना हुई। इस आन्दोलन ने सरकार का ध्यान भी अपनी ओर मोहित किया और सरकार ने शिक्षा-विभाग के अधीन पुस्तकालय अधीक्षक चुनाव किया। प्रथम तथा द्वितीय पञ्चवर्षीय योजनाओं के अंतर्गत प्रत्येक जिले में केन्द्रीय ग्रन्थालयों की स्थापना की जा चुकी है।

प्रशिक्षित पुस्तकालयाध्यक्षों का अभाव दूर करने के उद्देश्य से पुस्तकालय अधीक्षक की ओर से स्नातकों के लिए तीन महीने का एक शिविर पटना में, तथा प्रवेशिका उत्तीर्ण के लिए एक महीने का चारों प्रमंडलों में एक-एक प्रशिक्षण शिविर चलाया जाता है जिसमें शिक्षक पुस्तकालयाध्यक्ष को भी शामिल किया जाता है। हिस्सालपुर, मिथिला तथा पटना विश्वविद्यालय में बी.लिब., एस. सी. की पढ़ाई भी प्रारंभ की गई। 1953 ई. में रहीमपुर ग्राम (खगड़िया) में प्रोफेसर जगन्नाथ प्रसाद मिश्र, एम.एल.सी. की अध्यक्षता में संघ का छठा अधिवेशन हुआ जिसमें प्रान्त के कोने-कोने से 600 प्रतिनिधियों ने हिस्सा लिया। अखिल भारतीय ग्रन्थालय संघ के अध्यक्ष श्री बो.एस. केशवन के नेतृत्व में बिहार के पूर्णिया जिले में 1955 ई. में सातवाँ अधिवेशन आयोजित किया गया। आठवाँ अधिवेशन 1956 ई. में गया में तथा नवाँ अधिवेशन 1957 में बेतिया में तथा दसवाँ अधिवेशन 1959 ई. में बिहटा (पटना) में हुआ। इसी मध्य संघ के प्रधानमंत्री श्री इन्द्रदेव नारायण सिन्हा का अचानक देहान्त हो गया और उनके देहान्त के बाद अवनति आरम्भ हो गई और यह संस्था धीरे-धीरे राजनीतिज्ञों के चंगुल में फंस गई। अच्छे-अच्छे कार्यकर्त्ता संस्था से अलग हो गये। अब मात्र सरकारी अनुदान पर इसका साइनबोर्ड ढोया जा रहा था।

1980 ई. में स्व. श्री नीतीश्वर प्रसाद सिंह (भू. शिक्षा-राज्य मंत्री, बिहार), डॉ. राम शोभित प्रसाद सिंह (पुस्तकालयाध्यक्ष, सिन्हा लाइब्रेरी, पटना), डॉ. बेचन (प्राचार्य), मारवाड़ी-महाविद्यालय, (हिस्सालपुर), श्री अनुज शास्त्री (हिस्सालपुर), डॉ. रामसागर मिश्र (मुजफ्फरपुर), श्री रामजी प्रसाद (नालन्दा) आदि के अथक प्रयत्न से बिहार राज्य पुस्तकालय संघ दुबारा चालू हो गया है। इसका तेरहवाँ अधिवेशन सिन्हा लाइब्रेरी, पटना में 5-6 अप्रैल, 1980 में हुआ, जिसका उद्घाटन वाराणसी हिन्दू विश्वविद्यालय के पुस्तकालय-विज्ञान विभागाध्यक्ष श्री पी.एन. कौल के कर कमलों द्वारा हुआ। संघ का चौदहवाँ अधिवेशन नालंदा जिला के सिलाव में श्री रामजी प्रसाद (महामंत्री, नवादा जिला संघ) तथा श्री कामेश्वर सिंहजी के प्रयत्न से डॉ. बेचन की अध्यक्षता में पूर्ण हुआ, जिसका उद्घाटन बिहार विधान सभाध्यक्ष, श्री राधानन्दन

झा जी ने किया। इस अवसर पर उपाध्यक्ष श्री अनुज शास्त्री की अध्यक्षता में 'बिहार में पुस्तकालय विधेयक' पर एक सेमिनार का आयोजन किया गया, जिसका उद्घाटन काशी हिन्दू विश्वविद्यालय के तत्कालीन पुस्तकालय विज्ञान विभागाध्यक्ष श्री पृथ्वीनाथ कौल जी ने किया और मुख्य मेहमान के रूप में राजा राममोहन राय पुस्तकालय प्रतिष्ठान, कलकत्ता के सचिव डॉ. वरुआ ने अपने विचार तथा सुझाव प्रकट किये।

इसका पन्द्रहवाँ अधिवेशन भगवान पुस्तकालय (जिला केन्द्रीय पुस्तकालय), हिस्सालपुर में आयोजित हुआ।

उपरोक्त विवेचनाओं के अध्ययन से यह प्रतीत होता है कि पुस्तकालयों के विकास में विभिन्न युगों में महत्त्वपूर्ण कार्य हुए हैं। वर्तमान समय में ग्रन्थालयों का जो भी विकास दिखाई देता है उसके पीछे अतीत में किए गए प्रयास उल्लेखनीय हैं, लेकिन इसे बावजूद भी भारत जैसे देशों में ग्रन्थालयों का भली-भांति विकास आसानी से सम्भव नहीं हो सकता है। अतएव, इस समस्या को हल करने के लिए अनेक बुद्धिजीवियों, विचारकों, सम्भ्रान्त लोगों से लेकर आम पाठक को ग्रन्थालयों के विकास के लिए द्रुतगामी गति से आन्दोलन करने की जरूरत है।

दिल्ली में सन् 1953 ई. में पुस्तकालय संघ का निर्माण हुआ जिसके माध्यम से त्रैमासिक पत्रिका 'लाइब्रेरी हेराल्ड' का प्रकाशन हो रहा है। सन् 1951 ई. में यूनेस्को के विशेष सहयोग से दिल्ली सार्वजनिक ग्रन्थालय की स्थापना की गई। इसका वार्षिक बजट सात लाख रुपये का है। इसकी ओर से दिल्ली शहर में दो शाखाओं तथा चार उप-शाखाओं में पुस्तकालय का संचालन कार्य चल रहा है। इसकी सदस्यता निःशुल्क है। पुस्तकालय की ओर से पुस्तकालय से दूर बसी जनता तक पुस्तकालय सेवा भ्रमणशील विभाग की मोटरवाहन द्वारा पहुँचाई जाती है। भारत में यह सबसे पहला पुस्तकालय है जहाँ श्रव्य-दृश्य विभाग, समाज शिक्षा विभाग, भ्रमणशील विभाग एवं शिशु विभाग आदि की सेवाएँ निःशुल्क तथा निर्बाध पद्धति द्वारा लोगों को मिलती हैं।

2

सूचना क्रांति के माध्यम

सूचना प्रौद्योगिकी ने शिक्षा व्यवस्था में परिवर्तन लाने में महत्त्वपूर्ण भूमिका निभाई है। पिछले दो-तीन दशकों में सूचना प्रौद्योगिक के संचार साधनों में द्रुतगामी विकास हुआ है। हालांकि सूचनाओं के आदान-प्रदान की प्रणाली अति प्राचीन है। लेकिन वर्तमान समय में इसका प्रभाव सकारात्मक तरीके से व्यक्ति के विकासात्मक पक्षों को प्रभावित कर रहा है।

संचार आशय

संचार का अभिप्राय एक व्यक्ति का दूसरे से पारस्परिकता के आधार पर भावनाओं तथा विचारों के आदान-प्रदान से है। संचार को अंग्रेजी भाषा में कम्युनिकेशन कहा जाता है। यह एक दोहरा प्रवाह है जिसमें एक ओर सम्प्रेषक और उसका सन्देश होता है एवं दूसरी ओर प्राप्तकर्ता और उसकी अनुक्रिया है। इस तरह ज्ञान की बातों, भावनाओं, विचारों तथा सूचनाओं के आपस में आवागमन की प्रक्रिया को संचार कहते हैं। संचार क्रिया द्वारा एक व्यक्ति दूसरे व्यक्ति के विचारों, मनोवृत्तियों एवं सूचना में हिस्सा लेता है।

साधारणतया प्रेषक सूचित करने से पहले विषय में अपने अनुसार बदलाव करता है जिसे संकेतन कहा जाता है, इसी तरह सूचना ग्रहण करने वाला, सूचना ग्रहण करने से पूर्व अपने तरीके से सूचना को समझता है एवं फिर ग्रहण करता है, इसे विसंकेतन कहते हैं। इस तरह सूचना या विचार उचित संचार माध्यम के द्वारा सूचना वाहक से श्रोता तक पहुँचाता है। संचार के आदान-प्रदान द्वारा

शिक्षा का प्रारम्भ बाल्यावस्था से शुरू हो जाता है। वर्तमान समय में सूचनाओं के आदान-प्रदान में आए युगान्तकारी परिवर्तनों ने बच्चों के जीवन को व्यापक रूप से प्रभावित किया है।

सन्देशों में आगत-निर्गत, लिखित, मौखिक या सांकेतिक भाग होते हैं। बातचीत, विज्ञापन, रेडियो, समाचार-पत्र, टेलीविजन, ई-मेल एवं पत्राचार आदि संप्रेषण के माध्यम से हो सकते हैं।

संचार की परिभाषा

अनेक विद्वानों ने संचार की परिभाषा दी है जो निम्नवत है—

सी. एल. लॉयड के अनुसार, "संचार ही मानव समाज की संचालन प्रक्रिया को सम्भव बनाता है।"

मानव के अन्दर शैशवावस्था से ही संचार प्रक्रिया विकसित होने लगती है। शिशु में संचार व्यवहार के विकास हेतु प्रेरणा एवं पर्यावरण आधारभूत तत्त्व है।

सी. एल. लॉयड के अनुसार, "संचार की प्रक्रिया में सूचना प्रवाह एवं सूचना की ग्रहणशीलता के कार्य में मानव शरीर के कई अंग संयुक्त अथवा पृथक-पृथक रूप में भूमिका निभाते हैं। इनमें मुख, हाथ, चेहरा तथा शरीर के अन्य कई अंग प्रमुख हैं। संचार प्रक्रिया में शरीर के भाग, सूचना प्रेषक, सूचना, संचार माध्यम, संचार संपादन एवं सूचना नियन्त्रक का कार्य करते हैं।" वास्तव में ज्ञानेन्द्रियों के माध्यमों से ही मानव अपने जीवन के अनुभवों को सहेजता है और दूसरों के साथ बाँटता है।

जे.पॉल लीगन (J. Paul Leagen) के शब्दों में, "संचार एक प्रक्रिया है जिसमें दो या दो से अधिक व्यक्ति आपस में विचारों, तथ्यों तथा भावनाओं का आदान-प्रदान इस तरह करते हैं कि उनमें से प्रत्येक व्यक्ति संचरित सन्देश के अर्थ, विषय सामग्री एवं उसके प्रयोग को समझते हैं।"

कोलमैन तथा मार्श (Coleman & Marsh) के अनुसार, "वह सभी शैक्षिक और प्रयोगात्मक कार्यक्रम जो कृषि क्षेत्र में चलाये जाते हैं, संचार कहलाते हैं।"

लुईस ए. ऐलन (Louis A. Allen) कथनानुसार, "सम्प्रेषण उन सब क्रियाओं का योग है, जिनको एक व्यक्ति, अपनी विचारधारा को दूसरे व्यक्ति के मस्तिष्क में पहुँचाने हेतु अथवा उसे समझाने हेतु अपनाता है। इसके अन्तर्गत कहने, सुनने तथा समझाने की व्यवस्थित एवं निरन्तर क्रियाओं का समावेश होता है।"

कीथ डेविस (Keith Devis) के मतानुसार, "सम्प्रेषण एक व्यक्ति से दूसरे व्यक्ति को कोई सूचना या भाव पहुँचाने की प्रक्रिया है।"

डेल एस. ब्रीच के अनुसार, "सम्प्रेषण एक व्यक्ति द्वारा दूसरे व्यक्ति को किसी सूचना अथवा विश्वास का हस्तान्तरण है।"

अमेरिकन कॉलेज शब्दकोश (American College Dictionary) में लिखा है कि, "सम्प्रेषण कथन, लेखन या प्रतीकों द्वारा विचारों, तथ्यों अथवा सूचनाओं का आदान-प्रदान या उसमें हिस्सेदारी है।"

बुकर (Booker, 1949) के कथनानुसार, "सम्प्रेषण ऐसा कोई भी व्यवहार है जिसमें किसी अर्थ का आगत-निर्गत किया जाता है, जिसमें एक व्यक्ति से दूसरे व्यक्ति को सन्देश दिया जाता है।"

जिस्ट (Gist) के मतानुसार, "सम्प्रेषण ऐसा कोई भी व्यवहार है जिसमें किसी अर्थ का आदन-प्रदान शामिल होता है तो वह सम्प्रेषण कहलाता है।"

वॉरेन वीवर (Warren Weaver) के मतानुसार, "सम्प्रेषण वह सभी प्रविधियाँ हैं जिनके द्वारा एक व्यक्ति के विचार दूसरे व्यक्ति के विचारों को प्रभावित करते हैं।"

डॉ. रणजीत सिंह (Dr. Ranjeet Singh) के अनुसार, "सरल अर्थों में, संचार का अर्थ सन्देश प्राप्ति हेतु भेजने वाले व ग्रहण करने वाले के मध्य एकरूपता है। संचार व्यक्तियों के मध्य अर्थ का आदान-प्रदान करने की प्रक्रिया है।"

इस प्रकार संचार दो या दो से ज्यादा व्यक्तियों के मध्य, विचारों, सूचनाओं, अनुभूतियों और ज्ञान का प्रभावकारी आवागमन होता है। इसमें सूचना देने वाले व प्राप्तकर्ता के मध्य एक साझेदारी होती है। संचार में निहित संवाद अर्थयुक्त होना जरूरी है। इसमें सूचना देने वाले प्रेषक जिस अर्थ को सम्प्रषित करते हैं, सूचना ग्रहण करने वाले ग्रहणकर्ता भी उसके अर्थ में अगर ग्रहण कर लेता है, तो वह वास्तविक संचार कहलाता है।

यह आगत-निर्गत की क्रिया प्रत्यक्ष एवं परोक्ष रूप में सम्पन्न होती है। सन्देश को सम्प्रेषित किया जाता है। सन्देश में अनुभव, वर्तमान व्यवहार एवं भविष्य की जरूरत निहित है। इस तरह सम्प्रेषण के द्वारा दो व्यक्तियों में सार्थकता का निर्माण होता है। संचार व्यक्तियों के व्यवहारों को भी प्रभावित करता है। आज प्रत्येक समाज में संचार साधनों को पर्याप्त महत्त्व दिया जाता है। संचार के अभाव में न तो मानव समाज की स्थापना हो सकती है और न ही मनुष्य की सामाजिक व्यवस्था सम्भव है। संचार के अभाव में व्यक्ति अपने तक ही सीमित रहेगा।

संचार में प्रक्रियात्मक दृष्टि से कई चरण सम्मिलित होते हैं, जिनसे मिलकर संचार हुआ। तकरीबन 2300 वर्ष पूर्व ग्रीक दार्शनिक अरस्तू ने संचार में प्रमुख रूप

से निम्न पाँच चरणों वक्ता, सन्देश, श्रोता, अवसर तथा प्रभाव में विभाजित किया है।

वर्तमान संचार विशेषज्ञ हैराल्ड डी. लासवेल (Harold D. Lasswell) ने भी संचार के प्रारूप में प्रमुख रूप से पाँच चरण समाहित किए गए। इन्हें 'क' के नाम से समझा जाता है–

संचार प्रतिरूप (लासवेल के अनुसार)

क्र.सं.	प्रति 5 'क'	अभिव्यक्ति
1.	कौन?	प्रेषक (स्रोत)
2.	क्या कहा?	सन्देश सन्दर्भ
3.	किसके माध्यम से।	संचार माध्यम
4.	किसके लिए	श्रोता
5.	क्या प्रभाव	प्रभाव

लासवेल एवम् अरस्त् के प्रारूप में प्रमुख भेद यह है कि अरस्तू के प्रारूप में अवसर का उल्लेख है, किन्तु संचार माध्यमों का नहीं। इसलिए यह सम्भव है कि प्राचीन समय में मनुष्यों के मध्य सम्भवतः मौखिक संचार होता होगा। फ्रेंक ई. एक्स ने संचार प्रक्रिया को लट्टू की तरह बताया है। संचार भूतकाल से प्रभावित होता है व इसके सभी चरणों में नवीनीकरण होता है। पूरी तरह यह प्रारूप घटना एवं व्यक्ति पर आधारित है जिसके अनुसार संचार का कोई प्रारम्भिक निर्धारण अथवा अन्त नहीं होता। अतः इस मॉडल के अनुसार संचार का दायरा अनिश्चित होता है इसीलिए फ्रेंक ई. एक्स ने इसे संचार का नृत्य प्रारूप कहा है।

शेमन वीवर के प्रारूप के अनुसार प्रेषक के पास ज्ञान का आधार होता है जिसको वह संकेत या शब्दों के द्वारा प्रेषित करता है। इन संकेतों को प्राप्तकर्ता ग्रहण करके गन्तव्य तक पहुँचाता है। यह आदर्श इस तरह है–

स्रोत → प्रसारक → संकेतक → प्राप्तकर्ता → गंतव्य

संचारकर्ता किसी सूचना को समुचित माध्यम द्वारा प्रतिपादित करने के बाद श्रोताओं के पास पहुँचाता है। लीगन्स ने संचार प्रणाली में श्रोता की प्रतिक्रिया को भी शामिल किया है। श्रोताओं की प्रतिक्रिया जानने से संचारक अपने द्वारा प्रेषित सन्देश का मूल्यांकन करते हैं एवं उसके अनुकूल चेष्टाएँ करता है। संचार पद्धति में इसे प्रतिपुष्टि कहते हैं।

संचार की उपयोगिता का मूल्यांकन प्रतिपुष्टि के माध्यम से होता है। संचार तब सफल माना जाता है जब ग्रहणकर्ता अथवा श्रोता उस संचार को समझ लेता है और प्रभावित होता है। श्रोता की प्रतिक्रिया अच्छी अथवा बुरी हो सकती है। प्रतिक्रिया जिसमें श्रोता व वक्ता दोनों आमने-सामने होते हैं। वक्ता मात्र शब्दों के माध्यम से अपना सन्देश प्रस्तुत नहीं करता वरन् उसके हाव-भाव, आँखें, हाथ एवं शरीर की हलचल भी सन्देश प्रस्तुति में सहायक होती है। इसी तरह श्रोता या ग्रहणकर्ता के हाव-भाव एवं मुद्राओं से संचार के प्रभाव को देखा जा सकता है। दूसरी, अप्रत्यक्ष प्रतिक्रिया होती है, जिसमें श्रोता या ग्रहणकर्ता रेडियो, टेलीविजन एवं समाचार-पत्र पत्रिकाएँ आदि जनसंचार के द्वारा सन्देश ग्रहण करता है। यहाँ संचार प्रेषक एवं ग्रहणकर्ता के बीच सीधा सम्पर्क नहीं होता है। इसी कारण से लोगों की राय जानने हेतु पत्र व्यवहार की मदद ली जाती है।

संचार की प्रणाली

सूचनाओं के आदान-प्रदान के लिए आवश्यक है कि दो अथवा दो से अधिक व्यक्ति हों। यह प्रक्रिया जीवन के इतिहास के शुरुआत से चली आ रही है। यह समाज की प्रगति का जीवन्त उदाहरण है। प्रारम्भिक काल में आदिम मानव प्रतीकों एवं हाव-भावों द्वारा सम्प्रेषण करते थे, बाद में शब्दों को बोलकर सम्प्रेषण किया जाता है जो कि भाषा के रूप में होता है। जैसे-जैसे तकनीकी विकास हुआ, लिखे हुए शब्द व अनेक माध्यमों का प्रयोग किया जाने लगा, साथ ही प्रतीकों, हाव-भाव एवं बोले हुए शब्दों का भी प्रयोग किया जाता था। सभी प्रतीक एवं हाव-भाव पुरातन समय से सम्प्रेषण में अर्थ रखते हैं एवं वर्तमान में भी वे सार्थक हैं।

न्यूनतम रूप में संचार कम से कम दो लोगों के बीच सम्पन्न होता है। एक व्यक्ति जो अपना सन्देश देना चाहता है वह सन्देश-स्रोत (Source) अथवा प्रेषक होता है। दूसरा मनुष्य सन्देश को ग्रहण करने वाला होता है। इन दोनों व्यक्तियों के बीच संवाद या सन्देश का आगत-निर्गत होता है। इस तरह संचार प्रक्रिया के तीन जरूरी तत्त्व हैं जिनके बिना संचार प्रक्रिया सम्पन्न नहीं हो सकती है। यह तीन तत्त्व हैं—प्रेषक (Sender), संवाद तथा ग्रहणकर्ता। इनके अलावा संवादों को प्रेषित करने हेतु किसी माध्यम की भी जरूरत होती है, जिसकी सहायता से विचारों को ग्रहणकर्ता तक पहुँचाया जाता है। अतः इन माध्यमों (Channels) को भी संचार प्रक्रिया का जरूरी तत्त्व माना गया है।

विज्ञान एवं प्रौद्योगिकी के विकास से संचार के विभिन्न स्रोतों में रूपगत परिवर्तन आए हैं। रेडियो, टेलीविजन, मूवी एवं टेलीफोन प्रणालियाँ वर्तमान समय में सम्प्रेषण की विविध विधियाँ हैं। प्रारम्भ में सम्प्रेषण मुख्य रूप से मौखिक अथवा लिखित होता था जो प्रत्यक्ष होता है क्योंकि व्यक्तियों के बीच सम्प्रेषण आमने-सामने (face-to-face) होता था। यद्यपि वर्तमान जटिल समाज में संचार प्रक्रिया ज्यादा जटिल एवं अप्रत्यक्ष हो गई। इस प्रकार का संचार सम्प्रेषण दो व्यक्तियों के मध्य अपरोक्ष रूप से होता है।

वर्तमान में लोगों में आपसी सम्प्रेषण के विभिन्न तरीके हैं—उदाहरण के लिए, अभिवादन के आदान-प्रदान के तरीके सभी देशों में पृथक-पृथक हैं। यहाँ तक कि एक ही देश के विविध धर्मों एवं समुदायों के मध्य भी संचार के तरीके भिन्न-भिन्न होते हैं। भारत में हाथ जोड़कर नमस्ते किया जाता है अथवा झुककर माथे पर सलाम करके 'आदाब अर्ज' कहा जाता है या सिक्ख 'सत-श्री-अकाल' कहते हैं। हाव-भाव सम्प्रेषण के प्रभावकारी यन्त्र हैं। इन सम्प्रेषण के साधनों में इतनी क्षमता होती है कि श्रोतागणों को वह प्रभावशाली तरीके से आकर्षित कर सकता है।

बिना एक शब्द बोले भी सम्प्रेषण का आदान-प्रदान किया जा सकता है। हमारी चार संवेदनाओं—दृश्य, श्रवण, स्पर्श एवं गन्ध सम्प्रेषण में सहायक होते हैं। अलार्म घड़ी की घण्टी बजने (श्रवण) का अर्थ है कि हम जाएँ, खिड़कियों के बाहर देखकर, जो कि स्पष्टतया दृष्टिगोचर है, किसी बर्तन को छूने से वह गर्म है अथवा ठण्डा (स्पर्श) इसका अनुभव हमें हो जाता है, गन्ध की संवेदना हमें बता देती है कि मालपुआ, मीट, मुर्गा, पोलाव आदि बन रहा है।

अतः जब सन्देश किसी स्रोत से किसी प्रेषक या ग्रहणकर्ता (reveiver) को भेज जाता है और वह वहाँ किसी भी तरह की विशिष्ट मानसिक अथवा शारीरिक प्रतिक्रिया पैदा करता है, तो इसका अर्थ है सम्प्रेषण की प्रक्रिया पूर्ण हुई है।

सम्प्रेषण के लक्षण

संप्रेषण के प्रमुख लक्षण निम्नवत हैं—

(1) निरन्तर गतिशील प्रणाली—सम्प्रेषण अनवरत चलने वाली प्रक्रिया है। घरों में, व्यवसायों में, मित्रों में व प्रत्येक व्यक्तियों में आपस में सन्देशों का आवागमन होता रहता है। सम्प्रेषण के बिना एक व्यक्ति दूसरे व्यक्ति की भावनाओं को ज्ञात नहीं कर पाता है। सम्प्रेषण में सूचना, आदेश, निर्देश, सलाह, सुझाव, क्रियान्वयन, शिक्षा, अभिप्रेरणा, चेतावनी, स्नेह, भावनाएँ तथा ऊँचा मनोबल उठाने वाले सन्देशों का आदान-प्रदान सतत प्रक्रिया के रूप में चलता रहता है।

(2) सम्प्रेषण द्विमुखी प्रणाली है—सम्प्रेषण में दो व्यक्तियों या समूहों के बीच सूचनाओं का आवागमन होता रहता है। अतएव, सम्प्रेषण द्विमुखी प्रक्रिया है। सम्प्रेषण प्रक्रिया में सन्देश भेजने वाले प्रेषक के सही अर्थ भाव को सन्देश प्राप्तकर्ता ग्रहण करता है तथा अपनी प्रतिक्रिया में सन्देश भेजने वाले प्रेषक के अर्थ भाव को सन्देश प्राप्तकर्ता ग्रहण करता है एवं अपनी प्रतिक्रिया या प्रतिपुष्टि (Freedback) प्रेषक को सम्प्रेषित करता है। इस तरह सम्प्रेषण मूल रूप में द्विमार्गी प्रक्रिया है। जब तक सन्देश प्राप्तकर्ता सन्देश प्राप्त होने पर अपनी प्रतिक्रिया सन्देश भेजने वाले को नहीं देता तब तक यह प्रक्रिया अधूरी रहती है।

(3) सम्प्रेषित करने के स्रोत—सम्प्रेषण का तात्पर्य केवल एक व्यक्ति या समूह से दूसरे व्यक्ति या समूह में सन्देशों तथा सूचनाओं को भेजना ही पर्याप्त नहीं है वरन् यह भी जरूरी है कि इस सूचना या सन्देश को प्राप्तकर्ता उसी अर्थ अथवा भाव में समझे जिस भाव से उसे सूचना दी गई है।

(4) सम्प्रेषण कला और विज्ञान दोनों है—सम्प्रेषण एक प्रमुख प्रबन्धकीय प्रक्रिया एवं संस्था के कार्यों के नियन्त्रण की आधारशिला है। सम्प्रेषण प्रक्रिया में विज्ञान और कला दोनों के तत्त्व पाये जाते हैं। सम्प्रेषण द्वारा कर्मचारियों एवं कार्य पर नियन्त्रण पाया जाता है। वर्तमान युग में सम्प्रेषण हेतु कई संचार माध्यम प्रयोग में लाये जाते हैं। सूचना क्रान्ति के वर्तमान युग में कई वैज्ञानिक प्रक्रियाओं का प्रयोग सम्प्रेषण हेतु किया जाता है। इसी तरह परिवार में सदस्यों के बीच व व्यावसायिक संगठनों में कर्मचारियों के बीच सौहार्दपूर्ण वातावरण प्रभावी सम्प्रेषण द्वारा ही बनाया जा सकता है। भावनाओं, प्रेम, अभिप्रेरणा आदि का आगत-निर्गत सम्प्रेषण द्वारा ही होता है।

सम्प्रेषण प्रक्रिया को पूर्ण व प्रभावशाली बनाने के लिए प्रस्तुति करने की अभिव्यक्ति भी आवश्यक है। अतएव कला एवं विज्ञान दोनों के उचित मिश्रण में सम्प्रेषण को प्रभावी बनाया जा सकता है।

(5) सम्प्रेषण एक प्राकृतिक गुण है—सम्प्रेषण मनुष्य के जन्म से ही शुरू होता है। मनुष्य के बीच शाब्दिक सम्प्रेषण एक ऐसा गुण है जो उसे अन्य प्राणियों से अलग करता है। यद्यपि सम्प्रेषण जन्मजात गुण है, किन्तु इसके प्रभावी प्रयोग हेतु बोलने, सुनने, लिखने या पढ़ने का कौशल विकसित करने की जरूरत होती है।

(6) मनुष्य के सामाजिक तथा मानवीय जीवन में सम्प्रेषण का विशेष महत्त्व है—वास्तव में सम्प्रेषण मानवीय व सामाजिक प्रक्रिया है, क्योंकि सम्प्रेषण के

दोनों पक्ष–प्रेषक तथा प्राप्तकर्ता, सामाजिक प्राणी होते हैं एवं सम्प्रेषण की पूरी प्रक्रिया व्यक्ति या समूहों के बीच ही सम्पन्न होती है। समाज के प्रत्येक व्यक्ति की अनिवार्य जरूरतों एवं इच्छाओं की पूर्ति हेतु सम्प्रेषण एक यन्त्र के रूप में कार्य करता है इसलिए सम्प्रेषण पूरे समाज को प्रभावित करता है।

(7) सम्प्रेषण एक वैश्विक माध्यम है–सम्प्रेषण के सिद्धान्त सार्वभौमिक होते हैं। किसी एक हिस्से में किये जाने वाले सम्प्रेषण को दूसरे भाग के व्यक्ति भी उसी अर्थ में समझते हैं। यद्यपि भाषा की समस्या कई बार इसमें अवरोधक होती है, किन्तु कई प्रचलित तकनीकों द्वारा इसे दूर किया जा सकता है।

प्रभावी सम्प्रेषण की अवधारणा

सम्प्रेषण की प्रभावशीलता की अवधारणा से तात्पर्य उन नियमों के समूह से है जिनके पालन करने पर सम्प्रेषण प्रक्रिया अपने उद्देश्यों को प्राप्त कर लेती है। सम्प्रेषण के मुख्य सिद्धान्त इस तरह हैं–

(1) शिष्ट आचरण–सम्प्रेषण हमेशा शैष्टिक व उत्कृष्ट भाषा में होना चाहिए। प्रभावी सम्प्रेषण हेतु आवश्यक है कि प्रेषक एवं प्राप्तकर्ता दोनों में मैत्रीपूर्ण सम्बन्ध स्थापित हो। सम्प्रेषण के द्वारा कार्यों के प्रति कृतज्ञता, भूल सुधार हेतु क्षमा-याचना आदि देने से शालीनता बनी रहती है। आक्रामक शैली से बचना चाहिए।

(2) तारतम्यता–सम्प्रेषण प्रणाली को प्रभावशाली बनाने के लिए आवश्यक है कि प्रेषक एवं प्राप्तकर्ता के बीच सम्प्रेषण निरन्तर बना रहे। निरन्तरता बनी रहने से प्रमुख बिन्दुओं पर पुनर्विचार किया जा सकता है व संवादहीनता से बचा जा सकता है। निरन्तरता से उद्देश्य प्राप्ति में सरलता आती है।

(3) विषय के सन्दर्भ में आधारभूत केन्द्रीकरण–प्रभावी सम्प्रेषण हेतु आवश्यक है कि वह प्राप्तकर्ता की आवश्यकतानुसार हो व मूल विषय पर केन्द्रित हो प्रसार कार्यकर्ताओं को सन्देश देने से पूर्व विषय के बारे में जानना अति आवश्यक है कि उसके श्रोता किस तरह का सन्देश चाहते हैं और किस पद्धति द्वारा उन्हें ज्यादा जानकारी दी जा सकती है।

(4) उपयुक्तता–सम्प्रेषण प्रस्तुति का माध्यम अधिकृत होना चाहिए जिससे गलत धारणाओं की उत्पत्ति न हो सके। सम्प्रेषण माध्यम परिस्थितियों व प्राप्तकर्ता की दृष्टि से सही होना चाहिए। निरक्षर व्यक्ति हेतु लिखित सम्प्रेषण उपयुक्त नहीं होता है।

(5) प्रसार कार्यकर्ता को जनसमूह के समक्ष विचारों को प्रभावशाली तरीके से प्रस्तुत करते समय दृश्य-श्रव्य सामग्री का उपयोग करना चाहिए।

(6) सहायक हिस्सेदारी—सफल व प्रभावी सम्प्रेषण हेतु जरूरी है कि संचार में संलग्न व्यक्तियों में आपसी सहयोग व हिस्सेदारी होनी चाहिए।

(7) संचार प्रक्रिया का समय-समय पर मूल्यांकन करते रहने से संचार प्रभावी होता है।

(8) प्रसार कार्यकर्ता को सम्प्रेषण के समय स्थान का वातावरण (जैसे—शांत, शोरगुल, सर्द, गर्म), भौतिक सुविधाएँ, बिजली का प्रबन्ध एवं जल की व्यवस्था आदि का समुचित प्रबन्ध करना चाहिए।

(9) उद्देश्यात्मक—सम्प्रेषण उद्देश्यपरक होना चाहिए। सम्प्रेषण प्रक्रिया का सार ही यही है कि सन्देश में जिस विचार (idea) अथवा अर्थ (meaning) को प्रेषित किया जा रहा है, ग्रहणकर्ता या प्राप्तकर्ता भी उस विचार अथवा आशय को समझ सके। इसके लिए जरूरी है कि सन्देश वास्तविक व उचित गठन किये हुए होना चाहिए।

(10) आकार को छोटा करना—प्रभावी सम्प्रेषण छोटा होना चाहिए। संदेश में सिर्फ जरूरी शब्दों का उपयोग करें। संक्षिप्त सन्देश होने से ग्रहणकर्ता को प्रेषक के विचारों को समझने में सुविधा होती है। नई वर्तमान इलेक्ट्रॉनिक, कम्प्यूटराइज्ड, डिजिटल संचार माध्यमों में सम्प्रेषण लागत काफी ज्यादा होती है। शत-प्रतिशत संक्षिप्त सन्देश का यह लाभ होता है कि इससे सम्प्रेषण लागत अल्प आती है।

(11) साफ-सुथरा—सन्देश स्पष्ट होना चाहिए ताकि प्रेषक एवं प्राप्तकर्ता दोनों की आपसी समझ बनी रहे व वांछित सन्तुष्टि (Feedback) प्राप्त हो सके। स्पष्ट सम्प्रेषण हेतु आवश्यक है कि परिचित व सामान्य शब्दों को सहज रूप में प्रभावी वाक्यों के द्वारा आवागमन किया जाये। वाक्यों में अनेकार्थी शब्द नहीं होना चाहिए न ही व्यर्थ शब्द होना चाहिए। कठिन तकनीकी भाषा का प्रयोग नहीं करना चाहिए। सन्देश की भाषा तथा व्याकरण सही होना चाहिए।

(12) सम्पूर्णता—सम्प्रेषण के द्वारा दी जाने वाली विषय-सामग्री पूर्ण होनी चाहिए। अपूर्ण विषय-समाग्री रुकावट व कठिनाइयाँ पैदा करती है, साथ ही स्नेहपूर्ण परिस्थितियाँ भी निर्मित करती है। सम्प्रेषण की पूर्णता तभी मानी जाती है जब प्राप्तकर्ता को सन्देश के किसी भी हिस्से के प्रति भ्रम न हो।

सम्प्रेषण से सम्बन्धित कुछ महत्त्वपूर्ण बातें

सम्प्रेषण से संबंधित प्रमुख बिंदु निम्नवत हैं–

(1) **विश्वसनीयता**–विश्वसनीयता के दो विशिष्ट पहलू हैं–आस्था तथा न्यायसंगतता। वक्ता के व्यवहार द्वारा इसे अर्जित किया जा सकता है। निवेदन पद्धति के प्रभाव द्वारा विश्वसनीयता तथा इस तरह प्रबोधकता (Persuasiveness) से अर्थपूर्ण सह-सम्बन्ध है।

(2) **शिक्षा**–यह परिवर्तन की ऐसी प्रक्रिया है जो व्यक्ति के परोक्ष या अपरोक्ष रूप से उद्दीपन तथा प्रतिवेदन के स्थायी सम्बन्ध में घटित होती है। इस तरह यह कहा जा सकता है कि शिक्षण सीख प्रक्रिया वास्तव में संचार की एक क्रिया है।

(3) **ध्यानाकर्षण**–यह कार्य निर्धारण के रूप में समझा जाता है।

(4) **उत्तेजना**–व्यक्ति अपनी पाँच ज्ञानेन्द्रियों द्वारा प्राप्त करता है। ये ज्ञानेन्द्रियाँ हैं–आँख, कान, नाक, त्वचा एवं जीभ।

(5) **उद्देश्य-श्रोता**–स्रोत को हमेशा अपने सन्देश प्राप्तकर्ता को याद रखना चाहिए। वही संकेत प्रयोग में लाने चाहिए जिन्हें प्राप्तकर्ता आसानी से समझ सके। स्रोत सन्देश के तत्त्वों को इस तरह रखना चाहिए जिससे उसका संकेत वाचन एवं व्याख्या करने में कम से कम प्रयास करना पड़े इसलिए अन्तर्वस्तु का चयन करने में प्राप्तकर्ता 'श्रोता' की जरूरतों एवं अभिरुचियों पर अनिवार्य रूप से ध्यान दे। अन्त में सन्देश को इस तरह औपचारिक किया जाये जिससे उद्देश्य की पूर्ति हेतु ज्यादा से ज्यादा प्रभाव डाला जा सके।

(6) **बाधाएं**–प्राप्तकर्ता तथा स्रोत के मध्य रुकावट उत्पन्न हो जाती है तथा सन्देश के मूल अर्थ को परिवर्तित कर देती है।

(7) **संकेत**–अपने विचारों को ऐसे अर्थपूर्ण प्रतीक समूह में व्यक्त करना जिससे स्रोत का उद्देश्य एक सन्देश के रूप में स्पष्ट हो सके। सन्देश के विभिन्न रूप हो सकते हैं; यथा–मौखिक शब्द, लिखित शब्द तथा चित्र आदि।

(8) **लगन**–शोर-गुल तथा निष्ठा एक ही सिक्के के दो पहलू हैं। कोलाहल की कमी निष्ठा में वृद्धि करती है। कोलाहल के रहते सही संचार नहीं होता और निष्ठा के रहते संचार क्रिया बढ़ जाती है।

(9) **अराजकता**–आवाज जो ध्यान बँटाती है। वह सन्देश जो दूसरे सन्देश में बाधा उत्पन्न करता है।

(10) आपसी प्रभाव–चूँकि संचार प्रक्रिया में स्रोत तथा संकेत प्राप्तकर्ता एक-दूसरे पर आधारित रहते हैं। संचार प्रक्रिया को संचार संरचना, शक्ति सम्बन्ध, व्यक्तिगत सम्बन्ध एवं समूह का आकार प्रभावित करते हैं।

(11) प्रतिवेदन–उत्तेजना का प्रत्यक्ष ज्ञान ही प्रतिवेदन की पुष्टि करता है।

(12) आभासीकरण–यह सन्देश की ग्राह्यता प्राप्त करने की प्रक्रिया है जो विचार या कार्य करने की हो सकती है और इसे प्राप्त करने हेतु श्रोता अथवा प्राप्तकर्ता में दृष्टिकोण, विश्वास और अशिक्षा से समयानुकूल जोड़ सकते हैं।

(13) सहानुभूति–अपने को दूसरे एवं अपने स्थान पर रखकर स्वीकृति देना ही इसका मूल उद्देश्य है।

(14) प्रतिपुष्टि–यह संचार के उस प्रभाव का प्रतीक है जो प्राप्तकर्ता द्वारा स्रोतों की स्वीकृति अथवा अस्वीकृति के रूप में प्राप्त होता है।

(15) दस्तावेजीकरण–स्रोत के उद्देश्यों को स्पष्ट करने के उद्देश्य से स्रोत के विचार को लेकर सांकेतिक प्रणाली में ढालना।

(16) विधि–कोई भी लगातार होने वाली क्रिया अथवा प्रतिपादन। कोई भी घटना जो समयानुसार निरन्तर परिवर्तनशील है।

(17) साधन–सन्देश को वहन करने वाले को माध्यम कहते हैं।

(18) सन्देश–स्रोत संहिताकारक का वास्तविक भौतिक उत्पादन। उदाहरण के लिए बोलते समय विचार ही सन्देश हैं। लिखते समय लेखक, पेंटिंग में तस्वीर एवं हाव-भाव के समय गतिविधि एवं अभिव्यक्ति ही सन्देश हैं।

(19) प्राप्तकर्ता–संचार का लक्ष्य। वह मनुष्य या मनुष्यों का समूह जो प्रेषक के विपरीत छोर पर स्थित होते हैं।

(20) संकेत वाचक–सन्देश को पुनर्वाद करने की प्रक्रिया जिससे इस तरह सुना तथा निरीक्षण करना सम्भव हो जो प्राप्तकर्ता हेतु अर्थपूर्ण हो सके।

संचार के माध्यम

संचार के साधनों से अभिप्राय विभिन्न सन्दर्भों में घटित होने वाली घटनाओं के बारे में संचार की किसी खास तकनीक के प्रयोग से है। सूचना निजी कथन या हाव-भाव या संचार संगठन आदि हो सकते हैं। स्रोत सूचना को समाज के बीच से ग्रहण करते हैं और समाज में ही आगे प्रेषित करते हैं। संचार प्रक्रिया में स्रोत का प्रमुख स्थान है। यह दरबान के समान काम करता है। इसमें दरबान कार्य सूचना

का चुनाव करना, उसमें जरूरत के अनुसार परिवर्तन करना, संशोधित करना व परित्याग करना है। इस तरह स्रोत सम्प्रेषित की जाने वाली सूचनाओं को प्रभावित कर सकता है। आजकल बड़े पैमाने पर लोग संचार के विभिन्न स्रोतों से सूचनाओं का आदान-प्रदान कर रहे हैं। इन प्राप्त सूचनाओं में श्रोता या समाज हेतु महत्त्वपूर्ण सूचनाएँ ही प्रेषण हेतु चयन की जाती हैं। इस चयन का आधार सामाजिक महत्ता, नवीनता, श्रोता, समूह का स्तर, महत्त्व आदि है।

सम्प्रेषक

सम्प्रेषक समाज को जरूरी सूचनाओं को प्रदान करने में अहम् भूमिका निभाते हैं। सम्प्रेषक संचार प्रक्रिया का आरम्भकर्ता होता है। प्रसार प्रणाली में इसे दूसरे नामों से भी जाना जा सकता है; यथा—संचारक स्रोत-प्रेषक, सूचना वाहक, वक्ता आदि। इसे संकेतक भी कहा जा सकता है क्योंकि यह संकेतीकरण भी करता है। एक ही सूचना की प्रस्तुति एवं उसकी प्रभावशीलता में सम्प्रेषक की भूमिका के अनुसार अन्तर आ जाता है। यह अन्तर सूचना को अच्छी तरह से तैयार करने में, उसे प्रेषित करने में, अच्छे शब्दों का चुनाव कर बोलने में, अच्छे लेखन एवं हाव-भाव से प्रेषित करने के तरीकों के कारण आता है। प्रसिद्ध यूनानी दार्शनिक अरस्तू के अनुसार, सद्गुण या ईमानदारी सम्प्रेषक का प्रभावशीलता का प्रमुख तत्त्व है। संचार प्रक्रिया को बनाए रखने में सम्प्रेषकों को महत्त्वपूर्ण योगदान होता है। जैसाकि हमें ज्ञात है कि सम्प्रेषण वह प्रक्रिया है जिसमें विशेष सन्देश देने के लिए या सन्देशों की शृंखला प्रस्तुत करने के लिए प्रेषक व प्राप्तकर्ता के बीच परस्पर अच्छा सहसम्बन्ध होना चाहिए। अतः सम्प्रेषण में सम्प्रेषक तथा प्राप्तकर्ता प्रमुख व्यक्ति होते हैं।

ओ.पी. धामा एवं ओ. पी. भटनागर के अनुसार, "सम्प्रेषक वह व्यक्ति है जो संचार प्रक्रिया को हकीकत में क्रियात्मक स्थिति में लाता है एवं यह सन्देशों का स्रोत या जन्मदाता होता है। यह सन्देशों को प्रेषित करने वाला है। यह वह प्रथम व्यक्ति होता है जो सन्देशों को भाव प्रदान करता है जिसके फलस्वरूप वह श्रोताओं तक इस रूप में पहुँचते हैं जिनकी सही व्याख्या हो सके एवं इच्छित प्रतिक्रिया प्राप्त हो सके।"

सम्प्रेषक प्रसार शिक्षा जगत में ग्रामीण स्तर का कार्यकर्ता, खण्ड विकास अधिकारी, पंचायत अधिकारी अथवा शिक्षक आदि में कोई भी भूमिका निभा सकता

है। कुप्पुस्वामी के अनुसार, "सम्प्रेषक की साख का संचार प्रक्रिया में प्रमुख स्थान होता है। सम्प्रेषक की साख में उसका सामाजिक स्तर ही नहीं वरन् सम्प्रेषक की उपयुक्तता पर बुद्धि एवं विशेषज्ञता का प्रमुख स्थान होता है।" प्राचीन काल में नारद का ब्रह्मा, विष्णु, महेश तथा अन्य देवताओं के मध्य सूचना देने और उस साख के ऊपर विश्वास किया जाता था। नारद द्वारा दी गई प्रत्येक सूचनाओं को सभी देवता प्रभावी रूप से स्वीकार करते थे। नारद की इस प्रतिभा के पीछे उनकी सूचना संग्रह की शैली तथा उनकी सम्प्रेषण प्रतिभा प्रमुख थी। इसके अलावा चमत्कार भी सम्प्रेषक की साख का एक तत्त्व है। राष्ट्रीय आन्दोलन के दौरान गाँधीजी के शब्दों का जादू लोगों को आकर्षित तथा प्रभावित करता था। इसी प्रकार अब्राहम लिंकन, गाँधी, लेनिन, नेहरू, माओ आकर्षक व्यक्तित्व वाले व्यक्ति माने जाते थे। इनके विचारों ने लोगों पर चमत्कारिक प्रभाव डाला। कुप्पुस्वामी के अनुसार, "सम्प्रेषक की प्रतिभा अथवा साख में सक्रियता और सुरक्षा भी महत्त्वपूर्ण अंग है। सम्प्रेषक की सक्रियता का सम्बन्ध उसकी दृढ़ता, गतिशीलता, लगनशीलता एवं उसके प्रभाव से है। सुरक्षा तत्त्व के अन्तर्गत सम्प्रेषक की दयालुता, मित्रता, ज्ञानशीलता, परोपकार, न्यायप्रियता एवं सहिष्णुता आदि प्रवृत्तियाँ मुख्य हैं।"

सम्प्रेषक का कार्य सामाजिक उत्तरदायित्वों से पूरा होता है। किसी सत्य या तथ्यपूर्ण जानकारियों को व्यक्तियों तक पहुँचाना एवं उसके द्वारा उन्हें प्रभावित करना एक चुनौतीपूर्ण कार्य है। सम्प्रेषक द्वारा प्रेषित सूचनाएँ केवल कथ्यों, सूचनाओं एवं विचारों आदि पर ही आधारित नहीं होतीं वरन् लोगों को परिवर्तन हेतु अग्रसित करती हैं।

सम्प्रेषक संचार प्रक्रियाओं को बाधित करने वाले कारकों में एक माना जाता है। वह कौन है? वह क्या जानता है? उसके कार्य की क्षमता क्या है? वह देखने में कैसे लगता है? कैसे लिखता है? कैसे बोलता है? इस तरह के अन्य प्रश्न भी ग्रामीण लोगों के मस्तिष्क में आते हैं, जब वे सम्प्रेषक से पहली बार मिलते हैं। यदि किसी कारणवश सम्प्रेषक अपने श्रोताओं का विश्वास प्राप्त नहीं कर पाता है तो ऐसी स्थिति में संचार सम्भव नहीं हो पाता है। सम्प्रेषक जो कि संचार प्रक्रिया का केंद्र बिन्दु होता है, प्रभावी संचार-प्रक्रिया को सम्पन्न करने के लिए उसे निम्नलिखित प्रमुख बिन्दुओं पर ध्यान देना जरूरी है–

(1) सर्वप्रथम सम्प्रेषक को संचार प्रक्रिया का उद्देश्य निश्चित करना चाहिए कि उसे किस लक्ष्य को प्राप्त करना है?

(2) अपने विचारों को सम्प्रेषित करने के लिए सम्प्रेषक का संचार के उपयुक्त माध्यमों का प्रयोग करना चाहिए। हर विषय-वस्तु हेतु एक समान संचार माध्यम उपयुक्त नहीं हो सकता है। संचार हेतु विभिन्न लोक माध्यम जैसे—नाटक, लोक गीत, कठपुतली आदि के साथ आधुनिक संचार माध्यम जैसे समाचार-पत्र, पत्रिकाएँ, फिल्म, टी.वी., रेडियो, बैनर आदि में से प्रभावशील माध्यमों का चुनाव किया जा सकता है। संचार के उपयुक्त साधन का चुनाव श्रोताओं के स्तर को ध्यान में रखकर करना चाहिए।

(3) उपर्युक्त संदेशों के चयन करने के उपरान्त उस सन्देश की प्रस्तुति पर विचार करना भी जरूरी होता है। सम्प्रेषक को सन्देशों की प्रस्तुति सजीव, आकर्षक, उत्साहपूर्ण व रुचिपूर्ण तरीके से करना चाहिए ताकि श्रोता उनकी बातें ध्यानपूर्वक सुने। भाषा श्रोताओं के स्तर के अनुरूप व आसान होनी चाहिए। विषय-वस्तु में विश्वसनीयता का होना भी जरूरी है। अपनी बातों को समझाने हेतु बीच-बीच में उदाहरणों का प्रयोग किया जा सकता है। पूरी प्रस्तुति क्रमबद्ध तरीके से होनी चाहिए दूसरे शब्दों में भूमिका, विषय-वस्तु की मूल जानकारी व समापन सभी एक के पश्चात् एक प्रभावी तरीके से होना चाहिए। कार्यक्रम की समाप्ति के उपरांत श्रोताओं की प्रतिक्रिया जानना बहुत जरूरी है।

(4) उसे संचार प्रक्रिया की मूल्यांकन विधि की पूरी जानकारी होनी चाहिए। उसे अपने श्रोताओं में सम्प्रेषक के बाद उनकी प्रतिपुष्टि या प्रतिक्रिया जाननी चाहिए।

(5) सम्प्रेषक को संचार-प्रक्रिया के अन्तर्गत अपने प्राप्तकर्ता या श्रोताओं का अध्ययन करना चाहिए। उसके श्रोता किस वर्ग के हैं, उनकी आयु क्या है, स्त्री, पुरुष या बच्चे हैं, साक्षर हैं या निरक्षर, कामकाजी हैं या कृषक अथवा घरेलू महिलाएँ। श्रोताओं के बारे में जानकारी प्राप्त करने से सम्प्रेषक उनके अनुरूप संचार कार्यक्रम बना सकता है।

(6) अन्त में, सम्प्रेषक को अपना आत्म-मूल्यांकन करना चाहिए। संचार प्रक्रिया के पूर्ण होने के बाद सम्प्रेषक अपने उद्देश्य में सफल हुआ या नहीं, इसका मूल्यांकन उसे करना चाहिए। क्या उसकी विषय-वस्तु का चुनाव ठीक था? क्या उसने संचार माध्यम का सही चुनाव किया? क्या उसकी सूचनाएँ श्रोताओं को उसी अर्थ में समझ में आईं जिस रूप में उसने प्रेषित की थीं?

(7) सम्प्रेषक की प्रमुख नीति अपने श्रोताओं के हित में होनी चाहिए। सम्पूर्ण संचार प्रणाली इस तरह की होनी चाहिए जिससे श्रोताओं को उपयोगी

जानकारी मिले, उनके दृष्टिकोण में आवश्यक परिवर्तन आ सके और वह उनके लिए महत्त्वपूर्ण हो।

(8) इसके पश्चात् उसे जिस सन्देश या विषय-वस्तु का सम्प्रेषण करना है, उसकी विषय-वस्तु का चुनाव गहन सोच-विचार करने के बाद किया जाता है। सन्देशों की विषय-वस्तु उपयोगी, समयानुकूल, महत्त्वपूर्ण व रुचिकर होनी चाहिए।

सम्प्रेषक के लाभ

प्रभावी सम्प्रेषण हेतु सम्प्रेषक में निम्नवत गुण हैं—

(1) सम्प्रेषक को कर्मठ तथा अपने कार्य के प्रति ईमानदार होना चाहिए।

(2) सम्प्रेषक में जरूरी संचार कौशल होना चाहिए; जैसे—संकेतीकरण व संकेतवाचन।

(3) सम्प्रेषक को संचारित की जाने वाली विषय-वस्तु का पूर्ण ज्ञान होना चाहिए।

(4) सम्प्रेषण को विविध संचार माध्यमों की जानकारी भी होनी चाहिए। संचार माध्यमों की प्रकृति, उपयोगिता एवं उपयोग की विधि के बारे में सम्प्रेषक को पूर्ण ज्ञान होना चाहिए; जैसे—प्रोजेक्टर चलाना, माईक पर बोलना, कठपुतली का उपयोग आदि।

(5) सम्प्रेषक को जिस श्रोता समूह में सम्प्रेषण करना है उस समूह की भाषा से भली-भांति परिचित होना चाहिए व स्थानीय शब्दों का उपयोग करना चाहिए।

(6) सम्प्रेषक को हर-पल नई-नई जानकारियाँ प्राप्त करनी चाहिए व अपनी कार्यक्षमता को विकसित करते रहना चाहिए।

(7) सम्प्रेषक को अपने कार्य में तभी सफलता मिलती है जब वह अपने कार्यक्रमों को रुचिपूर्ण तरीके से करने का प्रयत्न करता है।

(8) सम्प्रेषक संचार के द्वारा जो भी जानकारी दे वह पूर्ण विश्वसनीय होनी चाहिए।

(9) सम्प्रेषक को अपने कार्य, कार्य स्थल, सहकर्मियों एवं श्रोताओं के प्रति आस्थावान होना चाहिए तथा सौहार्दपूर्ण व धनात्मक अभिवृत्ति रखनी चाहिए।

(10) सम्प्रेषक का श्रोताओं के साथ उत्तम व्यवहार होना चाहिए। इस हेतु निजी सम्पर्क भी उपयुक्त होता है।

सन्देश

"सन्देश सामाजिक सूचनाओं के शिक्षण या संवाद का नाम है। सन्देशों पर ही समाज का अस्तित्व टिका है। सन्देशों में नवीनता का होना जरूरी है। संचार प्रक्रिया का उद्‌गम एवं निरन्तरता सन्देशों पर ही निर्भर है। सन्देशों के आवागमन

न होने की स्थिति में संचार प्रक्रिया बाधित होती है। सन्देश के कतिपय निश्चित आयाम होते हैं, इनमें सूचना, विचार, निर्देश, अर्थ, भाषा सन्दर्भ, स्वरूप आदि प्रमुख होते हैं। सन्देश सम्प्रेषक के दिमाग में उत्पन्न होता है जहाँ वह उसे संवर्द्धित करके सम्प्रेषण के द्वारा श्रोता तक पहुँचता है। सामान्यतः उपयुक्त सन्देश उसे कहा जाता है जिसमें सम्प्रेषण के आदान-प्रदान की प्रभावशाली क्षमता हो। संवाद, विषय-सामग्री का सूक्ष्म तत्त्व है। "संदेश या विषय सामग्री वह सूचना है जिसको सूचना-वाहक अपने श्रोताओं को इस ढंग से पहुँचाता है कि वे उसे समझें, अपनायें तथा उस पर अमल करें।" सन्देशपूर्ण रूप से विषय-सामग्री नहीं होता है। सन्देश की पुष्टि या विचार को प्रमाणित अथवा साबित करने हेतु जो सामग्री प्रस्तुत की जाती है उसे हम विषय-सामग्री कहते हैं। सन्देश लिखित, मौखिक, शाब्दिक या सांकेतिक होते हैं। प्रसार कार्य में जो संवाद सम्प्रेषित किये जाते हैं उनके पीछे एक लक्ष्य या उद्देश्य होता है। प्रसार का शिक्षा कार्यों में सम्प्रेषण का खासा महत्त्व है। सम्प्रेषक कुछ मुख्य सूचनायें व जानकारियां एकत्र कर उन्हें सन्देश के रूप में ग्रहणकर्ता तक पहुँचाता है। इसके पीछे उसका यह उद्देश्य होता है कि वे उन्हें ग्रहण करके अपना ले। कोई भी संवाद तभी सफल माना जाता है जब ग्रहणकर्ता उसे अपने लिए जरूरी माने, उसें स्वीकार कर ले एवं उससे सन्तुष्ट भी हो। इस तरह अर्थपूर्ण होना, उस सन्देश का मुख्य अंश है। इसके तहत दो बातें आती हैं। (i) चिहिन्त करने का कार्य (ii) शामिल करने का कार्य।

इसके माध्यम से सम्प्रेषक अपने सन्देश और भाषा के द्वारा श्रोता के व्यवहार को परिष्कृत एवं परिवर्तित कर सकता है। सन्देश अपने प्रभाव के अनुरूप दो तरह के होते हैं--(1) सकारात्मक एवं (2) नकारात्मक। सकारात्मक संदेश का तात्पर्य ऐसे संदेश से है जो कि श्रोताओं को आकर्षित करते हैं। इसका उद्देश्य निर्माण, सुख, विकास एवं परिणाममूलक तथा लाभप्रद होता है। नकारात्मक संदेश विकर्षणयुक्त, आलोचनात्मक, ध्वंस तथा लाभप्रद नहीं होता। संदेश में शब्दों के संकलन एवं स्वरूप पर विशेष ध्यान देने की जरूरत होती है। शब्दों का उपयोग किसी भी संदेश में उसके समय, स्थान, संदर्भ आदि के आधार पर होता है।

इस तरह संदेश सम्प्रेषण और श्रोता के बीच होने वाली ऐसी प्रक्रिया है जो कि श्रोता के मस्तिष्क में सम्प्रेषित शब्दों के विचारों के आधार पर एक अर्थ पैदा करती है। सूचना की आधारभूत आवश्यकताओं की पूर्ति हेतु संदेश संचार प्रमुख माना जाता है, इससे श्रोताओं को सम्प्रेषण में सुगमता होती है। वह संदेशों में से

चयनित संदेश ही भेजता है। श्रोताओं तक सन्देशों को प्रेषित करने का कार्य संचार साधनों द्वारा किया जाता है। श्रोता इन सन्देशों को ग्रहणकर पुनः दूसरे लोगों तक भेजता है। सन्देश सामाजिक, आर्थिक, सामाजिक, राजनीतिक, धार्मिक, मनोरंजन आदि तथा अन्य प्रकार के हो सकते हैं।

सन्देश का महत्त्व

सन्देश के महत्त्व को नीचे वर्णित किया जा रहा है–

(1) अर्थपूर्णता की दर–सन्देश अर्थपूर्ण होना चाहिए अर्थात् किसी वांछित व्यक्ति या स्थान तक पहुँचने का माध्यम होना चाहिए। मनुष्य अपने स्वभाव के अनुसार हर बात में लाभ की सम्भावनाओं को देखता है। यदि गृहिणी को यह सन्देश भेजा जाए कि पानी को शुद्ध करने से उसके बच्चों में संक्रामक बीमारी नहीं होगी तो वह सन्देश उसके लिए अर्थपूर्ण होगा और वह उसे उपयोग में लायेगी। अतः सन्देश उद्देश्य के अनुसार होना चाहिए।

(2) सहज तथा सुस्पष्ट दर–सन्देश व्यापक एवं स्पष्ट होना चाहिए। जो वाक्य सन्देश के रूप में प्रयुक्त हों, वे द्विअर्थी या अनेकार्थी नहीं होने चाहिए। सफल सन्देश वही माना जाता है जो सम्प्रेषक एवं ग्रहणकर्ता हेतु समान अभिप्राय रखते हों। इससे सन्देश अनुकरण में भी आसान हो जाता है साथ ही सम्प्रेषक के प्रति भी विश्वसनीयता बढ़ती है। कठिन बातें ग्रहणकर्ता की समझ में नहीं आतीं जिससे वह उन्हें एकाग्रचित्त होकर ग्रहण नहीं कर पाता और विश्वास नहीं कर पाता है।

(3) साधनों के तहत दर–सन्देश श्रोताओं के आर्थिक, भौतिक, सामाजिक व अन्य साधनों के अन्तर्गत होना चाहिए। सन्देश द्वारा बताई गई पद्धतियाँ श्रोताओं की आर्थिक स्थिति के अनुरूप होनी चाहिए। इसी तरह संवाद उनके सामाजिक रीति-रिवाज, सामाजिक बन्धनों, विश्वासों के अन्तर्गत होना चाहिए। सन्देश इन प्रत्येक मान्यताओं के अनुरूप होना चाहिए। यदि कोई बदलाव लाना भी है तो उसके लिए धीरे-धीरे परोक्ष तरीका अपनाया जाना चाहिए।

(4) परोपकारिता–सम्प्रेषक जिन सन्देशों को प्रेषित करता है, वह जनसमुदाय के लिए परोपकारी होना चाहिए। वह किसी एक छोटे वर्ग अथवा अकेले व्यक्ति के हित को ध्यान में रखकर प्रेषित नहीं होना चाहिए।

(5) श्रोतागण एवम् सम्प्रेषकों के मध्य सन्तुलन दर–सन्देश इस तरह हो कि वह ग्रहणकर्ता या श्रोताओं की उत्कंठा की पूर्ति करे व उसकी आकांक्षाओं के अनुरूप हो। इससे सम्प्रेषक व श्रोताओं के बीच संबंध बढ़ता है, व सन्देश अच्छी

तरह से ग्रहण किये जाते हैं। साथ ही ये संदेश श्रोताओं को सही तरह से समझ में भी आ जाते हैं।

(6) सामान्य उपयोग प्रतिशत—सन्देश इस प्रकार के हों कि सम्प्रेषक स्वयं आसानी से प्रयोग कर सकें तथा जिस स्थान पर सन्देश प्रेषित करना हो वहाँ की स्थितियों के अनुकूल हों।

(7) संचार स्रोत के अनुरूप प्रतिशत—सम्प्रेषक अपने सन्देश को श्रोताओं तक पहुँचाने हेतु संचार माध्यमों का प्रयोग करता है। अतः प्रतिशत सन्देश संचार माध्यम के अनुरूप होना चाहिए।

(8) वैज्ञानिक सिद्धान्तों का दर प्रतिशत—सन्देश वैज्ञानिक दृष्टिकोण हेतु होना चाहिए तथा आधुनिक होना चाहिए। उसमें नई-नई जानकारियों का समावेश होना चाहिए ताकि वह प्रसार के उद्देश्यों पर आधारित हो।

संचार माध्यम

संचार माध्यम सन्देशों के प्रेषक एवम् प्राप्तकर्ता के बीच एक सेतु का कार्य करता है। माध्यम शब्द को टेली कम्यूनिकेशन से लिया गया है एवं संचार प्रक्रिया के कई विविध पक्षों में उपयोग में लाया जाता है। यह सम्प्रेषक एवं श्रोताओं के बीच का ऐसा रास्ता है जिस पर सन्देश निर्भर करते हैं। माध्यम ऐसी चीज है जिसे सन्देशों का सम्प्रेषक अपने श्रोता से जुड़ने हेतु उपयोग में लाता है। प्रसार की स्थितियों में प्रचलित संचार माध्यम है—सभी तरह की मीटिंग, रेडियो, किताबें, बुलेटिन पत्र, समाचार-पत्र, संगठित यात्राएँ एवं निजी सम्पर्क आदि।

सन्देशों का सम्प्रेषण शाब्दिक एवम् अशाब्दिक दोनों तरीकों से होता है। लिखने और बोलने के अलावा हाव-भाव आदि तरीके से भी सन्देशों का सम्प्रेषण होता है। उसी तरह संवेदनशील अंग शरीर में सूचना अर्जित करते हैं। इनमें मुख्य हैं—सुनना, देखना एवं स्पर्श। जिस तरह संचार में संवेदनशील अंग संचार माध्यम का कार्य करते हैं इस प्रकार मार्ग वह तरीका है, जिसके द्वारा स्रोत द्वारा प्रेषित सूचना को श्रोता ग्रहण करता है। **हेराल्ड लासवेल** (Herold D. Losswell) के अनुसार, संचार माध्यम के प्रमुख कार्य हैं—सूचना संग्रह एवं प्रसार, सूचना विश्लेषण, सामाजिक मूल्य एवं ज्ञान का सम्प्रेषण एवं व्यक्तियों का मनोरंजन करना। संचार माध्यम का प्रभाव समाज में अनादि काल से हो रहा है। संचार माध्यम स्रोत एवं श्रोता के मध्य बीच स्थल दृश्य है जो कि मुख्यतः प्रतिशत माध्यम से सूचना प्राप्त कर श्रोता को देता है। प्रायः पर्याप्त संचार साधनों की कमी के वजह से सूचना

प्रक्रियाओं में अत्यधिक बाधा आती है। राबर्ट ए. बोगी एवं विलियम डी. ब्रुक्स ने अपने मॉडल में माध्यम को इस तरह स्पष्ट किया–

यदि दो लोग आपस में बात कर रहे हों तो उनकी बोलने एवं सुनने की क्रिया गति में होती है। एक व्यक्ति द्वारा मुँह से दिया गया सन्देश माध्यम के द्वारा दूसरे मनुष्य के पास पहुँचता है। मौखिक सन्देश आवाज की तरंगों से प्राप्त होता है। अन्त में आवाज की तरंगों को स्वयं भी किसी के सहारे की जरूरत होती है वह है तरंगीय वाहक। साधारणत प्रतिशत मानवीय संचार में आवाज की तरंगें वायु के माध्यम से आती हैं।

संचार माध्यम को प्रमुख रूप से दो हिस्सों में बाँटा जा सकता है–

(1) जनसंचार माध्यम का विकास वर्तमान औद्योगिक तथा तकनीकी समाज में हुआ है। पुराने ज़माने में लोग जब छोटे-छोटे समूहों में रहते थे तब प्रत्यक्ष सम्पर्क सम्भव था। आधुनिक समय में लाखों लोगों तक एक साथ संचार माध्यमों से सूचनाएँ प्रेषित की जाती हैं जो कि तकनीकी क्रान्ति की परिचायक हैं। अतः प्रतिशत जनसंचार एक यान्त्रिक उपकरण है जिसके द्वारा कोई व्यक्ति या समूह कम समय में तुलनात्मक रूप में बड़ी आबादी तक पहुँच सकता है। इसमें श्रोता सदस्य भौतिक रूप से अलग रहते हैं। इसमें व्यापक रूप में सन्देश का संप्रेषण होता है जिसका प्रमुख उद्देश्य शिक्षण एवं मनोरंजन होता है। इस उद्देश्य हेतु समाचार-पत्र, समाचार एजेन्सी, सिनेमा, रेडियो, टेलीविजन आदि प्रमुख हैं। इस माध्यम के निम्नलिखित कार्य हैं–

(i) सूचना का विश्लेषण;

(ii) सूचना संग्रह एवं प्रसार;

(iii) मनोरंजन; एवं

(iv) ज्ञान के स्तर में वृद्धि करना।

(2) परम्परागत संचार माध्यम ग्रामीण व्यक्तियों को परम्परागत उत्तराधिकार में मिलने वाले संचार माध्यम हैं। परम्परागत संचार माध्यम के विशेषज्ञ सन्देशों को स्थानीय लोकप्रिय भाषा में परिवर्तित कर सकते हैं। परम्परागत संचार माध्यम इस तरह के हैं जिसमें मौखिक गायन, वादन, दृश्य, कला का सम्प्रेषण एवं स्थानान्तरण सामाजिक समूहों में पीढ़ी-दर-पीढ़ी होता रहता है।

प्रमुख पम्परागत संचार माध्यम निम्नलिखित हैं–

(i) ग्रामीण कला एवं व्यवसाय, परम्परागत डिजाइनें।

(ii) कहानी, कव्वाली, गीत।

(iii) सामाजिक संस्थाएँ एवं ग्रामीण मुखिया।

(iv) हरिकथा।

(v) उत्सव-त्यौहार, ग्रामीण सभा एवं मेला।

(vi) प्राचीन कला, संगीत, ग्रामीण नाटक एवं कठपुतली आदि।

संचार स्रोतों का चयन

सम्प्रेषकों के लिए आवश्यक है कि वह हमेशा उपयुक्त संचार माध्यमों का प्रयोग करें। इसमें व्यक्तियों से आमने-सामने वार्तालाप हो सकता है, किन्तु यदि प्रसार कार्यकर्ता अपने प्राथमिक समूह से दूर है, तब प्रसार कार्यकर्ता को सोच-समझकर संचार माध्यमों के बारे में निर्णय करना पड़ता है। जब व्यक्तियों के बारे में समूह हेतु संचार की योजना बनाई जाती है तो चुनाव जटिल एवं कठिन होता है। यदा-कदा इसके निर्धारण में माध्यम की उपलब्धता एवं श्रोताओं की क्षमता निर्णायक तत्त्व होती है। उदाहरणार्थ—यदि श्रोता शिक्षित नहीं है तो प्रसार कार्यकर्ता चित्रों एवं बोले गये शब्दों का प्रयोग कर सकता है। यदि श्रोताओं के पास टी.वी. नहीं है तो स्पष्ट रूप में प्रसार कार्यकर्ता टी.वी. पर निर्भर नहीं हो सकता, किन्तु कई साधारण स्थितियों में जहाँ रेडियो, छपी हुई सामग्री एवं चित्र एवं दूसरे सभी संचार माध्यम श्रोताओं तक पहुँच सकते हैं वहाँ संचार माध्यमों के चुनाव सम्बन्धी निर्णय कई तत्त्वों के कारण जटिल हो जाते हैं। कुछ ऐसे निम्नलिखित माध्यम हैं जिनके अंतर्गत संचार साधनों के उपयोग से किए जा सकते हैं--

(1) प्राप्यता—संचार माध्यम उस स्थान पर आसानी से सुलभ हो जहाँ प्रयोग में लाया जाता हो। यदि हम टेलीफोन का उपयोग सन्देश प्रेषित करने हेतु करना चाहते हैं तो जरूरी है कि सभी श्रोताओं के पास टेलीफोन उपलब्ध हों।

(2) सहभागिता—संचार माध्यम ऐसा होना चाहिए जिसमें श्रोताओं के साथ ज्यादा-से-ज्यादा सहभागिता हो ताकि संचार की प्रतिपुष्टि (Feedback) प्राप्त हो सके। निजी स्तरीय आमने-सामने की वार्ता, सामूहिक चर्चा, अनौपचारिक बैठकें, टेलीफोन से वार्तालाप आदि माध्यमों में श्रोताओं के साथ ज्यादा-से-ज्यादा सहभागिता रहती है। फिल्म, टेलीविजन, रेडियो, निजी पत्र व्यवहार, समाचार-पत्र, पत्रिकाएँ एवं किताबों में अपेक्षाकृत कम सहभागिता होती है।

(3) समय एवं स्थान की प्रकृति—छपी हुई चीजें, चित्र एवं कला की वस्तुएँ स्थान-संगठित प्रकृति की होती हैं। रेडियो का प्रसारण एवं टेलीफोन पर वार्ता

समय-संगठित है जबकि आमने-सामने का संचार आवाज, छवि-चित्र, टेलीविजन आदि समय-स्थान संगठित है। पढ़ने की क्रिया में, व्यक्ति अपने निजी पेज को सेट करता है और जब इच्छा हो पलटकर देख सकता है और एक पृष्ठ, अनुच्छेद या एक वाक्य का परस्पर सम्बन्ध देख सकता है।

(4) गति—तेज गति से आवश्यक सूचनाओं को श्रोताओं तक पहुँचाने का उचित माध्यम है—दूरभाष एवं रेडियो टेलीफोन पर भी शीघ्र ही सन्देश भेजा जा सकता है। समाचार-पत्रों में कुछ समय लगता है, पत्रिकाओं में अपेक्षाकृत देरी से सन्देश भेजा जा सकता है। सर्वाधिक देरी से फिल्म एवं पुस्तकों के द्वारा सन्देश भेजे जा सकते हैं।

(5) टिकाऊपन—संचार माध्यमों का स्थायित्व उसकी विश्वसनीयता में बढ़ोत्तरी करता है। इस दृष्टि से किताबें सबसे अधिक स्थायी माध्यम हैं। इसके बाद चलचित्र एवं पत्रिकाएँ व समाचार-पत्र आते हैं। सबसे अल्प स्थायी माध्यम हैं—रेडियो एवं टेलीविजन। प्रसार के उद्देश्य के अनुरूप स्थायित्व को ध्यान में रखकर संचार माध्यम का चयन करना चाहिए।

(6) मूल्य—संचार माध्यमों में उपयोग की जाने वाली सूचना माध्यम की कीमत भी एक निर्धारक तत्त्व है। टेलीविजन व रेडियो के लिए बिजली की आवश्यकता होती है, दूरभाष के उपयोग हेतु भी धन की जरूरत होती है, समाचार-पत्र, पत्रिकाओं व पुस्तकों की भी कीमत होती है। शत प्रतिशत सूचना माध्यम का चुनाव सूचना प्राप्त करने वाले श्रोताओं के आकार, जरूरतों व विषय ज्ञान व उपलब्ध साधन सीमा के अनुसार चुना जाना चाहिए।

संचार माध्यमों में आने वाली बाधाएँ

संचार माध्यमों में आने वाली बाधाएं निम्नलिखित हैं—

(1) संचार माध्यम के प्रयोग में श्रोताओं द्वारा रुचि नहीं लेने से भी बाधा आती है। यदि सम्प्रेषक अपनी बात कह रहा है और श्रोता उसे ध्यानपूर्वक से नहीं सुन रहे हैं या नहीं देख रहे हैं, तो सन्देश पहुँचाने में बाधाएँ आती हैं।

(2) एक ही समय में ज्यादा संचार माध्यमों को प्रयोग में लाने पर श्रोता न तो सन्देश को ठीक से प्राप्त कर पाते हैं और न ही समझ पाते हैं।

(3) संचार माध्यमों द्वारा एक ही सन्देश को एक से अधिक श्रोताओं तक पहुँचाने से भी सन्देश श्रोताओं तक नहीं पहुँच पाता है।

(4) श्रोता तक पहुँचने में कई माध्यम असफल हो जाते हैं। सामान्यतः कोई एक माध्यम सभी श्रोताओं तक नहीं पहुँच पाता; जैसे—यदि बैठक की तो जरूरी नहीं कि सभी सदस्य बैठक में उपस्थित रहें। रेडियो द्वारा सन्देश प्रस्तुत किया जाये तो जरूरी नहीं कि सभी श्रोताओं के पास रेडियो सेट हो या वह उस विशेष समय में रेडियो को चालू रखे। लिखित सामग्री देने पर भी कई सदस्य उस सामग्री को नहीं पढ़ते हैं।

(5) संचार माध्यमों के प्रयोग में आने वाली सबसे बड़ी बाधा 'शोर' है। इससे श्रोताओं को सुनने में परेशानी होती है और वह सन्देशों को स्पष्ट रूप से समझ नहीं पाता है। ज्यादातार संचार माध्यमों में शोर अवरोध डालने वाला प्रमुख तत्त्व है।

(6) अनेक बार सम्प्रेषक स्वयं भी संचार माध्यम का उपयोग प्रभावी तरीके से नहीं करता है। अगर वह अपनी बात श्रोताओं तक प्रभावशाली तरीके से कहने या प्रदर्शन कर दिखाने में सफल नहीं होता तो कई श्रोता उसकी बात नहीं समझ पाते हैं।

(7) कई संचार माध्यम श्रोताओं की योग्यता के अनुरूप नहीं होते हैं। ऐसी स्थिति में श्रोता इस बात को समझने में असमर्थ रहते हैं; जैसे—अनपढ़ श्रोताओं को लिखित पाठ्य-सामग्री प्रदान करना।

(8) सम्प्रेषक के उद्देश्य के अनुरूप सही संचार माध्यम का चुनाव न करने से भी संचार प्रक्रिया में व्यवधान आता है। जैसे यदि गृहिणी को कोई खाद्य सामग्री पकाने की विधि बतानी है या कम्पोस्ट खाद बनाने की पद्धति का प्रदर्शन करना है तो इस उद्देश्य हेतु रेडियो, परिचालन पत्र या समाचार-पत्र उपयुक्त संचार माध्यम नहीं हैं। इस हेतु टेलीविजन या प्रदर्शन विधि सही है।

(9) संचार माध्यमों के प्रयोग पर कुछ भौतिक तत्त्व भी बाधा डालते हैं। इनमें शोर तो मुख्य है ही, साथ ही लोगों का बार-बार अन्दर बाहर जाना, तेज गर्मी, तेज प्रकाश, बार-बार लाइट बन्द होना, बहुत ज्यादा भीड़-भाड़, अनुशासनहीनता आदि तत्त्व भी व्यवधान उत्पन्न करते हैं।

संचार माध्यमों का ग्रामीण क्षेत्रों में प्रयोग—ग्रामीण क्षेत्रों में संचार माध्यमों का प्रयोग व्यापक रूप में हो रहा है—गाँवों में संचार प्रक्रिया मुख्य रूप से शब्दों अथवा बातचीत द्वारा होती है, जिसके लिए गाँव के नाई को सबसे उपयुक्त समझा जाता है। कुएँ पर जल भरती महिलाओं का समूह, खेतों पर इकट्ठे मनुष्यों का समूह, हुक्का

समूह, पान की दुकान का समूह, खेल के मैदान का समूह आदि मुख्य रूप से गाँव के संचार माध्यम के रूप में उपयोग किये जाते हैं। इसके अलावा पोस्टर, रेडियो, नाटक, प्रदर्शनी, लोक गीत आदि भी सही माध्यम हैं।

एक गाँव से दूसरे गाँव में सूचना भेजने हेतु समाचार-पत्र, रेडियो, व्यापारी, सरकारी कर्मचारी, प्रदर्शन, मीटिंग, सामूहिक वार्ता, फिल्म एवं पोस्टर आदि संचार साधनों का मुख्य स्थान है जिनके द्वारा ग्रामीण जनता के विचारों का प्रसार किया जा सकता है।

उन्नत संचार माध्यमों का महत्त्व

(1) संचार माध्यम चाहे कोई भी हो उससे सन्देश के उद्देश्यों की पूर्ति होनी चाहिए।
(2) संचार माध्यमों में अगर एक से ज्यादा प्रयोग किये जाने वाले हों तो उनका संयोग एक दूसरे का पूरक हो।
(3) संचार माध्यम श्रोताओं को देखने, सुनने एवं कार्य करने का अवसर देने वाला हो।
(4) संचार माध्यम का चयन श्रोताओं की संख्या के अनुरूप हो।
(5) संचार माध्यम आसानी से श्रोता तक पहुँच सकता हो।
(6) संचार माध्यम कम व्यय वाला तथा सरल हो।
(7) उपलब्ध संचार माध्यमों का ही चयन किया जाना चाहिए।
(8) सम्प्रेषक एवं श्रोताओं के पास उपलब्ध संदेश समय के अनुरूप हो।
(9) संचार माध्यमों की प्रमुख विशेषता यह है कि ये प्रत्यक्ष एवम् अप्रत्यक्ष रूप से प्रभावित करने की क्षमता रखते हों।
(10) प्रसार माध्यम श्रोताओं के विषय को समझने की योग्यता के अनुरूप हो।
(11) सन्देश के जो भी तत्त्व हों, उनके स्वभाव को दृष्टिगत रखते हुए संचार माध्यम का चयन किया जाये।

श्रोता

श्रोता का तात्पर्य संचार माध्यमों से, सूचना प्राप्त करने वाले लोगों से, समाचार पत्र से, रेडियो से, टेलीविजन से या फिर फिल्मों से हो, श्रोता वर्ग प्रत्येक संचार माध्यमों में फैला होता है। श्रोता शब्द आंग्ल भाषा के 'Audience' का हिन्दी शब्द है। Audience शब्द की उत्पत्ति लैटिन के Audie से हुई है जिसका तात्पर्य न्यायाधीश या प्राप्तकर्ता होता है। Audience शब्द का उपयोग 19वीं शताब्दी में

पाठक वर्ग के लिए प्रयुक्त किया गया था। बाद में इसका उपयोग सिनेमा दर्शकों तथा जनसंचार माध्यम के श्रोता व दर्शकों हेतु प्रयुक्त हुआ। संचार प्रक्रिया का केन्द्र बिन्दु श्रोता ही है। यह संचार का अनिवार्य तत्त्व है। श्रोता एक व्यक्ति या बहुत व्यक्तियों का दल हो सकता है। श्रोता कोई भी आदमी, औरत, जवान, ग्रामीण नेता हो सकते हैं। सम्पूर्ण संचार प्रक्रिया इस बात पर निर्धारित है कि श्रोता प्राप्त चयनित सन्देश या विषय सामग्री पर क्या प्रतिक्रिया करते हैं।

संचार प्रक्रियाएं कई बातों पर निर्भर करती हैं। जब श्रोता सन्देश के प्रति सकारात्मक रुख प्रदर्शित करता है तब सन्देश का महत्त्व साबित होता है। जनसंचार माध्यमों के विकास के फलस्वरूप श्रोता वर्ग के आकार में व्यापक बदलाव आया है। वर्तमान संचार माध्यमों का क्षेत्र विश्वव्यापी हो गया है।

आजकल के श्रोतागणों के चारित्र्य में गत व्यवहार परिवर्तन आया है। पुराने संचार माध्यमों का श्रोता वर्ग किसी एक निर्धारित दायरे में सिमटा तथा पर्याप्त सम्पर्कों से जुड़ा रहता है। आधुनिक समय में जनसंचार माध्यमों का श्रोता उस दायरे तक की जानकारी रखना चाहता है, जिस भौगोलिक दायरे तक जनसंचार माध्यमों के सन्देश प्रसारण की क्षमता है। समाचार-पत्रों का प्रसार कितना भी हो, किन्तु उसका भौगोलिक दायरा वहीं तक होगा जहाँ तक संचार उसे पहुँचा देगा। इसी तरह रेडियो और टेलीविजन की प्रसार क्षमता उनके प्रसारण केन्द्रों की क्षमता पर निर्धारित करती है।

श्रोताओं का वर्गीकरण

श्रोता समान सोच तथा पृथक-पृथक सोच वाले वर्ग के होते हैं। किन्तु सामान्य तौर पर श्रोताओं को निम्नलिखित चार वर्गों में विभाजित किया गया है—

(1) सामान्य श्रोता—इनकी संख्या अधिक होती है। साधारण श्रोता को जन सम्प्रेषण द्वारा सन्देश दिये जाते हैं। इनको आम जनता, आम श्रोता आदि भी कहा जाता है। इनकी प्रतिक्रियाएँ व्यापक व प्रभावकारी होती हैं।

(2) लक्ष्य श्रोता—समूह के सभी श्रोताओं का एक निर्धारित लक्ष्य होता है। उन्हें उसी के अनुरूप सम्प्रेषण द्वारा सन्देश के निहित लक्ष्यों से श्रोताओं को प्रभावित किया जाता है इसलिए इनको लक्ष्य श्रोता कहा जाता है।

श्रोताओं द्वारा विश्लेषण—श्रोताओं द्वारा की गई प्रतिक्रिया एवं प्रत्युत्तर (Response) भी सम्प्रेषक प्रक्रिया का महत्त्वपूर्ण घटक है।

(3) उच्च स्तरीय श्रोता—संस्था या संगठन के नीति नियोजक, शीर्ष प्रबन्धक, निर्णयकर्ता अथवा कोई प्रमुख व्यक्ति जब श्रोता के रूप में उपस्थित होते हैं तो इनको उच्च स्तर के श्रोताओं के वर्ग में सम्मिलित किया जाता है। इनका नेतृत्व करने वाले श्रोता को उच्च स्तरीय प्रबुद्ध श्रोता कहते हैं।

(4) विशिष्ट श्रोता—जब समूह के सब श्रोता समान विशिष्टता वाले होते हैं तो उनको विशिष्ट श्रोता कहते हैं; यथा—कार्य दल के सदस्य, अध्यापकों का समूह आदि।

विश्लेषण के लक्ष्य

श्रोता को विश्लेषण के माध्यम से सहयोगियों की वैयक्तिक, प्रबन्धकीय एवं व्यावहारिक क्षमताओं का विकास करने के लिए प्रेरित किया जाता है, साथ ही बाह्य पक्षों के बीच संगठन की कार्यप्रणाली की स्वच्छ छवि को निर्मित किया जाता है। विश्लेषण के निम्नलिखित उद्देश्य इस प्रकार हैं—

(i) श्रोताओं ने या सम्प्रेषण प्राप्तकर्ता ने प्रत्युत्तर किस तरह दिया है? क्या उन्होंने सन्देश के वास्तविक आशय को समझा? क्या सन्देश के अनुरूप वांछित प्रतिक्रिया हुई?

(ii) सम्प्रेषण श्रोताओं के किस वर्ग अथवा क्षेत्र तक पहुँच रखता है अर्थात् सम्प्रेषण के फैलाव की परिधि में कितने श्रोता सम्मिलित होते हैं?

(iii) श्रोताओं को किस प्रक्रिया द्वारा प्रेरित किया गया ? सम्प्रेषण में किस सम्प्रेषण माध्यम का प्रभावकारी प्रयोग किया गया?

(iv) क्या सम्प्रेषण ने श्रोताओं पर कोई प्रभाव डाला? क्या श्रोताओं के दृष्टिकोण एवं विचारों पर प्रभाव पड़ा?

विश्लेषण की स्थिति

सम्प्रेषण की विभिन्न क्रियाओं में विश्लेषण का अत्यधिक महत्त्व होता है। सम्प्रेषण हेतु विश्लेषण की कई स्थितियां हैं जो निम्नवत हैं—

(1) संप्रेषण के समय विश्लेषण आमने-सामने के वार्तालाप एवं मौखिक सम्प्रेषण में इस तरह का विश्लेषण किया जा सकता है। सम्प्रेषण प्रक्रिया के समय स्वयं सम्प्रेषण अथवा अवलोकनकर्ता (observer) के माध्यम से श्रोताओं का विश्लेषण किया जाता है। श्रोताओं के सुनने का तरीका श्रोताओं की मुख मुद्रा, श्रोताओं की खामोशी, ताली बजाने का तरीका आदि दूसरी प्रतिक्रियाओं तथा प्रत्युत्तर

का गहन विश्लेषण किया जाता है। इस विश्लेषण के माध्यम से श्रोताओं को जल्दी ही परिणामों की जानकारी हो जाती है।

(2) विश्लेषण की अनिवार्यतः सम्प्रेषक का सदैव एक लक्ष्य होता है। सम्प्रेषण के औचित्य या लक्ष्य तक पहुँचने का परीक्षण इसी विश्लेषण के माध्यम से किया जाता है। श्रोताओं ने सम्प्रेषण को किस तरह प्राप्त किया है तथा वह उनके दृष्टिकोण को प्रभावित करने में कहाँ तक सफल हुआ है? इसका विश्लेषण इसी लक्ष्य विश्लेषण (Target Analysis) के माध्यम से किया जाता है। इस विश्लेषण द्वारा संगठन के प्रेरित कार्यक्रम में प्राप्त सफलता का निरीक्षण किया जाता है एवं संगठन की छवि निर्माण की सफलता को भी देखा जाता है।

(3) कल्टिप एवं सेफ्टर जब सम्प्रेषण देने से पहले श्रोताओं की संख्या, आयु वर्ग, लिंग, शिक्षा का स्तर, सांस्कृतिक पृष्ठभूमि, अनुभव एवं कौशल का विश्लेषण किया जाता है तो इसे सम्प्रेषण से पूर्व विश्लेषण कहा जाता है। उसको कहाँ, क्या, किस माध्यम से सम्प्रेषण करना है, इसकी जानकारी होने पर वह सम्प्रेषण को प्रभावकारी बना सकता है।

(4) बरलो के अनुसार, "यदि सम्प्रेषक स्रोत अपने द्वारा प्रेषित सन्देश की ग्राह्यता को देखता है, यदि सन्देश को अपनी प्रणाली में वापस लौटाया जाता है, तो माना जाता है, प्रतिपुष्टि सम्पन्न हुई है।" सम्प्रेषण की प्रक्रिया में क्रिया-प्रतिक्रिया में अर्थनिर्भरता की सन्तुष्टि माना जाता है। सम्प्रेषक अपने प्राप्तकर्ता या श्रोताओं की प्रतिक्रिया का उपयोग करके अपनी निजी प्रभावशीलता का मूल्यांकन करता है, जो कि उसकी निजी भविष्य की क्रिया में मार्गदर्शक का कार्य करता है। यदि स्रोत से उसे सकारात्मक प्रतिपुष्टि प्राप्त होती है तो वह उसी तरह के सन्देशों को प्रेषित करता रहता है। इस कारण से सन्देशों का स्वरूप परिवर्तित होता रहता है। वह सन्देश प्राप्तकर्ता भी होता है व विस्तार वाला भी। व्यक्ति पहले सन्देश को सही तरीके से समझने के पश्चात् उसे निजी अनुभवों के अनुसार विवेचित करता है और फिर उसी आधार पर प्रतिक्रियात्मक सन्देशों का आदान-प्रदान करता है और उसे सांकेतिक रूप देता है।

इस तरह यह प्रक्रिया 'प्रतिपुष्टि' या फीडबैक है एवं सम्प्रेषण में यह प्रमुख प्रक्रिया है क्योंकि यह स्रोत तथा प्राप्तकर्ता दोनों के बारे में बताती है कि किस तरह उनके सन्देशों की व्याख्या की गई। प्रतिपुष्टि गलतियों को सुधारने की तकनीक है। यह व्यक्ति को सम्प्रेषण प्रणाली में वास्तविक अन्तर्क्रिया करने वाले सदस्य के रूप में बनाती है और यह बताती है कि किस तरह हमारे सन्देशों की व्याख्या की गई।

एक अनुभवी सम्प्रेषक फीडबैक के प्रति जागरूक रहता है और निरन्तर अपने सन्देशों को अपने श्रोताओं के निर्देशन में संशोधित करता रहता है।

प्रायः ऐसा होता है कि सम्प्रेषक फीडबैक की शक्ति को भुलाकर अनेक संचार के स्रोतों को बाधित करता है। हम यह समझने में असफल हो जाते हैं कि सम्प्रेषक प्राप्तकर्ता को किस सीमा तक प्रभावित करता है। यदि वह दिखाते हैं कि उन्हें समझ में नहीं आया तो उसे पुनःपरीक्षण करने की जरूरत होती है।

जनसंचार की स्थिति में विचारों के मतदान द्वारा या अभिवृत्ति सर्वेक्षण आदि द्वारा प्राप्त फीडबैक के फलस्वरूप कई क्रियात्मक परिवर्तन देखे जा सकते हैं। **जोसेफ** के शब्दों में "फीडबैक वह प्रक्रिया है, जिसके द्वारा सूचना प्राप्तकर्ता या श्रोता अपनी प्रतिक्रिया अथवा सन्देश प्रेषित करता है और इसमें फीडबैक का अर्थ व्यक्ति संचार द्वारा आँख, मुस्कराहट, भाषण, व्यवहार एवं हाव-भाव के माध्यम से होता है। फीडबैक प्रक्रिया जनसंचार माध्यमों (Mass Media) में कठिन होती है। जनसंचार माध्यमों द्वारा प्रेषित सूचना पर श्रोताओं की प्रतिक्रिया का विचार, सूचना प्रेषण में कमी, श्रोता किस तरह की सूचना चाहता है आदि का ज्ञान फीडबैक के माध्यम से होता है। प्रति जनसंचार माध्यम श्रोता की प्रतिक्रिया अपने कार्यक्रमों और सम्प्रेषित सूचनाओं के प्रति जानना चाहते हैं। श्रोताओं की प्रतिक्रिया के आधार पर कार्यक्रमों एवं सूचना सम्प्रेषण के प्रारूपों में बदलाव और परिवर्धित करते हैं।"

संचार प्रवाह को बनाए रखने में फीडबैक का बेहतर होना अत्यन्त आवश्यक है। इस कारण उसके कार्यों और दिशा में परिवर्तन दूसरों के कथनानुसार नहीं हो सकेगा। इस तरह फीडबैक (प्रतिपुष्टि) के अभाव में संचार की दशा बहरे मनुष्य से अलग नहीं होगी। किसी मुख्य समूह द्वारा संदेश प्राप्ति करने के उपरांत निम्न प्रतिक्रियाएं प्राप्त होती हैं–

(1) अभ्यास करना–यदि उस कार्य को करने का अवसर तुरन्त नहीं मिलता है, जिसे सीखा गया है तो उसे भूलने की सम्भावना रहती है। सही सन्देश को सही व्यक्ति तक सही समय में पहुँचना सफल सम्प्रेषक हेतु जरूरी है।

(2) मंजूरी अथवा नामंजूरी–कोई भी जागरूक या विचारशील मानव का मस्तिष्क किसी सच्चाई को स्वीकार करने में पहले उसे समझता है। मानसिक रूप से प्राप्त संतुष्टि ही उसे भौतिक क्रिया करने को प्रेरित करती है।

(3) संगत या असंगत–अनेक कारणों से व्यक्ति सूचना के अनुसार कार्य नहीं करता है, चाहे वह उसे समझ गया है या उसने उसकी स्वीकृति दे दी है। चाहे

व्यक्ति अकेला हो या समूह में हो, मनुष्य के विचार होते हैं कि वह किस तरह कार्य करे वह उस कार्य को सही मानता है वह कार्य करने को तैयार होता है।

(4) शारीरिक अथवा मानसिक गतिविधि—मनुष्य के मस्तिष्क में बदलाव होने पर उसके द्वारा हाथों से की जाने वाली क्रिया में भी बदलाव होता है।

प्रतिपुष्टि की निम्नलिखित उपयोगिताएँ हैं—

(i) प्रतिपुष्टि स्रोत जनित है। यह स्रोत से शुरू होकर पुनःप्रतिशत स्रोत की ओर लौटती है।

(ii) प्रतिपुष्टि भविष्य के सन्देशों पर नियन्त्रण करती है।

(iii) प्रतिपुष्टि सम्प्रेषक के स्रोत को प्रभावित करती है।

(iv) प्रतिपुष्टि संचार प्रणाली से स्थायित्व एवं सन्तुलन बनाये रखती है।

(v) प्रतिपुष्टि पृथक-पृथक सम्प्रेषण स्थितियों में भिन्न-भिन्न होती है।

फीडबैक या प्रतिपुष्टि के प्रकार

(1) **सूचना प्रवृत्ति पर आधारित**—फीडबैक सूचना प्रवृत्ति के अनुसार निम्नवत दो तरह की होती है—

***(i)* नकारात्मक फीडबैक**—नकारात्मक फीडबैक में मानव नकारात्मक प्रतिक्रिया या उत्तर देता है।

***(ii)* सकारात्मक फीडबैक**—सकारात्मक फीडबैक में मानव सकारात्मक प्रक्रिया या उत्तर देता है।

(2) तथ्यों पर आधारित—सम्प्रेषक द्वारा प्रतिपुष्टि के रूप में प्राप्त उत्तर के तथ्यों के आधार पर फीडबैक दो तरह का होता हैं—

***(i)* सन्देशात्मक फीडबैक**—सन्देशात्मक फीडबैक में व्यक्ति प्राप्त सन्देश को ही फीडबैक करता है। यह सम्पादन प्रक्रियात्मक, युक्तिपूर्ण, दृश्य, हाव-भाव अथवा अन्य किसी तरह का हो सकता है।

***(ii)* स्व उत्तरात्मक फीडबैक**—स्व उत्तरात्मक फीडबैक में व्यक्ति का अपना निजी सन्देश या उत्तर रहता है। इसमें प्रेषित सन्देश में व्यक्ति मैंने सुना, मैंने लिखा, मैं इस तरह सोचता हूँ, मैं देखूँगा एवं मैं क्या लिखूँ, इस तरह की सूचनाओं के आधार पर स्वपरिमार्जन किया जाता है।

(3) प्रत्यक्ष एवं अप्रत्यक्ष फीडबैक—प्रत्यक्ष फीडबैक में मानव स्वयं प्रति उत्तर प्रेषित करता है। अप्रत्यक्ष व समायान्तर या डीलेड (Delayed) फीडबैक सर्वे, शोध आदि प्रक्रियाओं द्वारा कुछ दिन, महीने, वर्ष आदि में सम्पन्न होती है।

(4) शत प्रतिशत एवं प्रायोजित तरह का फीडबैक—स्वतः प्रतिशत फीडबैक के अन्तर्गत व्यक्ति स्वयं प्रतिक्रिया प्रेषित कर देता है। यह प्रकिया सम्पादक के नाम पत्र, स्वयं मिलकर आदि रूपों में किया जा सकता है। प्रायोजित फीडबैक में मानव की प्रतिक्रिया साक्षात्कार, विचार-विमर्श आदि के माध्यम से एकत्र की जाती है।

प्रतिपुष्टि की प्रणालियाँ—प्रतिपुष्टि की निम्नलिखित प्रणालियाँ हैं—

(1) लिखित सम्प्रेषण—लिखित सम्प्रेषण के अंतर्गत पाठकों के चेहरे के भावों को पढ़ना या समझना मुश्किल होता है, और तत्काल फीडबैक की प्राप्ति नहीं होती। लिखित सम्प्रेषण में एक व्यक्ति द्वारा सुझाया गया कार्य स्पष्ट और सही होता है उसमें संदेह की कोई सम्भावना नहीं होती है।

(2) अलिखित सम्प्रेषण—इसमें फीडबैक सम्प्रेषक को लगातार प्रभावित करती रहती है। सन्देश ग्रहणकर्ता माध्यम से दिया गया फीडबैक सन्देश के सम्प्रेषक को और ज्यादा प्रभावशाली बनाने में सहायता करती है। मौखिक सम्प्रेषण में सकारात्मक फीडबैक तालियाँ या डेस्क बजाकर अभिव्यक्त की जा सकती है एवं नकारात्मक फीडबैक की अभिव्यक्ति उबासी दिखाकर या जम्हाई लेकर की जा सकती है।

(3) परोक्ष सम्प्रेषण—परोक्ष सम्प्रेषण की मदद से प्रतिपुष्टि तत्काल व बराबर मिलती रहती है। इसमें सम्प्रेषक सुनने वाले के चेहरे की अभिव्यक्ति से सन्देश से सम्बन्धित फीडबैक प्राप्त करता रहता है।

प्रतिपुष्टि की उपयोगिता—सम्प्रेषण कार्यों में प्रतिपुष्टि की अत्यधिक उपयोगिता है। सन्देश को जब तक प्रभावी ढंग से न सुना जाए तब तक प्राप्तकर्ता हेतु कोई उचित फीडबैक देना सम्भव नहीं होता है। इसलिए यह जरूरी है कि सन्देश को गम्भीरता, एकाग्रता एवं प्रभावशाली ढंग से सुना जाए।

सम्प्रेषण प्रक्रिया में फीडबैक एक उत्प्रेरक तत्त्व के रूप में कार्य करता है। बिना फीडबैक के सम्प्रेषण प्रक्रिया पूरा नहीं हो सकती।

संचार प्रणालियों को प्रभावशाली बनाने के प्रमुख कारण

संचार प्रणाली को प्रभावशाली बनाने हेतु निम्नलिखित कारण हैं—

(1) संचार प्रक्रिया का उचित मूल्यांकन करते रहने से संचार माध्यम मजबूत बनता है।

(2) सफल संचार हेतु संलग्न व्यक्तियों का सहयोग और भागीदारी बहुत जरूरी है।

(3) प्रसार कार्यकर्ता (सूचनावाहक) को सन्देश देने से पूर्व विषय के बारे में यह जानना अति आवश्यक है कि उसके श्रोता किस तरह का सन्देश चाहते हैं और किस विधि द्वारा उन्हें और भी जानकारी दी जा सकती है।

(4) सूचनावाहक को संचार के समय जगह का वातावरण (शान्त, शोरगुल, गर्म, सर्द) भौतिक सुविधाएँ, बिजली का प्रबन्ध, पानी आदि की व्यवस्था का उचित प्रबन्ध करना चाहिए।

(5) प्रसार कार्यकर्ता (सूचनावाहक) को जनसमूह के समक्ष विचारों को पेश करते समय दृश्य-श्रव्य सामग्री का उपयोग करना चाहिए।

(6) संचार प्रक्रिया द्विमुखी पद्धति है। सूचना देने तथा लेने वाले दोनों को परस्पर मित्रतापूर्ण वातावरण में रखते हुए प्रश्न उत्तर की क्रिया उपयोग करनी चाहिए जिसमें सूचनावाहक को सूचनावाहक के विषय सम्बन्धी जानकारी का ज्ञान होता है इससे संचार सफल होता है।

संचार प्रणालियाँ

भारतवर्ष में प्रसार शिक्षा में संचार माध्यमों पर काफी रिसर्च किया गया है। उनके परिणामों के आधार पर हम अपनी जरूरत, प्रसार सन्देश प्राप्तकर्ता, क्षेत्र आदि को दृष्टिगत रखते हुए कोई एक अथवा अनेक विधियों का चुनाव कर सकते हैं। कृषि विश्वविद्यालयों द्वारा विकास प्रक्रिया को ज्ञान विस्तारक, ज्ञान उपयोगी तथा ज्ञान उत्पादक तीन तन्त्रों द्वारा सम्पादित किया गया है। संचार प्रणालियों को सरलता के उद्देश्य से दो भागों में बाँटा गया है–

(i) संस्थागत संचार विधियाँ–इसके अन्तर्गत पत्रिकाएँ, बुकलेट, बुलेटिन, समाचार-पत्र तथा अन्य लिखित साधन, सिनेमा, रेडियो, इश्तहार, सीरियल, अध्यापक, कृषि महाविद्यालय एवं विश्वविद्यालय, प्रसार अधिकारी, व्यावसायिक एजेंसियाँ, दूरभाष आदि सम्मिलित किये जाते हैं।

(1) ज्ञान उत्पादक तन्त्र से ज्ञान विस्तारक तन्त्र तक उपयोग में आने वाले संचार माध्यम टेलीफोन, प्रशिक्षण, मीटिंग, रेडियो, प्रकाशन, कार्यालय तथा रिसर्च रिपोर्ट के माध्यम से नई जानकारी से अवगत कराना है।

(2) कृषि वैज्ञानिकों एवं कृषकों के बीच संचार क्रिया में प्रयुक्त संचार माध्यम–फार्म, भ्रमण, प्रदर्शन, गोष्ठी, मेले, कृषि, ज्ञापन पत्र, प्रदर्शनी, चलचित्र, रेडियो, वार्ता, टी.वी. पर कृषि दर्शन आदि हैं। सन् 1979 में मा. कृषि परिषद् (नई दिल्ली) ने अपनी स्वर्ण जयन्ती के अवसर पर 'प्रयोगशाला से खेत तक' कार्यक्रम

के अन्तर्गत जिन संचार माध्यमों का इस्तेमाल किया है—वे हैं, परस्पर बातचीत, प्रदर्शन एवं खेत दिवस। राष्ट्रीय प्रदर्शनी भी वैज्ञानिकों से किसानों तक कृषि संचार का एक प्रभावशाली साधन (माध्यम) सिद्ध हुआ है।

(ii) असंस्थागत संचार विधियाँ—इसके अन्तर्गत अनौपचारिक बातचीत, पारिवारिक सदस्य, दोस्त एवं पड़ोसी, नेता, खेल के साथी, दुकानदार आदि सम्मिलित किये जाते हैं।

अंगीकार एवं संचार विधियों में सम्बन्ध—"अंगीकरण एक वैज्ञानिक प्रक्रिया है जो व्यक्ति के माध्यम से किसी नई पद्धति के बारे में सुनने से लेकर अन्तिम रूप में अंगीकार करने तक चलती है।"

स्वीकृति की भिन्न-भिन्न स्थितियों के सम्बन्ध में संचार स्रोत—अंगीकरण की अवस्थाओं के सम्बन्ध में कुछ मतभेद हैं कि इसमें कितनी अवस्थाएँ हैं। सिंह तथा पारीक ने भारत की दशाओं को दर्शाते हुए एक मॉडल का सुझाव दिया जो कि अन्य देशों द्वारा सुझाये गये मॉडलों से अलग है। उसी मॉडल के अनुरूप अंगीकरण की विभिन्न अवस्थाएँ, जो प्रत्येक अवस्था हेतु उपयुक्त संचार माध्यम हैं— अभिरुचि—ग्राम सेवक एवं अन्य साथी; आवश्यकता—ग्राम सेवक; परिचय—ग्राम सेवक एवं अन्य साथी; परीक्षण—उसी समुदाय के प्रमुख व्यक्ति। मूल्यांकन—साथी एवं किसान लोग। विमर्श—परिवार के सदस्य या निकट सम्बन्धी।

इस प्रकार लोगों में जागरूकता पैदा करने में ग्राम स्तरीय कार्यकर्ता का महत्त्वपूर्ण स्थान है जबकि अभिरुचि उत्पन्न करने में ग्राम सेवक तथा अन्य सभी किसान भी जुड़े होने चाहिए। प्रत्येक व्यक्ति किसी भी जानकारी को अंगीकार करने से पहले मानसिक निर्णय लेता है। इस विमर्श अवस्था पर उसके निकट के व्यक्ति एवं परिवार के प्रमुख सदस्यों का स्थान महत्त्वपूर्ण होता है। इसी तरह परीक्षण अवस्था पर समुदाय के उसी विषय में विशेष व्यक्ति तथा मूल्यांकन अवस्था पर अन्य साथी, किसान लोग काफी महत्त्वपूर्ण हैं। परंतु संदेशों ने विभिन्नता होने के कारण भिन्न-भिन्न माध्यमों की भी अनिवार्यता होती है।

झा तथा सिंह ने अध्ययन में इन दोनों में कोई सम्बन्ध नहीं पाया किन्तु सिंह तथा पारीक ने थोड़ा सम्बन्ध देखा है। इनके अनुसार विमर्श अवस्था पर अलग-अलग सन्देश के लिए भिन्न-भिन्न माध्यम की आवश्यकता होती है। विभिन्न प्रसारशास्त्रियों—झा, सिंह, पारीक तथा सिंधु के अध्ययन से यह स्पष्ट होता है कि—

1. जिन नई बातों को अपनाने हेतु पूरे परिवार की सहायता लेनी पड़ती है उनके विषय में पूरे परिवार से ही विचार-विमर्श जरूर होता है।
2. प्रायः प्रतिशत सन्देश के अनुसार स्रोत/माध्यम नहीं बदलते।
3. विमर्श अवस्था पर व्यक्ति के आपस में संचार का कुछ अन्तर देखा गया है।

उपरोक्त विवरणों के आधार पर निम्नलिखित बातें स्पष्ट होती हैं—

(1) बदलाव—लोगों द्वारा अंगीकार होने पर उनके व्यवहार में वांछित बदलाव आता है। यह बदलाव तभी सम्भव होता है जब नये ज्ञान का अंगीकरण होता हो। इस तरह स्वीकृति संचार प्रक्रिया का प्रतिफल है।

(2) नवीन विधियाँ—खोज तथा रिसर्च से प्राप्त उपयोगी नई जानकारियाँ, नवीनतम ज्ञान हैं।

(3) विसरण—इस प्रक्रिया के अन्तर्गत नूतन ज्ञान अथवा पद्धतियाँ (जो अनुसन्धान द्वारा निकाली गई हैं, से सम्बन्धित) लोगों तक संचारित की जाती हैं। फलस्वरूप उससे लोग ज्ञानर्जन करके अपने में अभिरुचि उत्पन्न करते हैं और परीक्षण हेतु प्रोत्साहित होकर उसे स्वीकार करने को तैयार होते हैं। इसलिए प्रतिशत बिना संचार के अंगीकरण असम्भव है।

कोई व्यक्ति किसी शिक्षित समुदाय में रहता है तो यह जरूरी नहीं है कि उसके द्वारा प्राप्त किया ज्ञान प्रामाणिक है। इनकी वजह अपनी बौद्धिक, व्यक्तिगत, आर्थिक तथा सामाजिक परिस्थितियाँ होती हैं जो निम्न पाँच भागों में बंटी हैं—

(i) भेद अंगीकारक *(ii)* शीघ्र बहुसंख्यक *(iii)* विलम्ब बहुसंख्यक *(iv)* शीघ्र अंगीकारक *(v)* नवचारक ।

तुरन्त स्वीकृति हेतु नई पद्धतियों में जिन विशेष गुणों का समावेश होना चाहिए वे निम्नलिखित हैं—

(i) अंगीकरण की सभी अवस्थाओं को पूरा करते रहना चाहिए। कभी-कभी लघुकालीन अभियान असफल हो जाते हैं।
(ii) समुदाय के सभी वर्गों के प्रतिनिधित्व का भी ध्यान रखना चाहिए।
(iii) आर्थिक लाभ पर्याप्त और स्पष्ट हो।
(iv) सांस्कृतिक मान्यताओं के अनुरूप हो।
(v) अंगीकरण की परिचय अवस्था से लेकर अन्तिम अवस्था तक उपयुक्त संचार साधनों का चुनाव एवं प्रयोग करना चाहिए।
(vi) इसके सामाजिक परिणामों का पर्व जानकर उससे निपटने की तैयारी करनी चाहिए।

सूचना संचार के स्रोत

(i) पत्र सूचना कार्यालय

यह संस्था सरकार की विभिन्न गतिविधियों की जानकारी अन्य सूचना एजेन्सियों को पहुँचाती है। ये सूचनाएँ देश-विदेश, दैनिक पत्रिकाओं, समाचार एजेंसियों, रेडियो तथा टी.वी. संगठनों तक पहुँच जाती हैं। देश की अन्य कोई भी सूचना संगठन द्वारा इतने ज्यादा समाचार-पत्रों तथा जन-सम्पर्क माध्यमों तक नहीं पहुँच पाती। समाचार एजेंसियों में एक हजार के आस-पास पत्र ग्राहक हैं जबकि पत्र सूचना कार्यालय 6000 समाचार-पत्रों को प्रेस सामग्री का वितरण करता है। इस कार्यक्रम की कार्य पद्धति गणतांत्रिक सरकार द्वारा जनता को अपनी नीतियों, कार्यकलापों तथा कार्यक्रमों की सही जानकारी देता है। इसके अलावा सरकार को इन सूचनाओं का जनता पर पड़ने वाले प्रभाव की जानकारी और अपनी सूचना नीति के निर्धारण हेतु सलाह भी देता है। इस कार्यालय के आफिसर सभी मन्त्रालयों एवं विभागों के मुख्यालयों से सम्बद्ध हैं तथा दिन-प्रतिदिन सम्पर्क रखते हैं। पत्र-सूचना कार्यालय अपनी जारी की गई लिखित सामग्री में प्रेस, भाषण, प्रेस टिप्पणी, घटनाओं की पृष्ठभूमि, लेखा तथा पत्रक आदि इधर-उधर सूचना देने हेतु प्रयोग करते हैं। इसके अतिरिक्त बैठकों का आयोजन करने का कार्य भी इनके द्वारा किया जाता है, जिससे लोक सम्पर्क माध्यमों के प्रतिनिधि ताजी खबर एवं विशेष विषयों का स्पष्टीकरण प्राप्त कर सकें। विशेष रूप से पिछड़े वर्गों और जनजातियों के सूचनार्थ प्रेस पार्टी का आयोजन करता है। सरकार के कार्यालीय कार्यों में सहयोग देने हेतु टेलीफोन आदि उपकरण विशेष मदद पहुँचा रहे हैं।

(ii) प्रेस रजिस्ट्रार कार्यालय

1 जुलाई, 1956 को भारत में प्रेस रजिस्ट्रार कार्यालय की स्थापना की गई। प्रेस तथा पंजीयक बुक अधिनियम (1967) के अंतर्गत इस संस्थान ने भारत में विधिवत कार्य प्रारम्भ कर दिये। इस कार्यालय द्वारा ही समाचार-पत्रों हेतु अखबारी कागज का आवंटन एवं छपाई की मशीनों के आयात हेतु अनुमोदन भी किया जाता है। भारतीय प्रेस में 35 समाचार-पत्र ऐसे हैं जिन्हें शुरू हुए सौ वर्षों से भी अधिक समय हो गया है। गुजराती भाषा में सबसे प्राचीन मुम्बई समाचार-पत्र है जो आज भी मुम्बई से प्रकाशित होता है। भारतीय प्रेस के कुल समाचार-पत्रों की संख्या सन् 1983 तक 20,788 थी जिसमें 1423 दैनिक एवं 108 वे समाचार-पत्र हैं जो सप्ताह

में 2-3 बार निकलते हैं। 6122 साप्ताहिक तथा 13,105 अन्य तरह की आवधिक पत्र-पत्रिकाएँ थीं। प्रतिदिन निकलने वाले समाचार-पत्रों की उत्तरप्रदेश में स्थिति (192 प्रकाशन) सबसे ज्यादा है। 1983 के दौरान संस्कृत तथा कश्मीरी भाषा को छोड़कर शेष सभी भाषाओं के समाचार-पत्रों के सबसे बड़े हिस्से का स्वामित्व निजी हाथों में था।

(iii) प्रेस

प्रेस सूचना के प्रसार में अहम् भूमिका निभाता है। शत प्रतिशत प्रेस द्वारा सम्बन्ध स्थापित कर उपयुक्त सूचनाओं का प्रकाशन कराया जा सकता है। मीडिया में दी जाने वाली सामग्री तथ्यों पर आधारित होनी चाहिए साथ ही स्पष्ट लिखी होनी भी आवश्यक है, इससे पूर्व प्रेस व्यवस्था की जानकारी भी होनी जरूरी है।

समाचार अभिकरण

भारत के प्रमुख समाचार अभिकरण निम्नवत हैं--

(i) समाचार भारती प्रेस आयोग—इस संस्था की स्थापना सन् 1976 ई. में की गई। जाँच आयोग अधिनियम, 1952 के अन्तर्गत भारतीय समाचार-पत्रों के विकास एवं स्तर के बारे में अध्ययन करने हेतु द्वितीय प्रेस आयोग द्वारा अपनी रिपोर्ट भारत सरकार को 3 अप्रैल, 1982 में प्रस्तुत की गई। आयोग के अध्यक्ष न्यायमूर्ति के.के. मथ्यू आयोग ने समाचार-पत्रों के अनेक पहलुओं पर 278 सिफारिशें कीं जो मन्त्रियों की समिति के विचारधीन हैं।

(ii) हिन्दुस्तान समाचार—इसकी स्थापना सन् 1976 ई. में की गयी थी। 14 अप्रैल, 1978 से चारों एजेंसियाँ दुबारा स्वतन्त्र रूप से कार्य करने लगीं। पी. टी.आई. और यू.एन.आई. ने विदेशी समाचारों हेतु विभिन्न अन्तर्राष्ट्रीय एजेंसियों से सहयोग के समझौते किये एवं विश्व के मुख्य स्थानों पर अपने संवाददाताओं को नियुक्त किया। ये दोनों एजेंसियाँ आकाशवाणी, दूरदर्शन, केन्द्रीय और राज्य सरकारों, सार्वजनिक क्षेत्र उपक्रमों सहित समाचार-पत्रों को अनेक भाषाओं में समाचार उपलब्ध कराती हैं।

(iii) प्रेस ट्रस्ट ऑफ इण्डिया (P.T.I.)—इसकी स्थापना 27 अगस्त, 1947 में किया गई थी। विचार-विमर्श के पश्चात् इसने एसोसिएटेड प्रेस ऑफ इण्डिया एवं राइटर्स की सम्पत्ति का अधिग्रहण कर लिया। यह दृश्य समाचार सेवा है जिसमें 24 इंच पर्दे पर सम्पादित समाचारों को निरन्तर डेस्क का भी संचालन कर रहा है।

(iv) यूनाइटेड न्यूज ऑफ इण्डिया (U.N.I.)—इसकी स्थापना सन् 1959 ई. में की गई थी। इसने मार्च 1961 से समाचार देने का कार्य आरम्भ किया। मई 1962 में 'यूनीवार्ता' नाम से हिन्दी में समाचार सेवा आरम्भ की एवं यह खाड़ी देशों हेतु समाचार सेवा का कार्य संचालन करती है।

प्रेस परिषद्

स्वाधीनता पश्चात् 26 जनवरी, 1950 को भारत में संविधान लागू हुआ, जिसमें धारा 19 (1) (A) के तहत बोलने तथा अभिव्यक्त करने की स्वतन्त्रता को मूल अधिकार के रूप में माना गया परन्तु स्वतन्त्र रूप से प्रेस को स्वतन्त्रता न देकर इसी अधिकार में शामिल माना गया। इसके बाद कई संशोधनों के साथ-साथ देश के हित में प्रेस की स्वतन्त्रता हेतु 1965 में प्रेस परिषद् तथा, 1979, 1982, 1982, 1985, 1988 में परिषद् अधिनियम स्थापित किए गए।

प्रेस परिषद् के प्रमुख कार्य—इसके प्रमुख कार्य निम्नवत हैं—

(i) बोलने एवं अभिव्यक्त करने की स्वतन्त्रता की रक्षा करना।

(ii) समाचार-पत्रों तथा समाचार एजेंसियों के स्तर को बनाये रखना तथा उनमें सुधार लाना।

प्रेस परिषद् के सदस्य—अनेक समाचार-पत्रों के प्रतिनिधियों को परिषद् का सदस्य बनाया जाता है। पत्रकारों के व्यापारिक कार्य को सुचारु रूप से संचालित करने का उत्तदायित्व इन्हीं को दिया जाता है। परिषद् पत्रकारों के माध्यम से स्वयं पर नियन्त्रण रखने के एक मंच के रूप में कार्य करने लगी है। जो शिकायतें परिषद् के समक्ष रखी जाती हैं उनकी जाँच-पड़ताल के साथ अपनी तरफ से होने वाली शिकायतों पर विचार करने का भी अधिकार प्राप्त है। अपने कार्य परिचालन हेतु यदि जरूरी हो तो परिषद् सरकार के किसी भी अधिकारी से अपनी राय ले सकती है।

समाचार-पत्र

सामाचार-पत्रों के माध्यम से अनेक नई जानकारी तथा सूचनाओं को लोगों तक पहुँचाने के उद्देश्य से प्रकाशन व्यवस्था होती है जिसे एक निश्चित समय में प्रकाशित होने वाले पत्र में मुद्रित कराया जाता है।

समाचार-पत्रों के उद्‌देश्य—इसके प्रमुख उद्देश्य निम्नवत हैं—

(i) आम जनता एवं नेताओं हेतु उपयोगी सूचना देना।

(ii) कृषि, पशुपालन, मत्स्य पालन और गृह विज्ञान-सम्बन्धी वैज्ञानिकों के लेख प्रकाशित करना।

(iii) आम जनता को कार्यक्रम के नियोजन, क्रियान्वयन एवं प्रगति से अवगत कराना।

(iv) किसी क्षेत्र अथवा समुदाय के विकास हेतु प्रसार सम्बन्धी क्रियाकलापों से अवगत कराना।

समाचार-पत्रों को अति सुन्दर बनाने हेतु चित्र, फोटो, डायग्राम आदि का उपयोग किया जाता है। ग्रामीणों के समाचार-पत्रों में ग्रामीण समाचारों, घटनाओं, विषयों, आकांक्षाओं तथा समस्याओं का उल्लेख होता रहना चाहिए।

समाचार-पत्रों से होने वाले लाभ—समाचार-पत्रों से होने वाले लाभ निम्नवत हैं—

1. इसके द्वारा सामुदायिक सम्पर्क किया जा सकता है।
2. इससे साक्षरता में वृद्धि की जा सकती है।
3. इसमें सामाजिक, आर्थिक, राजनीतिक आदि अन्य तरह की सूचनाएँ भी दी जाती हैं।
4. यह कई लोगों तक पहुँचने वाला शीघ्र, सस्ता, प्रामाणिक साधन है।
5. इसमें विश्वसनीयता होती है।
6. सन्दर्भ के उद्देश्य से भी इसे प्रयोग किया जा सकता है।
7. लोगों के मनोरंजन की भी सामग्री प्रस्तुत हो सकती है।
8. अन्य साधनों की तुलना में सस्ता साधन है।

समाचार-पत्रों की सीमाएँ—समाचार-पत्रों की प्रमुख सीमाएँ निम्नवत हैं—

(i) यह अशिक्षित लोगों हेतु अनुपयोगी नहीं है।

(ii) यदि तथ्यों का विवरण सही तरीके से नहीं दिया है तो इसकी गुणवत्ता समाप्त हो जाती है।

ग्रामीण स्तर पर समाचार-पत्रों के प्रचार-प्रसार हेतु निम्नलिखित सुझाव इस प्रकार है—

(i) सभी जिला सूचना कार्यालय में टेली प्रिन्टर की व्यवस्था होनी चाहिए तथा प्राप्त सूचनाएँ क्षेत्रीय भाषा में अनुवादित की जानी चाहिए।

(ii) मूल रूप से पत्रकारों को प्रशिक्षित किया जाना चाहिए।

(iii) सहकारिता के आधार पर जिला मुद्रणालय की स्थापना होनी चाहिए।

(iv) विज्ञापन के आवंटन में उदार नीति अपनाई जानी चाहिए।

(v) महत्त्वपूर्ण भाषाओं में खण्ड विकास कार्यालय द्वारा रूपक सेवा शुरू की जानी चाहिए।

समाचार कहानियाँ

(i) रूपक कहानियाँ (Feature Stories) के तहत हास्य, नाटक तथा रहस्य आदि पर बल दिया जाता है। इसे रुचिकर एवं आकर्षक बनाने हेतु सामान्य रूप से स्पष्ट शब्दों का प्रयोग किया जाता है।

(ii) सरल समाचार कहानियों को विपरीत पिरामिड शैली में प्रस्तुत किया जाता है। इसमें कहानी में मुख्य तथ्य से सम्बन्धित एक कथामुख (lead) होता है जिसे हैडिंग के रूप में लिखा जाता है। इसके बाद परिचर्चा की विषय-वस्तु विस्तारपूर्वक वर्णन की जाती है और अन्त में कहानी का निष्कर्ष लिखा जाता है। उस तरह की रूपरेखा पाठकों में रुचि उत्पन्न करती है। समाचार कहानी का कथामुख विशेषतया प्रतिशत कौन, कहाँ, क्या, कैसे, कब और क्यों जैसे प्रश्नों का उत्तर स्पष्ट करने का कोशिश करता है।

समाचार सम्पादन

समाचार सम्पादन का कार्य बहुत ही महत्त्वपूर्ण होता है। समाचार पूर्ण पठनीय एवं ज्ञानवर्द्धक हो यह पूरा कार्य समाचार-पत्र के सम्पादकों का होता है। समाचार विशेष तौर पर सुस्पष्ट तथा ग्रहण करने योग्य होने चाहिए। जनसंचारण हेतु यह बहुत जरूरी है कि समाचार की शब्दावली का चयन सभी दैनिक अथवा कभी-कभी समाचार पढ़ने वालों हेतु भी (जो परिपक्व नहीं होते) सरल हो और साथ ही उसका साहित्य रुचि तथा संस्कृति के अनुरूप हो। जनसंचार एवं समाचार हेतु लेखन केवल पठनीय ही नहीं बल्कि सत्य भी होना चाहिए। इस तरह सम्पादन के व्यावसायिक व्यवहार में सत्यवादिता का आचरण होना चाहिए; साथ ही अर्थपूर्ण एवं विस्तृत व्याकरण व्याख्या मुख्य होनी चाहिए। भाषा सम्बन्धी त्रुटियों का सुधार एक कौशल का कार्य है। यद्यपि पाठकों हेतु समाचार संचार की बाधा का स्वयं ही एक भाग है इसलिए सम्पादक एक चीज को सही करने में दूसरे को न भुला दें।

अर्थपूर्ण पठनीय लेखन त्रुटिपूर्ण न हों, साथ ही सत्य लेखन की पठनीयता भी बाधारहित हो इसके लिए सम्पादक को सदैव सतर्कता बरतनी चाहिए। अतएव, सम्पादकीय, समाचारों के प्रति अधिक से अधिक कठोरता का व्यवहार करने वाले हेतु अथवा अरुचिकर भाषा का उपयोग और न केवल सामग्री तथा व्याकरण की त्रुटियों को सुधारने वालों हेतु सम्भव है, यह तो एक पूर्णरूपेण समर्पित पत्रकार की कुशलता द्वारा सम्पादित होने वाला कार्य है।

सम्पादक की प्रमुख जिम्मेदारी—सम्पादकों की प्रमुख जिम्मेदारी निम्नवत है—

1. व्याकरण वर्तनी एवं वाक्य के रूप को ठीक करना।
2. समाचार का मूल्यांकन करना।
3. प्रत्यक्ष रूप से जल्द से जल्द सम्पादन करना।
4. पाठकों में जागरूकता लाना, समाचार को प्रतीकात्मक एवं आकर्षक बनाने हेतु उपयुक्त शीर्षक लिखना।
5. तथ्यों का सही प्रस्तुतीकरण।

समाचार कहानियों के प्रमुख सोपान—इसके प्रमुख सोपान निम्नलिखित हैं—

1. समाचार कथाओं में शिक्षण योजना का जगह।
2. समाचार कथाओं के प्रयोजन का निर्धारण।
3. समाचार एजेंसियों की लिस्ट बनाना।
4. उपयुक्त सोपानों के अनुपालन हेतु व्यवस्था करना।
5. उपयुक्त चित्रों का इस्तेमाल करना।
6. वार्षिक कैलेण्डर हेतु समाचार सूची की रूपरेखा बनाना।
7. समाचार कथाओं की प्रभावकारिता का मूल्यांकन करना।
8. समाचार कथाओं के स्वरूप के अनुरूप निर्धारण।

समाचार संपादन की उपयोगिता—समाचार संपादन की निम्नवत उपयोगिताएँ हैं—

1. निर्देशित सूचनाओं द्वारा आसानी से लोग फायदा उठा सकते हैं।
2. प्रचार कार्य सरल हो जाता है।
3. सस्ती विधि नहीं है।
4. विश्वसनीयता प्रदर्शित होती है।
5. अधिक संख्या में लोगों को सूचनाएँ प्राप्त होती हैं।

समाचार संपादन की सीमाएं—समाचार संपादन की निम्नवत सीमाएँ हैं—

1. यह अशिक्षित लोगों हेतु अनुपयोगी है।
2. प्रशिक्षित व्यक्ति ही समाचार कथाएँ लिखने हेतु योग्य होते हैं।
3. सामान्यत प्रतिशत समाचार-पत्र सम्पादन, प्रसार, शिक्षण, समाचार कथाओं की उपयोगिता को कम कर देता है।

रेडियो प्रसारण

सूचनाओं के संचार एवम् प्रसारण सेवाओं में रेडियो प्रसारण का महत्त्वपूर्ण योगदान है। भारत में रेडियो प्रसारण हेतु सन् 1927 में सरकारी ट्रांसमीटर की स्थापना कोलकाता में की गई थी। 1930 में भारत सरकार ने इन्हें अपने अधीन ले लिया एवं उनका संचालन भारतीय प्रसार सेवा के नाम से करने लगी। 1936 में इस सेवा का नाम परिवर्तित कर 'ऑल इण्डिया रेडियो' कर दिया गया। 1957 से इसे 'आकाशवाणी' कहते हैं। इसको सूचना तथा प्रसारण मन्त्रालय के अन्तर्गत कर दिया गया है। इसका उपयोग मात्र लोगों की जानकारी में वृद्धि करने तथा उन्हें शिक्षित करने हेतु ही नहीं किया जाता, बल्कि स्वास्थ्य, मनोरंजन आदि प्रदान करने में भी एक अत्यधिक प्रभावशाली माध्यम के रूप में इसका उपयोग किया जाता है। ग्रामीण जनता हेतु सभी आकाशवाणी केन्द्रों द्वारा प्रतिदिन आधे घण्टे का प्रमुख कार्यक्रम प्रसारित किया जाता है। इसके अतिरिक्त प्रत्येक दिन एक घण्टे का कृषि कार्यक्रम 64 कृषि और गृह इकाइयाँ प्रसारित करती हैं। ये इकाइयाँ कई केन्द्रों में कार्यरत हैं। आकाशवाणी की 'फार्म इकाई' प्रतिदिन किसानों हेतु कार्यक्रम प्रसारित करती है।

सामुदायिक विकास खण्डों एवं चर्चा मण्डलों में सुनने हेतु ट्रांजिस्टर सेट भी वितरित किये गये हैं जिनसे किसानों को कृषि व्यवसाय सम्बन्धी नवीन सूचना ज्ञात होती रहे। ग्रामीण क्षेत्रों से संबंधित जो भी कार्यक्रम तैयार हो उस पर समुचित ध्यान देने की जरूरत है। जैसे—उद्देश्य का निर्धारण, प्रस्तुतीकरण विधियाँ (वार्ता, साक्षात्कार, विचार विनिमय आदि), श्रोताओं को उचित जानकारी, सामानों का एकत्रीकरण एवं उनकी व्यवस्था एवं सहायक व दृष्टान्त सामग्री का समावेश करना आदि। रेडियो प्रसारण हेतु लिखे जाने वाले लेख श्रोताओं के अनुसार आसान भाषा में, स्थानीय सूचनाएँ अनुभव के आधार पर तथा उनमें व्यावहारिक नामों का उपयोग करना चाहिए। श्रोताओं की रुचि तथा दृष्टिकोण को ध्यान में रखकर कार्यक्रम इस्तेमाल करने चाहिए।

रेडियो वार्ता का उद्देश्य लोगों का ध्यानाकर्षण, वर्तमान स्थिति का विश्लेषण एवं कार्यान्वयन हेतु लोगों को प्रवृत्त करने तथा परिणाम प्रस्तुत करना है। साथ ही वार्ता को मनोरंजनात्मक बनाने की भी कोशिश हो जिससे श्रोताओं की सोचने की शक्ति को बढ़ावा मिले और वे अपनी समस्याओं के निराकरण के प्रति सचेत हो सकें। नवीनतम समस्याओं से निपटने में रेडियो प्रसारण महत्त्वपूर्ण भूमिका का निर्वहन करता हैं।

गुण—1. अनुभव की बातें स्थानीय भाषा में दूसरे लोगों को ज्ञात कराई जा सकती हैं।

2. शैक्षणिक वार्ता द्वारा किसानों के काम करने के ढंग में बदलाव लाना सम्भव है।
3. कुछ समय में आवश्यक जानकारी लोगों तक पहुँच जाती है।
4. अशिक्षित तथा अर्द्धशिक्षित लोगों हेतु यह रुचिकर एवं प्रभावशाली प्रसार माध्यम है।
5. जो व्यक्ति गोष्ठियों आदि में शामिल नहीं हो पाते उन्हें भी रेडियो द्वारा सूचनाओं की जानकारी मिल जाती है।

सीमाएँ—

1. रेडियो द्वारा प्रसारित सभी सूचनाएँ सब के लिए उपयुक्त नहीं होतीं।
2. सभी कृषक परिवारों में रेडियो उपलब्ध नहीं है।
3. रेडियो द्वारा परिणामों की जाँच करना मुश्किल होता है।
4. प्रसार कार्यक्रम हेतु कम समय मिलता है।
5. इसमें विचारों का दोतरफा विनिमय नहीं हो पाता।
6. रेडियो का उपयोग अधिकतर लोग मनोरंजन हेतु करते हैं।

दूरदर्शन

इस लोकप्रिय राष्ट्रीय चैनल की स्थापना 15 सितम्बर, 1959 में की गई थी। इसकी स्थापना के तीन दशकों के भीतर देशभर में बहुत जल्दी ही इसने लोकप्रियता हासिल कर ली। 180 ट्रांसमीटर स्थापित करने का इसका लक्ष्य लगभग पूरा हो चुका है, जिससे देश की 70 प्रतिशत जनसंख्या तक दूरदर्शन कार्यक्रम पहुँचने की आशा है। इस समय दूरदर्शन के 10 पूर्ण केन्द्र (इसमें पाँच रिले केन्द्र भी सम्मिलित हैं), 5 साइट केन्द्र तथा 6 इन्सेट केन्द्र हैं। शेष 147 कम शक्ति के ट्रांसमीटर हैं जो दिल्ली से जुड़े हैं। भारत में इस समय ट्रांसमीटरों की कुल संख्या 173 है। दूरदर्शन केन्द्रों के बड़े पैमाने पर इस विस्तार एवं स्वदेशी प्रौद्योगिकी के विकास के फलस्वरूप देश के अधिकांश ग्रामीण तथा दूरदर्शन के क्षेत्रों को राष्ट्र की मुख्य धारा से जोड़ने में मदद मिली है। प्रायोगिक तौर पर सप्ताह में दो बार यातायात तथा सड़क नियमों, स्वास्थ्य, पौष्टिक आहार, सार्वजनिक सम्पत्ति की सुरक्षा, नागरिकता आदि विषयों पर आधारित सामाजिक एवं शैक्षिक कार्यक्रम किये गये। अमेरिका की प्रमुख संस्था फोर्ड फाउंडेशन के द्वारा सन् 1961 में प्रसारण के जगत में दूसरी परियोजना शुरू की गई।

दूरदर्शन किसानों की समस्याओं पर केन्द्रित कृषि कार्यक्रम का प्रारम्भ 26 जनवरी, 1967 में प्रारम्भ किया। सर्वप्रथम दिल्ली के चतुर्दिक 80 गाँवों को शामिल कर एक प्रयोग किया और उसके प्रभाव का मूल्यांकन भी किया गया जिसके फलस्वरूप आशातीत सफलता की पुष्टि भी की गई। साथ ही यह भी एहसास किया गया कि दृश्य-श्रव्य माध्यम के रूप में दूरदर्शन का सहयोग प्रसार शिक्षा विकास में तभी सार्थक होगा जब तक कि लक्ष्य श्रोता मूलक, शैक्षणिक अभिप्रेरणा तथा सूचनात्मक न हो। क्योंकि इन पहलुओं की कमी में ग्रामीण लोगों के व्यवहार में वांछित बदलाव लाना सम्भव नहीं हो पाता है। भारत जैसे देश में जहाँ, संस्कृति-विविधताओं के चलते दूरदर्शन कार्यक्रम के संचालन में विशेष रूप से सतर्कता उपयोग करने की आवश्यकता है।

दूरदर्शन द्वारा प्रस्तुत प्रसार शिक्षण कार्यक्रमों को करने में उपयुक्त विषय-वस्तु के चयन एवं उपचार पर विशेष रूप से जोर दिया जाना चाहिए। वैसे विधि प्रदर्शन काफी सफल रहा है। दृश्यात्मक विवरण की तकनीक भी सफलतापूर्वक प्रयोग की जाती है। दूरदर्शन के द्वारा स्लाइड, चार्ट, ग्राफ आदि द्वारा अनुसन्धान में विकास, व्यक्तिगत उपलब्धियों, सामुदायिक विकास के कार्यक्रमों तथा स्थानीय आर्थिक लेखे-जोखे के तथ्यों को अधिक सुव्यवस्थित रूप से दिखाया जा सकता है। दूरदर्शन के सफल प्रसार हेतु अधोलिखित बातों पर ध्यान देना आवश्यक है–

1. संगठन–नियोजन के पश्चात् सभी वस्तुओं को ऐसी विधि से संयोजित करना जिसके प्रदर्शन से एक सार्थक घटना अथवा कहानी का ज्ञान हो सके। इसे 'रन डाउन शॉट' भी कहते हैं। यही अनुगमनीय नियोजन भी है।

2. क्रियान्वयन–कार्यक्रम का क्रियान्वयन इस तरह किया जाना चाहिए कि प्रसार कार्यक्रम दर्शकों को प्रभावित कर सके।

3. दृश्य सहायकों का इस्तेमाल–विषय-वस्तु को प्रदर्शित करने हेतु उपयुक्त दृश्य सहायकों का उपयोग इस तरह होना चाहिए जिससे दर्शकों को ठीक तरह से सम्बन्धित सूचनाएँ प्राप्त हो सकें।

4. दर्शकों हेतु ज्ञानवर्धक कार्यक्रम–कार्यक्रम का चुनाव करते समय दर्शकों की अभिरुचियों, जरूरतों और उनके खाली समय पर जरूर ध्यान देना चाहिए तभी दूरदर्शन की सार्थकता सफल हो सकती है।

5. प्रशिक्षण–दूरदर्शन कार्यक्रमों के सफलतापूर्वक संचालन हेतु सम्बन्धित कर्मियों के प्रशिक्षण की जरूरत है।

6. नियोजन–प्रसारण कार्य हेतु दूरदर्शन द्वारा सबसे पहले कार्यक्रम का नियोजन सावधानीपूर्वक किया जाना चाहिए जिससे श्रोताओं की पहचान, विषय-वस्तु का चुनाव, सम्बन्धित समस्याओं की पहचान एवं उनके समाधान हेतु सामग्री को इकट्ठा करना आदि बातों को सम्मिलित किया जा सके।

7. आंकलन–प्रदर्शित कार्यक्रमों का समय-समय पर मूल्यांकन करना एक जरूरी सोपान है। अतएव, आंकलन करते समय इस बात का निर्धारण किया जाये कि दूरदर्शन प्रसारण द्वारा दर्शकों के व्यवहार में किस सीमा तक बदलाव हुआ है? साथ ही उन कारकों का भी पता लगाना चाहिए जो कार्यक्रम की सफलता में समस्या उत्पन्न करते हैं।

निष्कर्ष में कहा जा सकता है कि दूरदर्शन ही एकमात्र ऐसा चैनल है जो देश के महान सिद्धान्तों तथा विचारों का प्रतिनिधित्व करता है। भारत सरकार ने दूरदर्शन चैनल को अंतर्राष्ट्रीय चैनल बनाने में सराहनीय भूमिका निभाई है।

3

भारत में सूचना एवं लेखन सेवाएँ

विकासशील युग में सूचना तकनीकी का सहयोग अनिर्वचनीय है। इस तकनीकी के क्षेत्र में नवीन लेखन सेवाओं को विकास गति देने में भारत सरकार की नीतियाँ विशेष प्रभावी रहीं। इसके विकास व संवर्द्धन हेतु विभिन्न प्रकार से प्रयास ही नहीं किये गये अपितु विभिन्न प्रकार की संस्थाएँ भी स्थापित की गईं। इन क्रियाकलापों के क्षेत्र में 1784 में रायल एशियाटिक सोसाइटी ऑफ बंगाल की स्थापना उल्लेखनीय है। 1800 में ट्रिगनोमेट्रिक सर्वे (Trigonometric Survey) और क्रमशः बोटनिकल सर्वे ऑफ इंडिया (1889), ज्यूलोजीकल सर्वे ऑफ इंडिया (1916) एवं ज्यूजियॉलोजिक सर्वे (1851) की स्थापना वैज्ञानिक क्रियाकलापों, सर्वेक्षण एवं अनुसंधान के क्षेत्र में अन्य महत्त्वपूर्ण प्रयास हैं। वैज्ञानिक क्रियाकलापों एवं अनुसंधान के परिणामों एवं निष्कर्षों को प्रसारित करने और वैज्ञानिकों को अवगत रखने के लिए 1832 में रायल एशियाटिक सोसाइटी ऑफ बंगाल का प्रकाशन प्रारम्भ किया गया। यह भारत में प्रकाशन के क्षेत्र में प्रथम प्रयास था।

सन्दर्भ-सेवा का प्रादुर्भाव

सन्दर्भ सेवाओं का प्रारम्भ भारत में मद्रास विश्वविद्यालय ने किया, जिसका श्रेय वहां के तत्कालीन विश्वविद्यालयी ग्रन्थालयी डॉ. एस. आर. रंगनाथन को है, जिन्होंने इसे ग्रन्थालय-सेवा की पराकाष्ठा माना है। सर सी. वी. रमन का एक व्याख्यान 1928 में मद्रास विश्वविद्यालय में "Properties of Liquids" पर आयोजित किया गया। इस व्याख्यान के संदर्भ में उस वर्ष की भौतिकी की पत्रिकाओं का

अवलोकन किया गया, जिसमें यह पाया गया कि इससे संबंधित 60 आलेख सूचना एवं प्रलेखन से सम्बद्ध थे, जिसमें एक आलेख "रमन प्रभाव" पर था। इसकी एक प्रलेखन तालिका "रमन इफेक्ट" की आख्यान्तर्गत तैयार की गई और सायंकाल श्रोताओं में इसे वितरित कर दिया गया। यह एक प्रकार की पहली वांङ्मय सूची थी जिसके बारे में किसी को जानकारी नहीं थी। यह सूची खासतौर पर वैज्ञानिकों के लिए तैयार की गई थी।

सन्दर्भ विभाग का प्रमुख लक्ष्य प्रबुद्ध पाठकों हेतु सुव्यवस्थित व क्रमबद्ध रूप से आवश्यक प्रलेखों व कृतियों को उपलब्ध कराना था। इस विभाग में वांङ्मयात्मक तालिकाएं भी विशिष्ट एवं महत्त्वपूर्ण विषयों पर तैयार की जाती थीं। कुछ समय बाद इस सन्दर्भ सेवा की उपादेयता महत्त्वपूर्ण साबित हुई परिणामतः पुस्तकों तथा अन्य सामग्रियों की पुनर्व्यवस्था एवं आकलन की आवश्यकता पड़ने लगी। इस पृथक विभाग की स्थापना से पाठकों को व्यक्तिगत रूप से सहायता एवं मार्गदर्शन करने के लिए कर्मियों को एक विशेष दिशा प्राप्त हुई तथा वाङ्मयात्मक समस्याओं के समाधान हेतु ज्यादा से ज्यादा वक्त दिया जाने लगा।

डॉ. रंगनाथन द्वारा मद्रास विश्वविद्यालय के ग्रंथालय से प्रारम्भ की गई यह वाङ्मय सेवा सुव्यवस्थित एवं क्रम प्रलेखन का जन्मदात्री है।

डॉ. रंगनाथन ने अपनी कृति "संदर्भ-सेवा" (1940) में सन्दर्भ एवं प्रलेखन सेवा के सैद्धान्तिक पक्षों की विवेचना की है, जो सम्भवतः इस दिशा में पहला भारतीय प्रयास है।

अनुवाद सेवाओं का उद्भव

आजकल शिक्षा जगत में अनेकानेक आवश्यकताओं में बढ़ोत्तरी हो रही है। इसी की पूर्ति हेतु शोध संस्थाओं व केन्द्रों में कार्यरत अनुसंधानकर्ताओं की आवश्यकताओं को ध्यान में रखते हुए अनुवाद सेवा के लिए आवश्यक सुविधाओं पर ध्यान दिया गया। ग्रन्थालयों की व्यवस्था से अधिक महत्त्वपूर्ण अनुवाद सेवाओं को माना जाने लगा। अतः इन संस्थाओं में कार्यरत एवं नियुक्त किए जाने वाले ग्रन्थालियों के लिए विदेशी भाषाओं का ज्ञान होना भी आवश्यक माना जाने लगा, जिससे शोधकर्ताओं को अनुवाद सेवा सुलभ कराई जा सके।

भारत के मुख्य प्रलेखन कार्यालय

भारत के शोधरत छात्रों के कार्यों में मदद पहुँचाने हेतु महत्त्वपूर्ण सामग्रियों को उपलब्ध कराने वाले प्रमुख प्रलेखन संस्थान निम्नलिखित हैं—

1. चिकित्सा पत्रिकाएं—वर्तमान समय में ऐसी विभिन्न लिखित पत्रिकाओं का प्रकशन होता है जो आयुर्विज्ञान का सारांशीकरण करते हैं तथा चिकित्सकों हेतु जानकारियाँ प्रदान करते हैं। भारतीय आयुर्विज्ञान की पत्रिकाओं के सारांशों का महत्त्व न होने के कारण ही अनेक भारतीय आयुर्विज्ञान की पत्रिकाओं में विदेशी पत्रिकाओं में प्रकाशित आलेखों के सारांशों को प्रकाशित किया जाता है।

2. औद्योगिक संदर्भ ग्रन्थ सूची—द्वितीय विश्वयुद्ध के पश्चात् भारतीय उद्योगों की उन्नति करने हेतु उन पर विशेष ध्यान देने की आवश्यकता का अनुभव किया गया। भारत सरकार ने व्यावहारिक क्षेत्रों में प्राविधिक सूचना प्रदान करने तथा उद्योगों की गतिविधियों का सर्वेक्षण करने हेतु एक ब्यूरो की स्थापना की और "Bibliography of Industrial Publications Published in India" का प्रकाशन किया गया। इसके अन्तर्गत अनेक प्रकार के उद्योगों पर प्रकाशित आलेखों की एक वाङ्मय सूची प्रस्तुत की गई। इसी के परिणाभस्वरूप औद्योगिक अनुसंधान परिषद् की स्थापना हुई।

3. भारतीय विज्ञान के लिखित दस्तावेज—इण्डियन साइंस अब्स्ट्रैक्ट्स के विभिन्न प्रकार के लघु व सूक्ष्म प्रलेखों को नियमित करने का कार्य 'नेशनल इंस्टीट्यूट ऑफ साइन्सेज ऑफ इण्डिया (National Institute of Sciences of India) का है, जिसने 1935 से इण्डियन साइन्स अब्स्ट्रैक्टस का प्रकाशन प्रारम्भ किया था। यह वस्तुतः भारत में प्रकाशित वैज्ञानिक आलेखों की एक व्याख्यात्मक वाङ्मय सूची (Annotated Bibliography) थी। कालान्तर में इसमें उन भारतीय आलेखों को भी सम्मिलित किया जाने लगा, जो विदेशी पत्रिकाओं में प्रकाशित किए जाते थे तथा जिनकी विषय-सामग्री भारतीय होती थी। 1940 में इस प्रकाशन को समाप्त करने का कारण विभिन्न प्रकार की विसंगतियां हैं।

4. केन्द्रीय सिंचाई परिषद्—1936 प्रलेखन क्षेत्र का एक द्वितीय आयाम है। इस अवधि में केन्द्रीय सिंचाई परिषद् ने अपनी सारांशीकरण पत्रिका को सुसंगठित रूप से प्रकाशित करना प्रारम्भ किया था। इसका प्रकाशन अब "Irrigation Abstracts" की आख्या के 'केन्द्रीय जल एवं शक्ति आयोग' द्वारा किया जाता है। इसमें प्रति वर्ष 2500 से अधिक सारांशों का प्रकाशन किया जाता है।

5. वन शोध संस्थान—यह संस्थान देहरादून में सुव्यवस्थित एवम् सुसंगठित रूप से कार्य करता था, जिसके लिए अनेक विभागों के शोधार्थी पृथक-पृथक इस कार्य को करते थे। इसमें यह व्यवस्था है कि वन विभाग से संबंधित जो भी आलेख पत्रिकाओं के प्रकाशित होते हैं उनको सारणीबद्ध रूप से अनुक्रमणिका में रखते हैं।

अनुक्रमणिकाओं को क्रमबद्ध रूप से आंकलित करने हेतु एक विशेष वर्गीकरण योजना भी तैयार की गई, जिसे "ऑक्सफोर्ड सिस्टम ऑफ क्लासीफिकेशन ऑफ फारेस्ट्री" में सम्मिलित किया गया था। वन शोध संस्थान का प्रमुख कार्य आर्थिक उत्पादनों की शब्दावली का विभिन्न खण्डों में प्रकाशन करना है। इस संकलन हेतु सम्बन्धित विषय-क्षेत्र के उन सभी वैज्ञानिक आलेखों की अनुक्रमणिका तैयार की जाती है, जिसे अद्यतन रखा जाता है।

दूसरे विश्व युद्ध के उपरांत यह अनुभव किया गया कि विज्ञान के क्षेत्र में शोधालयों के विकास हेतु नेटवर्क की स्थापना अनिवार्य हो गई है। इस तथ्य व आवश्यकता को देखते हुए विभिन्न प्रकार की शोध सम्बन्धी संस्थाओं की स्थापना की गई। इससे वैज्ञानिक अनुसंधान के क्रियाकलापों को पर्याप्त प्रोत्साहन प्राप्त हुआ। अतः क्षेत्र में सक्रिय एवं व्यापक प्रलेखन सेवा की आवश्यकता को तीव्रतापूर्वक अनुभव किया गया। INSDOC की स्थापना प्रलेखन केन्द्र के रूप में इसलिए की गई कि शोधार्थियों को किसी प्रकार की समस्या न हो।

भारत सरकार ने पहली एवम् दूसरी पंचवर्षीय योजनाओं में वैज्ञानिक शोध संस्थानों के विकास के संदर्भ में महत्त्वपूर्ण कार्य किया। उन विभिन्न शोध-संस्थाओं की स्थापना एवं विकास हुआ जो पूरे देश में नेटवर्क की भांति फैली हैं। इनका कार्य-क्षेत्र मुख्यतः व्यावहारिक विज्ञान एवं प्रौद्योगिकी रहा है। शोधकर्ताओं एवं विशेषज्ञों को वांछित सूचना प्रदान करने हेतु प्रलेखन सेवा को स्थानीय स्तर पर विकसित करने पर अधिक ध्यान दिया गया है। उद्योगों में भी प्रलेखन सेवा को उपयोगी पाया गया। औद्योगिक संस्थाओं, विशिष्ट संगठनों तथा प्रतिष्ठानों में प्रलेखन सेवा को सूचना की आवश्यकता की दृष्टि से विकसित किया जाने लगा। परिणामतः केन्द्रीय कपास समिति, सहभागी सीमेंट कम्पनी, राष्ट्रीय बिल्डिंग संघ, राष्ट्रीय उत्पादक परिषद् इत्यादि संस्थाओं ने प्रलेखन सेवा शोध कार्यों को सफल बनाने हेतु प्रयास किया, जिससे इनके क्षेत्र में अनुसंधान कार्य में सुविधा प्राप्त हो सके।

व्यापारिक संगठनों एवं संस्थाओं का महत्त्व

सभी उद्यमों के लिए आवश्यक है कि कार्य प्रारम्भ करने से पहले अपने सहकर्मियों के प्रशिक्षण की उचित व्यवस्था करें। कुछ समय पूर्व यह अनुभव किया गया कि सेवा व केन्द्रों की उन्नति हेतु ऐसे कर्मचारियों की आवश्यकता है जो प्रशिक्षित एवं प्रलेखन क्षेत्र के विशेषज्ञ हों। परिणामतः अनेक विश्वविद्यालयों में ग्रन्थालय एवं सूचना विज्ञान के प्रशिक्षण हेतु उपयुक्त व्यवस्था की जाने लगी। आजकल 48 से अधिक विश्वविद्यालयों में इसका प्रशिक्षण प्रदान किया जाता है।

बंगलूर तथा इन्सडॉक, डी. आर. टी. सी., नई दिल्ली द्वारा प्रदत्त प्रशिक्षण को उपयोगी व महत्त्वपूर्ण माना गया। प्रलेखन विशेषज्ञों एवं कर्मियों के विचार-विनिमय हेतु इन्डियन एसोसिएशन ऑफ स्पेशल लाइब्रेरीज एण्ड इनफॉरमेशन सेन्टर्स एक प्रमुख मंच के रूप में स्थापित किया गया है। प्रलेखन की समस्याओं पर विचार-विमर्श करने हेतु इसका वार्षिक अधिवेशन विशेष महत्त्व रखता है। प्रायः यह देखा जाता है कि सेमिनारों व कार्यशालाओं के आयोजनों के कारण प्रलेखन के क्षेत्र से संबंधित भिन्न-भिन्न प्रणालियों के विकास में मदद मिलती है।

प्रलेखन की वर्तमान स्थिति

आजकल प्रलेखन सेवाओं का क्षेत्र बढ़ चुका है, जिसके परिणामस्वरूप इस क्षेत्र में इन्सडॉक (INSDOC), डेसीडॉक (DESIDOC), नासडॉक (NASSDOC), सेन्डॉक (SENDOC) आदि संस्थान महत्त्वपूर्ण कार्य कर रहे हैं। प्रलेखन सेवाओं के महत्त्व को ध्यान में रखते हुए औद्योगिक अनुसंधान परिषद् की 39 शोधशालाओं के द्वारा प्रलेखन सेवा सम्बन्धी आयोजन सम्पन्न किये जाते हैं। इनमें चयनात्मक प्रसार सेवा (SDI) तथा सामयिक चेतना सेवा (CAS) को उन्नत प्रकार से आयोजित किया जाता है। निसात (NISSAT) इस क्षेत्र में अपना विशेष स्थान रखता है। वर्तमान में लगभग 924 ऐसे अनुसंधान संस्थान हैं जो प्रलेखन की देश भर में सुविधाएं में प्रदान कर रहे हैं।

प्रलेखन सेवा को व्यापक स्तर पर सभी विशिष्ट महाविद्यालयों एवं विश्वविद्यालयों, ग्रन्थालयों में सुलभ करने हेतु विश्व की प्रमुख सारांशीकरण पत्रिकाओं—केमिकल अब्स्ट्रैक्ट्स फिजीकल अब्स्ट्रैक्ट्स मैथमैटिक्स रिव्यु आदि तथा अनुक्रमणिकाकरण पत्रिकाओं को नियमित रूप से मंगाया जाता है। इस क्षेत्र में "ऑनलाइन" संदर्भ-सेवा का उपयोग भी किया जा रहा है। यंत्रों का प्रयोग तथा कम्प्यूटरीकरण करने की अनेक योजनाएं प्रयोग में लाई जा रही हैं।

4

भारत के राष्ट्रीय वैज्ञानिक प्रलेखन केन्द्र

भारत में राष्ट्रीय वैज्ञानिक प्रलेखन केन्द्र की स्थापना यूनेस्को की मदद से सन् 1952 में की गई थी। प्रारम्भ में एक संघटक इकाई के रूप में इन्सडॉक राष्ट्रीय भौतिकी प्रयोगशाला, नई दिल्ली (NPL) के प्रशासनिक नियंत्रण में रहा। आवश्यकताओं को ध्यान में रखते हुए सन् 1963 ई. में इन्सडॉक को पूरी तरह से स्वतन्त्र व स्वायत्तशासी बना दिया गया। इससे इसके कार्य क्षेत्र का विस्तार हुआ है। इसके अन्तर्गत कम्प्यूटर पर आधारित सूचना क्रियाकलाप, राष्ट्रीय विज्ञान ग्रन्थालय का गठन, सूचना-विज्ञान में नियमित रूप से पूर्णकालिक प्रशिक्षण तथा इन्सडॉक के सभी विषयों में अल्पकालिक प्रशिक्षण के कार्यक्रमों को सम्मिलित किया गया है। इसके तीन क्षेत्रीय केन्द्र—बंगलौर, कलकत्ता तथा मद्रास में स्थापित किए गए हैं, जिनका कार्य उस क्षेत्र के सूचना-साधनों का सर्वेक्षण एवं उपयोग करने के साथ ही उस क्षेत्र की सूचना की आवश्यकता की पूर्ति करना है।

भारतीय राष्ट्रीय वैज्ञानिक प्रलेखन केन्द्र के लक्ष्य—भारतीय राष्ट्रीय वैज्ञानिक प्रलेखन केन्द्र के प्रमुख उद्देश्य निम्नवत् हैं—

1. सूचना-विज्ञान एवं सेवाओं के क्षेत्र में उन्नत स्तर के कार्यों के सम्पादन एवं अवबोध के लिए प्रशिक्षित मानव शक्ति को उन्न्त करना।

2. सूचना सेवाओं एवं प्रणालियों को स्थापित व विकसित करना।

3. विज्ञान एवं प्रौद्योगिकी के क्षेत्र में उपयुक्त एवं उपयोगी सूचना-स्रोतों के संकलन को विकसित एवं सम्बद्ध करना जिसका प्रमुख उद्देश्य समस्त राष्ट्रीय प्रलेखों को सुव्यवस्थित बनाया जाना हो।

4. अन्तर्राष्ट्रीय सूचना विनिमय में वैज्ञानिक विषयों के सक्रियतापूर्वक एवं प्रभावशाली ढंग से भाग लेना एवं योगदान करना।

5. देश में सूचना-नेटवर्क तथा सेवाओं की क्षमता तथा उत्पादनशीलता को बढ़ाने के लिए उपयुक्त प्रौद्योगिकियों, प्रबन्ध-पद्धतियों तथा विधियों को विकसित एवं प्रोन्नत करना।

6. ग्रन्थालय एवम् प्रलेखन संस्थान के साथ-साथ सूचना विज्ञान एवं अनुसंधान का विकास करना।

7. विज्ञान एवं प्रौद्योगिकी क्षेत्र में सभी प्रकार की उपयुक्त उपयोगी तथा सम्भव सूचना-सेवाओं को आयोजित एवं सुलभ करना।

8. देश की वैज्ञानिक कृतियों (प्रकाशित एवं अर्द्धप्रकाशित) के प्रतिवेदनों का एक राष्ट्रीय संग्रह संस्थापित करना तथा एक माध्यम सारणी (Channel) के रूप में इस सूचना को देश के अन्दर तथा बाहर सुलभ करना।

इस संस्थान ने शोध एवम् विकास कार्यों को राष्ट्रीय स्तर प्रदान करने में महत्त्वपूर्ण भूमिका निभाई है।

भारतीय राष्ट्रीय वैज्ञानिक प्रलेखन केन्द्र के कार्य

भारतीय राष्ट्रीय प्रलेखन केंद्र के प्रमुख कार्य निम्नवत हैं–

सूचना सेवाएँ

वर्तमान में भारतीय राष्ट्रीय वैज्ञानिक एवम् प्रलेखन के कार्यक्षेत्र अत्यधिक विस्तृत हो गए हैं। इन्सडॉक शोध-संगठनों एवं संस्थाओं, विश्वविद्यालयों, औद्योगिक संगठनों, शासक विभागों, वैज्ञानिकों तथा प्रौद्योगिकीय विदों को व्यक्तिगत रूप से व्यापक एवं विस्तृत प्रलेखन एवं सूचना सेवाएं सुलभ कराता है। विज्ञान एवं प्रौद्योगिकी की सूचना के सभी प्रकार के उपयोगकर्ताओं को इसकी सेवाएँ उपलब्ध हैं। सेवाएं विशेष अनुरोध एवं मांग पर उपलब्ध कराई जाती हैं और निर्धारित शुल्क का भुगतान करने पर उन्हें उपलब्ध किया जाता है।

छायांकन व रिपोग्राफिक जगत में प्रलेखन का महत्त्वपूर्ण भूमिका रही है। यह प्रलेखों के क्षेत्र में विभिन्न सूचनाओं को प्रदान करता है। वांङ्मयसूचियों के संकलन की सेवाएँ सीमित रूप से सुलभ की जाती हैं। बंगलौर के क्षेत्रीय केन्द्र द्वारा मुद्रण और दिल्ली कार्यालय से प्रलेखों की आपूर्ति, वाङ्मय सूचियों का संकलन, अनुवाद सेवाएँ 'रिप्रोग्राफी' तथा मुद्रण का आयोजन किया जाता है। मद्रास का क्षेत्रीय केन्द्र सी ए 'सर्च डेटाबेस' की चयनात्मक सूचना प्रसार सेवाएँ आयोजित करता है।

सूचना—निम्नलिखित प्रलेखन संस्थाओं द्वारा सूचनाएँ प्रदान की जाती हैं—

(i) मुद्रण—इन्सडॉक के दिल्ली कार्यालय द्वारा तदर्थ एवं नियमित प्रकाशन किया जाता है। इनका मुद्रण इसके मुद्रण विभाग द्वारा किया जाता है। बंगलौर में अन्य संस्थाओं की भी मुद्रण कार्य करने की क्षमता है।

(ii) प्रलेख प्रति आपूर्ति सेवा—प्रलेख प्रति आपूर्ति एक ऐसी सेवा है, जो प्रमुखतः शोधकर्ताओं को आवश्यक प्रलेखों को उपलब्ध कराती है। प्रति वर्ष प्रलेखों की प्रतियों की 20 हजार से लेकर 24 हजार तक की मांग की इन्सडॉक पूर्ति करता है। जरूरतमन्द लोगों के अनुरोध को महत्त्व देते हुए इन्सडॉक ऐसी संस्था है जो जरूरतमंद लोगों को आवश्यक सामग्री सुलभ कराता है। इन्सडॉक ऐसे मौलिक प्रलेखों को देश में अथवा अन्य किसी देश में उपलब्ध होने की स्थिति को निश्चित करता है और उसकी प्रति तैयार करता है अथवा उसकी प्रति को प्राप्त करता है और इसका माइक्रोफिल्म प्रति के रूप में अथवा छायाचित्र (Photo copy) आरूप में उपभोगकर्ता को सुलभ कराता है। दिल्ली में इन्सडॉक का जो कार्यालय है वहां से वांछित सहायता प्राप्त की जा सकती है। उपयोगकर्ताओं को समय पर वांछित प्रलेखों की प्रतियाँ उपलब्ध करने हेतु आधुनिक तीव्र परिवहन सेवाओं तथा अन्य सुविधाओं का उपयोग किया जाता है। इस प्रकार की प्रतियाँ उपलब्ध कराने में नाममात्र का शुल्क लगता है।

(iii) अनुवाद की सेवाएँ—आजकल विश्वभर में वैज्ञानिक साहित्य की लगभग 50 प्रतिशत पुस्तकों को मात्र अंग्रेजी में ही प्रकाशित किया जाता है, भारत में भी वैज्ञानिक सम्प्रेषण एवं कार्य की भाषा अंग्रेजी ही है। अतः जो वैज्ञानिक अंग्रेजी भाषा के विवरण से अवगत होना चाहते हैं उनके लिये इन्सडॉक स्वयं का स्थापना काल से ही इस प्रकार की सुविधा को प्रदान कर रहा है। वर्तमान समय में इन्सडॉक 16 यूरोपीय भाषाओं में प्रलेखन कार्यों को कर रहा है। अंग्रेजी भाषा को चेक, फ्रेन्च, जर्मन, पोलिश तथा रूसी भाषा में अनुवाद सेवा की व्यवस्था करता है। चेक, अंग्रेजी, फ्रेन्च-अंग्रेजी, जर्मन-अंग्रेजी, जापानी-अंग्रेजी, पोलिश-अंग्रेजी तथा रूसी-अंग्रेजी के भाषान्तर के समय भी इन अभिलेखों की आवश्यकता पड़ती है। जिन प्रलेखों का अनुवाद किया जाता है, उनके ग्रन्थात्मक विवरण को नियमित रूप से प्रकाशित किया जाता है। 1984-85 में 1027 अनुवाद सेवाओं को सुलभ किया गया। 18 भाषाओं में अनुवाद को 12,260 टाइप पृष्ठों में सुलभ किया और 5,765 पृष्ठ का रूसी भाषा में अनुवाद किया गया।

(iv) छायाचित्र सेवा—इस क्षेत्र से सम्बद्ध कार्य यथा—फोटो कापी, जेराक्स माइक्रो फिल्म व स्लाइडों को दिल्ली व बंगलौर स्थिति इन्सडॉक कार्यालयों में तैयार किया जाता है। पुराने प्रलेखों के संग्रह एवं अभिलेखागार हेतु इन्सडॉक ऐसे प्रलेखों की पर्याप्त संख्या में माइक्रोफिल्में भी तैयार करता है। प्राचीन सामयिकियों को इस रूप में पर्याप्त संख्या में सुरक्षित रख गया है। रंगीन एवं पारदर्शी आकार में भी प्रलेखों को निर्मित करने में इन्सडॉक पर्याप्त सक्रिय है। 1984-85 में 237,438 पृष्ठों की रिप्रोग्राफिक सेवाओं का आयोजन किया गया। इसके साथ ही एक लाख पृष्ठों से अधिक पृष्ठों को माइक्रो फिल्म प्रतियाँ सुलभ की गई।

(v) सन्दर्भ ग्रन्थ सूची एवं सूचना सेवाएँ—इन्सडॉक वाङ्मय सूची से सम्बन्धित सेवाएँ भी प्रदान करता है, क्योंकि इसमें विभिन्न प्रकार के तथ्यों का संकलन होता है। इस प्रकार की सेवा से अध्येता/उपयोगकर्ता को उसकी अभिरुचि के विषय/प्रकरण पर पूर्व प्रकाशित सामग्रियों का विवरण ज्ञात हो जाता है। क्षेत्रीय केन्द्र इस प्रकार की सेवा का आयोजन भी करते हैं।

अतएव, किसी भी वैज्ञानिक प्रकरण एवं सूक्ष्म विषय पर अनुरोध करने पर इन्सडॉक नवीनतम आलेखों तथा अन्य सामग्रियों की पुस्तक सूची संकलित कर सुलभ करता है। इसके अतिरिक्त यह अनेक प्रकार के प्राविधिक प्रश्नों का उत्तर भी प्रदान करता है, जो वस्तुतः तथ्यों की जानकारी (fact finding nature) अथवा उन्हें सत्यापित करने से सम्बन्धित होते हैं। 1984-85 में दो सौ अठ्ठाइस वाङ्मय सूचियों का संकलन किया गया था और तीन सौ प्राविधिक सवालों का जवाब दिया गया था।

सूचना प्रसार

भारतीय राष्ट्रीय वैज्ञानिक एवम् प्रलेखन केन्द्र एक ऐसी संस्था है जो गौण सामयिकियों का प्रकाशन भी करता है। इस प्रकार यह सात आख्याओं का प्रकाशन करता है, जिसमें से तीन निःशुल्क वितरित की जाती हैं। इसका प्रकाशन ग्रन्थालय-विज्ञान एवं प्रलेखन की मौलिक सूचना प्रदान करने हेतु किया जाता है।

सूचना प्रसार के क्षेत्र में इन्सडॉक के प्रमुख प्रकाशन निम्नवत हैं—

1. रसियन साइन्टिफिक एण्ड टेक्निकल पब्लिकेशन्स (Russian Scientific and Technical Publications : An Accession List)—इस संस्था की स्थापना सन् 1972 में की गई थी। यह संस्था एक परियोजना के आधार पर यह कार्य सम्पन्न करती है जो नियमित रूप से दो पत्रिकाएँ प्रकाशित करती

है—(a) Russ an Scientific and Technical Publications : An Accession List (द्विमासिक; (b) Contents List of Soviet Scientific Periodicals (monthly)।

इसके माध्यम से उन सामग्रियों का सारणीयन किया जाता है जिन्हें भारत-सोवियत संघ के वैज्ञानिक एवं प्राविधिक अनुबन्ध (Indo-Soviet Scientific and Technical Agreement) के अन्तर्गत प्राप्त किया जाता है। इन सामग्रियों से सूचना प्रसार के साधनों से भारतीय वैज्ञानिकों को सोवियत संघ की वैज्ञानिक गतिविधियों से अवगत कराया जाता है। 1984-85 में 1350 रूसी मोनोग्राफों को 'एक्सेशन लिस्ट के पांच अंकों में प्रकाशित किया गया है और 'केन्टेन्ट्स लिस्ट' के 12 अंकों से 226 पत्रिकाओं के 1187 अंकों की सामग्रियों को सूचनात्मक रूप से प्रकाशित किया गया है। वर्तमान में कन्टेन्ट्स लिस्ट में दो सौ पचास सोवियत वैज्ञानिक पत्रिकाओं के ''कन्टेन्ट्स पेजेज'' को प्रकाशित कर रहे हैं।

2. इन्डियन साइन्स आब्स्ट्रैक्ट्स—यह भारतीय शोध-पत्रिकाओं, सम्मेलनों की कार्यवाहियों, शोध-प्रबन्धों, प्रतिवेदनों, पेटेन्टों एवं मानकों में प्रकाशित वैज्ञानिक साहित्य की पाक्षिक संक्षिप्तीकरण पत्रिका है। इसमें 650 पत्रिकाओं की सामग्रियों को सम्मिलित किया जाता है। इसे विनिमय के रूप में अथवा शुल्क का भुगतान करने पर प्राप्त किया जा सकता है। इसमें 1983-84 में 24,519 तथा 1984-85 में 27,600 सारांशों को प्रक्रियाबद्ध किया गया। इसके अन्तर्गत 1984 से जिन मौलिक प्रकाशनों की सामग्रियों को सारांशबद्ध किया जाता है, उन्हें व्यवस्था के आधार पर इससे पृथक तरीके से स्पष्ट व प्रस्तुत किया जा सकता है। कम्प्यूटर के माध्यम से मासिक तथा वार्षिक अनुलेखक तथा प्रमुख पदों की अनुक्रमणिकाओं को तैयार किया जाता है। भारतीय वैज्ञानिक साहित्यों की आधिक्यता सन् 1985 से प्रारम्भ हो गई थी।

3. रसियन साइन्स डाइजेस्ट सर्विस (Russian Science Digest Service)—इस पत्रिका का प्रकाशन दो शृंखलाओं में किया जाता था—*(i)* नेचुरल रिसोर्सेज सर्वे तथा *(ii)* एक्सप्लोरेशन एण्ड एग्रीकल्चर साइन्सेज। सोवियत संघ की पत्रिकाओं में प्रकाशित आलेखों जिससे भारतीय शोधकर्ताओं को लाभ हो सकता है, के सारांशों को इन दोनों पत्रिकाओं में प्रकाशित किया जाता है। लेकिन अधिक मांग न होने के कारण इसके प्रकाशन को स्थगित कर दिया गया है।

4. अनुवादों की राष्ट्रीय अनुक्रमणिका—आमतौर पर सन् 1981 से पूर्व किसी भी प्रकार की राष्ट्रीय वाङ्मय सूची नहीं थी, जिसके कारण विभिन्न प्रकार की

समस्याएँ आती थीं। इसी आवश्यकता को ध्यान में रखते हुए सन् 1981-82 में अनुवादों की राष्ट्रीय अनुक्रमणिका बनाई गई है। विदेशी भाषाओं के वैज्ञानिक एवं प्राविधिक साहित्य के अनुवादों की यह एक प्रकाशित की जाने वाली मासिक अनुक्रमणिक है जिसकी शोध एवं विकास संगठनों में आवश्यकता होती है। पहले से उपलब्ध अनुवादों की जानकारी एवं उपयोग में इससे सहायता प्राप्त होती है : 1984-85 के इस अनुक्रमणिका से दस अंकों में 26 संस्थाओं द्वारा अनुदित दो हजार अनुवादों की सूचना प्रकाशित की गई थी। इसे 700 संस्थाओं को निःशुल्क वितरित किया गया था। कम्प्यूटर द्वारा ऐसी व्यवस्था बनाई गई कि लेखक, विषय व पेटेन्टों को ठीक प्रकार से क्रमबद्ध किया जा सके।

ग्रन्थालय विज्ञान एवम् प्रलेखन की वार्षिकी ग्रन्थालय-विज्ञान तथा प्रलेखन की एक त्रैमासिक पत्रिका है, जिसमें ग्रन्थालय एवं सूचना विज्ञान, प्रलेखन, सूचना पुनर्प्राप्ति तथा छायाचित्रों से सम्बन्धित शोध-आलेखों को प्रकाशित किया जाता है।

सूचना पुनर्प्राप्ति

अनेकानेक उपकरण संस्थानों का आयोजन मात्र सूचना सेवाओं की प्राप्ति हेतु किया जाता है। जिन क्रियाकलापों का सूचना-पुनर्प्राप्ति के लिए इन्सडॉक आयोजन करता है उनकी पूर्ति हेतु कुछ प्रमुख उपकरण निम्नलिखित हैं–

1. चयनात्मक सूचना प्रसार सेवा चयनात्मक सूचना प्रसार को व्यवस्थित करने हेतु सी. ए. सर्च, इन्सपेक व कम्पेन्डेक्स प्रमुख वाङ्मय डाटावेस हैं। सीए सर्च डेटाबेस के माध्यम से सूचना को प्राप्त करने तथा अधिक सूचनाओं को प्रसारित करने की व्यवस्था मद्रास का क्षेत्रीय केन्द्र करता है। इसके लिए मद्रास के भारतीय तकनीकी संस्थान (IIT) की कम्पयूटर प्रणाली आई बी एम 370/155 तथा “CANISDI साफ्टवेयर पैकेज’ का उपयोग किया जाता है। भारतीय विज्ञान संस्थान” बंगलौर के विज्ञान सूचना केन्द्र (Science Information Centre) का भी उपयोग भारतीय राष्ट्रीय वैज्ञानिक एवम् प्रलेखन केन्द्र करता है।

2. निर्देशिकाओं के प्रकाशनों की आधार सामग्रियों का प्रक्रियाकरण– निर्देशिकाओं की भांति प्रकाशनों का संकलन करने के लिए इन्सडॉक ने कम्प्यूटर का उपयोग कर डेटोबेसों को तैयार किया है। मानव संसाधन निर्देशिका को तैयार किया गया है। इस तालिका की समस्याओं को दूर करने हेतु एक ऐसी निर्देशिका तैयार की जा रही है जो शोध समस्याओं का निदान कर सके।

3. पत्रिकाओं का केन्द्रीयकृत अधिग्रहण—सामयिक शोध पत्रिकाओं की आवश्यकता को ध्यान में रखते हुए C.S.I.R ने एक व्यवस्थित तालिका बनाई

जिसका उद्देश्य केन्द्रीयकृत पत्रिकाओं का अधिग्रहण करना है और अनावश्यक पुनरावृत्ति से बचना है। इससे सभी प्रकार की पत्रिकाओं की जानकारी भी एक स्थान पर प्राप्त हो जाती है।

4. संघ प्रसूची प्रक्रियाकरण—नेशनल यूनियन कैटलॉग ऑफ साइन्टिफिक सीरियल्स को तैयार करने का प्रयास इन्सडॉक ने किया है। इसका प्रकाशन हो चुका है।

5. इन्डियन साइन्स अब्स्ट्रैक्ट्स (ISA) तथा नेशनल इन्डेक्स ऑफ टान्सलेशन्स (NIT) की अनुक्रमणिकाओं को भी इन्सडॉक, सूचना प्राप्ति की दृष्टि से तैयार कर प्रकाशित करता है।

6. सूचना अधिगम उपकरण—विभिन्न प्रकार के अधिगम उपकरण व साधनों का इन्सडॉक द्वारा प्रस्तुत किये जाने का प्रयोजन सूचना प्राप्ति से संबंधित सेवाओं का आयोजन करना है। जो वैज्ञानिक संस्थाओं, वैज्ञानिक शोधपत्रिकाओं, विज्ञान के क्षेत्र की सूचना सेवाओं तथा अन्य सुविधाओं, चल रहे शोधकार्य एवं परियोजनाएं आदि की सूचना प्रस्तुत करते हैं। कतिपय अभिगम स्रोतों का विवरण निम्नवत है—

(1) सामयिक अनुसंधान परियोजनाओं की निर्देशिका—सर्वप्रथम इस निर्देशिका का प्रकाशन 1981 में प्रारम्भ किया गया था। इसके नवीन संस्करण में 1984 तक की सामयिक सूचना उपलब्ध की गई है। नवीन संस्करण 1985 में प्रकाशित किया गया।

(2) पुरस्कारों की निर्देशिका—विज्ञान एवं तकनीकी जगत में विशिष्ट पुरस्कारों तथा सम्मानों की निर्देशिका तैयार करने का कार्य विज्ञान एवं प्रौद्योगिकी विभाग ने इन्सडॉक को दिया है। शीघ्र ही इसका प्रकाशन होने वाला है। 1

(3) भारतीय वैज्ञानिक पत्रिकाओं की निर्देशिका—इस पत्रिका का सम्पादन सन् 1976 से किया जा रहा है। जो इन्सडॉक द्वारा भारत के लिए बनाई गई।

(4) भारतीय वैज्ञानिक शोध संस्थाओं की निर्देशिका—1969 से पूर्व वैज्ञानिक शोध संस्थानों के क्षेत्र में किसी प्रकार की निर्देशिका नहीं थी जिसके कारण स्रोतों को प्राप्त करने में विभिन्न प्रकार की समस्याएं आती थीं। इसी को ध्यान में रखते हुए इन्सडॉक ने 1969 में एक सूचनापूर्ण निर्देशिका प्रकाशित की। इसके संकलन हेतु 4,100 संस्थाओं को प्रश्नावली भेजी गई थी, जिसमें से 1,300 संस्थाओं ने वांछित सूचना प्रदान की। इनकी प्रविष्टियों को सम्पादित करने के पश्चात् 1000 को अन्ततः प्रक्रियाबद्ध किया गया। उपयोगी तथ्यों के विवरण के अभाव में 1985-86 में नवीन संस्करण के प्रकाशन को अस्वीकृत कर दिया गया।

(5) नेशनल यूनियन कैटलॉग ऑफ साइन्टिफिक सीरियल इन इण्डिया—इस पत्रिका का प्रकाशन 1989 के मध्य प्रारम्भ हुआ। विश्व में जिन 800 ग्रंथालयों की स्थापना की गई उनका प्रमुख लक्ष्य विश्वविद्यालयों, औद्योगिक क्षेत्रों से संबंधित शोध व सामयिकी तथा वैज्ञानिक संस्थानों के क्रियाकलापों को विश्व में प्रसारित करना है। इन ग्रंथालयों की वैज्ञानिक सामयिकियाँ एवं धारावाहिक प्रकाशन-वैज्ञानिक एवं प्रौद्योगिकी सूचना के प्रमुख एवं प्रभावशाली स्रोत माने जाते हैं। इस प्रकार की सूचना की व्यवस्था के लिए इन्सडॉक ने नेशनल यूनियन कैटालॉग ऑफ साइन्टिफिक सीरियल्स इन इन्डिया (NUCSSI) का संकलन एवं प्रकाशन किया है। इसका उद्देश्य भारत के प्रमुख ग्रन्थालयों में उपलब्ध वैज्ञानिक पत्रिकाओं की पूर्ण जानकारी वैज्ञानिक एवं शोधकर्ताओं को प्रदान करना है।

इसके अंतर्गत पैंतीस हजार आख्याओं के प्राप्त खण्डों का विवरण पेश किया गया है, जिसमें 18,000 आख्याएँ सामयिक एवम् नवीनतम घटनाओं पर आधारित हैं। इन्हें यंत्रेण पठनीय आरूप (Machine readable format) में निर्मित एवं प्रस्तुत किया गया है। स्रोत संप्रेषण हेतु विक्री को भी ध्यान रखते हेतु विभिन्न प्रतियों को प्रकाशित किया गया है। इस राष्ट्रीय संघ-प्रसूची को निरन्तर अद्यतन रखे जाने का भी प्रावधान है और उपयोगकर्ताओं के उपयोग के लिए इसके पूरक अंक भी निकाले जाएंगे। कालान्तर में इस संघ-प्रसूची को कम्प्यूटर नेटवर्क के रूप में भी सुलभ किया जाएगा। सूचना एवं संदर्भ-सेवा की दृष्टि से 800 भारतीय ग्रन्थालयों में उपलब्ध वैज्ञानिक शोध-पत्रिकाओं की जानकारी प्राप्त करने करने हेतु यह संघ-प्रसूची पर्याप्त सूचनाप्रद और लाभदायक है।

सूचना माध्यमों का विकास

निम्नलिखित सूचना संसाधनों के विकास में भारतीय राष्ट्रीय वैज्ञानिक और प्रलेखन केन्द्र (INSDOC) का विशेष महत्त्व है—

1. राष्ट्रीय विज्ञान पुस्तकालय (National Science Library)—इस ग्रन्थालय का मुख्य लक्ष्य अध्येताओं की अनुपस्थिति में सेवा प्रदान करना है—अर्थात् पुस्तकें/सामग्रियां प्रदान करना तथा प्रतिलिपि प्रतियों की सेवाएँ (Photocopying services) आयोजित करना। अभिगम की मूलभूत आवश्यकता की पूर्ति व वैज्ञानिक सामग्रियों की सुविधा हेतु राष्ट्रीय विज्ञान ग्रन्थालय की स्थापना की गई। इसके द्वारा अध्येताओं की 10 प्रतिशत आवश्यकता को प्रलेख प्रति आपूर्ति सेवा (Document copy supply service) के माध्यम से सम्पन्न किया जाता है।

नियमित रूप से सामग्रियों के उपयोग, आदान-प्रदान तथा संदर्भ-सेवाओं के लिए भी इस ग्रन्थालय का उपयोग किया जाता है। इण्डियन साइन्स आब्स्ट्रैक्ट्स (ISA) के लिए स्रोत सामग्रियों/प्रलेखों के अधिग्रहण का भी कार्य इसी पुस्तकालय द्वारा किया जाता है।

सूचना-विज्ञान, सूचना-विज्ञान के प्रशिक्षण-कार्यक्रम, पाठ्यक्रम तथा अन्य सम्बन्धित सामग्रियों की कृतियों का एक उत्तम संकलन इस ग्रंथालय में किया गया है। सोवियत विज्ञान सूचना केन्द्र परियोजना के अन्तर्गत प्राप्त सामग्रियों को इस ग्रन्थालय में एक संकलन के रूप में संग्रहीत किया जाता है। 1985 में 43,520 पृष्ठों की प्रतिलिपियों को प्रलेख प्रति आपूर्ति सेवा के अन्तर्गत तैयार किया गया था। इसका वर्तमान संकलन 1,19,282 कृतियों से अधिक का है और 4,614 विदेशी एवं भारतीय शोध-पत्रिकाएँ नियमित रूप से अधिग्रहण एवं विनिमय से प्राप्त की जाती हैं।

(2) अनुवाद बैंक (Translation Bank)—अनुवाद बैंक की स्थापना का उद्देश्य विभिन्न अनुवादों का संग्रह व सुरक्षा है। इनकी प्रतियों को माइक्रोफिल्म तथा 'हार्ड कापी' के रूप में प्रस्तुत कर संग्रहीत किया जाता है इसकी तालिका/प्रसूची भी प्रस्तुत की जाती है। अनुरोध किए जाने पर इस बैंक में उपलब्ध प्रतियों को उपभोगकर्ताओं को सुलभ कराया जाता है। इन्सडॉक ने 1985 में 676 अनुवादों का आयोजन किया।

(3) सोवियत विज्ञान सूचना केन्द्र परियोजना (Russian Science Information Centre Project)—इस परियोजना का मुख्य कार्य अन्तर्राष्ट्रीय स्तर पर सोवियत संघ के सूचना सेवा केन्द्र, विनीती (VINITI) व मास्को से सोवियत संघ की पुस्तकें व पत्रिकाएं प्राप्त करना है। इस केन्द्र की पाठ्य-सामग्रियों में 45,000 'मोनोग्राफ' तथा 600-700 वैज्ञानिक पत्रिकाओं के पूर्वव्यापी खण्ड सम्मिलित हैं, जो पर्याप्त सूचनाप्रद हैं। व्यक्तिगत सेवाओं, वाङ्मयात्मक सेवाओं, तथा सूचना प्रसार सेवाओं का आयोजन इस केन्द्र द्वारा किया जाता है तथा राष्ट्रीय स्तर पर सेवाएं प्रदान करना इसका प्रमुख कार्य है।

मानव संसाधन का विकास एवं सूचना विज्ञान

यह इसकी एक उन्नत प्रशिक्षण व्यवस्था है। इस प्रशिक्षण को पूर्ण करने पर स्नातकोत्तर उपाधि 'एसोसिएटशिप इन इनफारमेशन साइन्स' प्रदान की जाती है। तदर्थ एवं अल्पकालिक प्रशिक्षण प्रदान करने की भी व्यवस्था की गई है।

सूचना के उपयोग को प्रोत्साहन

विश्व के सभी देश सूचना के विकास के लिए शक्ति, सामग्री एवं सशक्त साधन को विशेष महत्त्व दे रहे हैं। इसलिए सूचना के उपयोग हेतु इन्सडॉक अनेक सक्रिय प्रयास करता है, जिससे सूचना सेवाओं तथा उत्पादनों का विपणन एवं उपयोग करने की प्रक्रिया तथा आवश्यकता को प्रोत्साहित किया जा सके। इस कार्य हेतु प्रशिक्षण विभाग में उपयोगकर्ता प्रशिक्षण एवं शिक्षण प्रकोष्ठ की स्थापना की गई है। इसकी मदद करने के लिए भिन्न-भिन्न उपकरणों का निर्माण किया गया है।

वर्तमान समय में सूचना सेवाओं में होने वाली प्रगति से आम जन मानस को अत्यधिक लाभ पहुँचा है। इस कार्य हेतु इन्सडॉक के भवन में स्थायी रूप से प्रदर्शनी की व्यवस्था की गई है। इसके साथ ही सूचना स्रोतों, उत्पादनों एवं सेवाओं तथा इन्सडॉक की उपलब्धियों तथा क्रियाकलापों की जानकारी देने के लिए स्थायी प्रदर्शनी (Exhibition) की व्यवस्था की गई है।

क्षेत्रीय संस्थान

उपयोगकर्ताओं को इन्सडॉक की सेवाओं से लाभान्वित करने हेतु इसके तीन क्षेत्रीय केन्द्र स्थापित किए गए हैं। ये क्षेत्रीय केन्द्र प्रलेखों की प्रतियों की आपूर्ति के लिए कार्य करते हैं। ये संघ प्रसूचियों के संकलन एवं निर्माण हेतु आधार-सामग्रियों का संग्रह भी करते हैं।

1964 में क्षेत्रीय केन्द्र को बंगलौर में भारतीय विज्ञान संस्थान (IIS) के परिसर में स्थापित किया गया है। यह केन्द्र क्षेत्रीय स्तर पर प्रलेखों की प्रतियों की आपूर्ति, वाङ्मय सूचियों का संकलन, छायाचित्र, वैज्ञानिक प्रकाशनों का मुद्रण आदि कार्य करता है। 1978 में कलकत्ता का क्षेत्रीय केन्द्र इण्डियन इंस्टीट्यूट ऑफ केमिकल बायलॉजी चयनात्मक सूचना प्रसार सेवा का आयोजन करने में अधिक सक्रिय रहा है।

नियोजन, समन्वय तथा अन्य क्रियाकलाप

अन्य क्रियाकलापों के अन्तर्गत इन्सडॉक का योगदान निम्नलिखित क्षेत्रों में बढ़ा है।

(1) परामर्श सेवाएँ—सेवाओं एवं सूचना-प्रणालियों की व्यवस्था तथा आयोजन में इन्सडॉक अन्य संस्थाओं को प्राविधिक परामर्श भी प्रदान करता है। इन्सडॉक के विशेषज्ञ एवं अधिकारी अनेक परामर्शदात्री तथा विशेषज्ञ समितियों से सम्बद्ध हैं।

(2) श्रव्य एवं दृश्य सेवाएं—सूचना का उपयोग करने हेतु इन्सडॉक उपयोगकर्ता के लिए प्रशिक्षण टेप तैयार करता है। अन्य वैज्ञानिक संस्थाओं के अनुरोध पर उनके कार्यक्रमों के लिये टेपों/स्लाइड (Slides) को तैयार किया जाता है।

(3) राष्ट्रीय एवम् अन्तर्राष्ट्रीय संस्थाओं में सम्बन्ध—इसका सम्बन्ध इन्टरनेशनल फेडरेशन फॉर डाक्यूमेन्टेशन से है। यूनेस्को के सामान्य सूचना कार्यक्रम में इन्सडॉक की महत्त्वपूर्ण भूमिका है। यूनेस्को की परियोजनाओं में इन्सडॉक एक सहयोग केन्द्र के रूप में कार्यरत है। इन्सडॉक को शब्दावलियों के संकलन तथा एशिया एवं प्रशान्त महासागर के क्षेत्रों में चल रहे शोधों की सूचनात्मक स्रोतों की सूची प्रस्तुत करने का कार्य दिया गया है। विनीती (VINITI) से इसको पूर्ण सहयोग प्राप्त है। द्विपक्षीय विनिमय कार्यक्रमों में इन्सडॉक अधिकांशतः यूरोपीय एवं अन्य देशों से विनिमय सम्बन्ध स्थापित किए हुए है।

एक राष्ट्रीय केन्द्र के रूप में इन्सडॉक इन्टरनेशनल सीरियल्स डेटा सिस्टम (ISDS) के भारत में प्रकाशित पत्रिकाओं/धारावाहिकों के इन्टरनेशनल स्टैण्डर्ड सीरियल नम्बर (ISSN) का पंजीकरण एवं निर्धारण करता है। सार्क देशों (SAARC) के प्रलेखन केन्द्रों का इन्सडॉक एक केन्द्र बिन्दु है। इन्सडॉक राष्ट्रीय सूचना विकास के कार्यक्रमों एवं नियोजनों में अपना सहयोग प्रदान करता है जिसमें "NISSAT, NIC, ENVIS, DRDO (DESIDOC), DOE, ICAR, ICMR, NASSDOC, BARC, IARI, NML, इलेक्ट्रोनिक्स आयोग के नेशनल इन्फार्मेटिक्स सेन्टर (National Informatics Centre of Electronics Commission) एवं इन्डियन स्टैण्डर्ड ब्यूरो" मुख्य हैं।

(4) शोध एवं विकास—सूचना विज्ञान के क्षेत्र में इन्सडॉक अनेक अनुसंधानों एवं गहन अध्ययनों को सम्पन्न करता है। 'बिब्लियोमेट्रिक्स', शब्दावलियों की रूपरेखा एवं अभिकल्प सूचना का आर्थिक पक्ष तथा उपयोगकर्ताओं के अध्ययन आदि पर अनुसंधान एवं गहन अध्ययन किया जाता है। वैज्ञानिक एवं प्रौद्योगिकी सूचना एवं प्रलेखन सेवा के क्षेत्र में इन्सडॉक वस्तुतः एक प्रमुख राष्ट्रीय संस्था है जिसका महत्त्व अन्तर्राष्ट्रीय स्तर पर भी है। इसमें कार्यरत प्राविधिक प्रशासनिक तथा अन्य कार्मिकों की संख्या लगभग 600 है।

निष्कर्ष में हम कह सकते हैं कि इन्सडॉक देशभर के समस्त शोधार्थियों एवम् अध्येताओं को अनेकानेक सेवाएँ उपलब्ध करा रहा है।

5

राष्ट्रीय सामाजिक विज्ञान प्रलेखन केन्द्र

NASSDOC अर्थात् राष्ट्रीय सामाजिक विज्ञान प्रलेखन केंद्र वह संस्था है जिसकी स्थापना सन् 1969 में की गई थी। इसका मुख्य कार्यालय नई दिल्ली में है। इसका प्रमुख कार्य इन्सडॉक के कार्यों में मदद करना है। यह भारत सरकार की स्वायत्तशासी संस्था है। इसका मुख्य लक्ष्य एवं कार्य सामाजिक विज्ञानों के क्षेत्र में अनुसंधानों के क्रियाकलाप को प्रायोजित एवं प्रोत्साहित करना है। यह सामाजिक विज्ञानों के सूचना-प्रसार हेतु प्रलेखन के कार्य एवं सेवा का आयोजन करता है, जो नासडॉक के माध्यम से सम्पन्न होता है।

नासडॉक के कार्य

नासडॉक के प्रमुख कार्य निम्नवत हैं—

1. संदर्भ-सामग्रियों का संकलन तथा संग्रह—यह संस्था सन्दर्भ एवम् सूचना-सेवा के लिए आवश्यक सामाग्रियों का संकलन करने का कार्य करती है। भारतीय विश्वविद्यालयों द्वारा जिन प्रकरणों/विषयों पर शोध-उपाधियाँ स्वीकृत की जाती हैं, उन शोध प्रबंधों का संग्रह किया जाता है। उन शोध प्रबन्धों (Doctoral dissertationstheses) का भी संग्रह किया जाता है, जो भारतीय प्रकरणों से सम्बन्धित होते हैं और जिन्हें विदेशी विश्वविद्यालयों/संस्थाओं द्वारा स्वीकृत किया जाता है। अतः राष्ट्रीय एवम् अन्तर्राष्ट्रीय शोध पत्रिकाओं का संग्रह करने का कार्य किया जाता है।

यह संस्था सामाजिक विज्ञान के दूसरे अनुसंधान संस्थानों द्वारा उपलब्ध प्रतिवेदन का भी संग्रह कार्य करती है जिसके कारण शोध कार्यों में पारदर्शिता आती है। परिषद् द्वारा प्रदत्त अनुदानों से आयोजित गोष्ठियों तथा सम्मेलनों में प्रस्तुत एवं विवेचनाकृत आलेखों का भी संग्रह किया जाता है। सामाजिक विज्ञानों के क्षेत्र की अनुसंधानोपयोगी शोध पत्रिकाओं/सामयिकियों का संग्रह किया जाता है।

नासडॉक के प्रमुख कार्य निम्नवत हैं–

(1) विश्वविद्यालयी ग्रन्थालयों में परिषद् के सूचनात्मक एवं वाङ्मयात्मक सामग्रियों का एक 'कर्नर' (ISSR Corner) स्थापित करना, जिससे शोधार्थियों को आवश्यक सूचना प्राप्त हो सके।

(2) भारतीय सामाजिक विज्ञान अनुसंधान परिषद् के प्रकाशनों को शुल्क/निःशुल्क सुलभ करना तथा ग्रन्थ प्रदर्शनियों में भाग लेना।

(3) अनेक प्रकार के प्रकाशनों के विनिमय तथा आदान-प्रदान हेतु राष्ट्रीय तथा अन्तर्राष्ट्रीय संस्थाओं एवं संगठनों के कार्यक्रम में सम्मिलित होना। 2000 संस्थाओं से इस प्रकार का सम्बन्ध स्थापित किया गया है।

(4) प्रलेखन के क्षेत्र में प्रलेखन-सेवा तथा शोध-सूचना के लिए प्रस्तुत परियोजना-प्रस्तावों की प्रक्रियाबद्ध जांच करना; जिससे वित्तीय अनुदान एवं सहायता प्रदान की जा सके।

(5) सतत् शिक्षा कार्यक्रम (Continuing Education Programme) के अन्तर्गत समय-समय पर व्यावसायिक प्रशिक्षण पाठ्यक्रमों का आयोजन करना, इसका प्रमुख कारण कर्मचारियों को नव्य प्रणालियों की जानकारी देना था।

(6) शोधकर्ताओं को अपने शोध-प्रकरणों से सम्बन्धित सामग्रियों का एकत्रीकरण तथा अध्ययन के लिए अन्य ग्रन्थालयों का उपयोग करने हेतु अनुदान एवं आर्थिक सहायता प्रदान करना।

(7) सामाजिक विज्ञान संस्थानों को प्रलेखन एवं सूचना केन्द्रों की स्थापना में सलाह एवं दिशा-निर्देशन प्रदान करना।

(8) व्यावसायिक संगोष्ठियों/सम्मेलनों में शोध-आलेखों को प्रस्तुत करने तथा इनकी गतिविधियों में सक्रिय रूप से भाग लेने हेतु कर्मियों को सहायता एवं सुविधाएं प्रदान करना तथा कर्मियों को अल्पकालिक पुनश्चर्या (Short refresh courses) में भाग लेने हेतु प्रायोजित करना।

(9) अन्तर्राष्ट्रीय प्रलेखन एजेन्सियों को सामाजिक विज्ञान के विभिन्न विषयों के सम्बन्धित भारतीय प्रकाशनों की वाङ्मयात्मक सूचना प्रदान करना, जिससे

सामाजिक विज्ञान के विषयों में सार्वभौमिक वाङ्मयात्मक नियंत्रण में सुविधा प्राप्त हो सके। इस दृष्टि से नासडॉक, "इन्टरनेशनल कमेटी फॉर सोशल साइन्स इनफारमेशन एण्ड डाकूमेन्टेशन, पेरिस को आवश्यक सामग्रियाँ प्रदान करता है ताकि अन्तर्राष्ट्रीय पुस्तक सूचियों को एकल किया जा सके। नासडॉक मैड्रिड, स्पेन तथा पेरिस से प्रकाशित होने वाली वाङ्मय सूचियों—International Bulletin शिक्षा की अन्तर्राष्ट्रीय बुलेटिन की सन्दर्भ ग्रन्थ सूची और अन्तर्राष्ट्रीय भौगोलिक सन्दर्भ ग्रन्थ सूची के लिए आवश्यक सामग्री इकट्ठा करता है।

(10) अनुलिपियाँ तैयार करने तथा रिप्रोग्राफिक सेवा का आयोजन करना।

(11) शोधकर्ताओं तथा अन्य अध्येताओं के लिए वांछित प्रलेखों को चुनी हुई वांङ्मय सूचियों को सुलभ कराना।

(12) अनुरोध एवं मांग किये जाने पर अध्येताओं/उपभोगकर्ताओं को चुनी हुई वांङ्मय सूचियों को सुलभ कराना।

(13) अनुसंधान सूचना शृंखला के कार्यक्रम के अन्तर्गत अनेक प्रलेखों को प्रकाशित कर सामाजिक विज्ञान के क्षेत्र की सामग्रियों पर वाङ्मयात्मक नियंत्रण रखने का सक्रिय प्रयास करना नासडॉक का एक आवश्यक कार्यक्रम है। यह संस्थान इस प्रकार के कार्यों को सरल बनाने हेतु 70 आख्याओं को प्रकाशित कर चुका है।

नासडॉक पुस्तकालय में नॉसडाक की उपयोगिता

पुस्तकालय में नासडॉक की उपयोगिता निम्नवत है–

(i) परिषद् के प्रकाशन (ICSSR Publications)–नासडॉक के ग्रन्थालय में केवल वही पत्रिकाएँ व पुस्तिकाएँ रखी जाती हैं जिनका प्रकाशन परिषद् के द्वारा होता है। "Guide to books and journals aided published by ICSSR" से परिषद् के प्रकाशनों को ज्ञात किया जा सकता है।

(ii) शोध-प्रबन्धों एवं शोध-प्रतिवेदनों का संकलन–नासडॉक का ग्रन्थालय एक ऐसा ग्रन्थालय है जो शोधर्थियों हेतु प्रमाणित व सत्य सूचना प्रदान करता है। वर्तमान में 2500 शोध-प्रबन्धों तथा 1500 शोध-प्रतिवदेनों को संकलित किया गया है। दूसरी वाङ्मय सूची–Theses in SSDC and Research Project Reports in SSDC : and an Annotated Bibliography की आख्या से प्रकाशित की गई है।

(iii) सूक्ष्म आरूपों के प्रलेख–नासडॉक के ग्रन्थालय में सूक्ष्म आरूपों अर्थात् 'माइक्रोफिश/माइक्रोफिल्म' के आरूपों में–भारतीय प्रशासन की वार्षिकी, बाम्बे की

मानव विज्ञान की पत्रिका, आर्थिक क्रियाकलापों की पत्रिका, गुजरात समाजिक शोध संस्थान की पत्रिका, मनोवैज्ञानिक साहित्य इत्यादि लगभग दस कृतियों को उपलब्ध कराया गया है।

(iv) अन्तर-ग्रन्थालय संसाधन केन्द्र—जवाहरलाल नेहरू विश्वविद्यालय के सहयोग से 1975 में इस केन्द्र की स्थापना की गई थी। इसमें अनेक महत्त्वपूर्ण कृतियों को अन्य 38 ग्रन्थालयों से प्राप्त कर संकलित किया गया है, जो संदर्भ-सामग्री के रूप में पर्याप्त सूचनाप्रद हैं।

(v) सामयिकी साहित्य संग्रह—सामाजिक विज्ञान की सामयिकियों/पत्रिकाओं के लगभग एक लाख पूर्व खण्डों का संग्रह किया गया है। अधिकांश भारतीय सामाजिक विज्ञान की सामयिकियों को नियमित रूप से प्राप्त किया जाता है। इसमें प्राप्त तालिकाओं को प्रस्तुत करने की व्यवस्था है।

(vi) संदर्भ-स्रोतों का संकलन—नासडॉक की अनुसंधान सूचना शृंखला के अन्तर्गत संकलित एवं प्रकाशित—Bibliographies in SSDC : Reference in SSDC तथा Social Science Research Methodology : a bibliography संदर्भ उपकरण के रूप में सूचनाप्रद एवं ज्ञान के सन्दर्भ में महत्त्वपूर्ण कृतियाँ मानी जाती हैं। विश्वकोशों, वाङ्मय सूचियों, अनुक्रमणिकाओं तथा सारांशों एवं विषय शब्दकोशों का इसमें संकलन किया गया है। सामाजिक विज्ञान की शोधविधियों, सामाजिक संकेतों तथा अन्य विशिष्ट कृतियों का संकलन भी किया गया है।

नासडॉक एवं शोध सूचना प्रक्रिया

नासडॉक शोध सूचना शृंखला के अन्तर्गत सामाजिक विज्ञान की सामयिकियों की संघ-प्रसूचीयों संकलन को निम्नलिखित रूपों में स्पष्ट कर सकते हैं—

(1) सामाजिक विज्ञान सम्बन्धी अनुसंधानों के संस्थानों तथा व्यावसायिक संगठनों की निर्देशिकाओं का प्रकाशन—नासडॉक ने सामाजिक विज्ञान क्षेत्र के अनुसंधान संस्थानों तथा व्यावसायिक संगठनों की दो पृथक-पृथक निर्देशिकाओं का संकलन एवं प्रकाशन 1971 में किया था, जिसे अद्यतन भी किया गया है। इसे संदर्भ के लिए सूचना-पत्रकों पर भी उपलब्ध किया गया है।

(2) नियतकालिक सामाजिक विज्ञानों की संयुक्त सूची—मद्रास, बम्बई, बंगलौर तथा दिल्ली के ग्रन्थालयों में उपलब्ध पत्रिकाओं की संघ प्रसूचियां 4 खण्डों में तैयार की गई हैं। इसके अन्तर्गत 1985 में एक संघीय तालिका के अन्तर्गत 2009 आख्याओं को जो 30 ग्रन्थालयों से प्राप्त की गई थी को समावेशित किया गया।

(3) भारतीय सामाजिक विज्ञान सामयिकियों की पूर्वव्यापी संचयी अनुक्रमणिका—नासडॉक ने 240 पत्रिकाओं/सामयिकियों की पूर्वव्यापी संचयी अनुक्रमणिका तैयार करने की योजना 1976 में बनाई थी। 1970 तक के आलेखों की अनुक्रमणिका का संकलन एवं प्रकाशन किया गया है। अब तक शिक्षा, मनोविज्ञान, मानवशास्त्र तथा समाज विज्ञान सम्बन्धी पत्रिकाओं की अनुक्रमणिका के संकलन का कार्य पूरा हो गया है। इस श्रृंखला की दूसरी अनुक्रमणिका का खण्ड Index to Indian Periodicals : Sociology and Psychology "1915—1970)" होगा, जिसका प्रकाशन शीघ्र होने वाला है। यह योजना इतनी प्रभावी है कि इसकी सफलता से उन अनुसंधानकर्ताओं व अध्येताओं को 100 वर्ष पुराने वे तथ्य व प्रकाशित सामग्री प्राप्त हो सकेगी जो सामाजिक विज्ञान क्षेत्र से जुड़ी हैं। और इस अवधि की सामग्री पर वाङ्मयात्मक नियंत्रण भी सम्भव हो सकेगा। इस श्रृंखला में 'इन्डियन एजूकेशन इन्डेक्स" प्रकाशित किया जा चुका है।

(4) महात्मा गांधी वाङ्मय सूची—अंग्रेजी में गांधीजी से सम्बन्धित मोनोग्राफों की वाङ्मय सूची की आख्या के अन्तर्गत 1974 में प्रकाशित की गई, जो इसका प्रथम खण्ड है। नासडॉक का सदैव यही प्रयास रहा कि इस वाङ्मय सूची में हिन्दी, संस्कृत, बंग्ला व उर्दू जैसी प्रमुख भाषाओं को भी रखा जाए।

(5) दिल्ली ग्रन्थालयों में समाचार पत्रों की संयुक्त सूची—दिल्ली में स्थित 36 ग्रन्थालयों में संकलित एवं संग्रहीत किए जाने वाले 252 समाचार पत्रों की संघ प्रसूची तैयार की गई है। इसका प्रारम्भ 1978 में किया गया था। 1983 में इसे अद्यतन किया गया।

(6) सामाजिक विज्ञान श्रृंखलाओं की संयुक्त सूची—1970 में धारावाहिक प्रकाशनों की संघ-प्रसूचियों को संकलित करने की योजना तैयार की गई थी, जिसे 1976 में पूरा कर लिया था। 31,125 धारावाहिक प्रकाशनों की 32 खण्डों में प्रसूची तैयार की गई है जो राज्यों तथा केन्द्र द्वारा शासित क्षेत्रों के 550 ग्रन्थालयों में उपलब्ध है। राष्ट्रीय ग्रन्थालय, कलकत्ता की एक अलग धारावाहिक अनुक्रमणिका तैयार की गई।

सामयिकी की संचयी अनुक्रमणिकता की विशेषताएं

सामयिकी की संचयी अनुक्रमणिका की प्रमुख विशेषताएं इस प्रकार हैं—

(1) संघ-प्रसूची से किसी भी पत्रिका के खण्डों का विवरण तथा उसे उपलब्ध होने का स्थान ज्ञात हो जाएगा। इससे अध्येताओं को किसी वांछित सामग्री को प्राप्य स्थान से प्राप्त करने में सुविधा होगी।

(2) अन्तर-ग्रन्थालय संसाधन केन्द्र के द्वारा इन खण्डों का अभिगम प्राप्त होगा अथवा आलेखों की प्रतियों को उचित शुल्क पर प्रदान किया जा सकेगा।

(3) भारत में प्रकाशित सामयिकी, साहित्य के सौ वर्षों की सामग्री पर वाङ्मयात्मक नियंत्रण प्राप्त हो सकेगा और अध्येताओं को इससे पर्याप्त सूचना प्राप्त होगी।

(4) भारत के विभिन्न राज्यों तथा संघ शासित प्रदेशों से सम्बन्धित सामाजिक विज्ञान की अनुसंधान सामग्रियों को एक स्थान पर संग्रह करने के उद्देश्य से 1979 में क्षेत्रीय अध्ययन वाङ्मय सूचियों की परियोजना प्रारम्भ की गई थी। इसका लक्ष्य सम्बन्धित क्षेत्र के किसी भी रूप और किसी भाषा में उपलब्ध सामग्रियों को तालिकाबद्ध करना है, जिससे सम्बन्धित वाङ्मयात्मक सूचना ज्ञात हो सके। इसके अन्तर्गत दस हजार आख्याएँ भारतीय भाषाओं एवं अंग्रेजी में सूचीबद्ध की गई हैं। इस सूची में देशभर के लगभग 10 राज्यों की सामग्रियों की सूची बनाई गई है।

(5) भारत की क्षेत्रीय भाषाओं में उपलब्ध सामाजिक विज्ञान के सभी विषयों की शोध-सामग्रियों की वाङ्मय सूची तैयार करने की परियोजना चल रही है। गुजराती, हिन्दी, कन्नड़ एवं उड़िया भाषाओं में वाङ्मय सूचियों के संकलन की प्रक्रिया चल रही है। हिन्दी में 6000 संदर्भों, गुजराती में 2000 तथा उड़िया एवं कन्नड़ में 300 संदर्भों का विवरण तैयार किया जा चुका है।

नासडॉक द्वारा प्रायोजित एवं मदद प्राप्त परियोजनाएँ

परिषद् वाङ्मय सूचियों तथा अनुक्रमणिकाओं से सम्बन्धित द्वितीय श्रेणी के कार्य को भी सम्पन्न करता है। इसके निम्नवत कार्य हैं–

(1) ग्रन्थालयों एवं प्रलेखन केन्द्रों को वित्तीय सहायता–पत्रिकाओं के अधिग्रहण हेतु तथा एम. एम. राय के अभिलेखों को सुरक्षित रखने के लिए वित्तीय सहायता प्रदान की जाती है।

(2) प्रकाशन सहायता–महत्त्वपूर्ण एवं उत्तम कोटि की संदर्भ-कृतियों के प्रकाशन को प्रोत्साहित करने की दृष्टि से वित्तीय सहायता दी जाती है। ऐसी कृतियों के निम्नलिखित उदाहरण हैं–

नूतन कार्यक्रम

भारतीय सामाजिक विज्ञान अनुसंधान परिषद् द्वारा कुछ नवीन कार्यक्रम शुरू किये गये हैं तथा नासडॉक इसके लिए सतत प्रयत्नशील है। इनको निम्नवत बिन्दुओं के माध्यम से स्पष्ट किया जा सकता है–

(1) सेवाओं का यंत्रीकरण—यह एक ऐसा महत्त्वपूर्ण डाटा बेस तैयार करता है कि जिसके आधार पर अनुसंधान स्रोत, पत्रिकाओं, प्रतिवेदनों व शोध प्रबन्धों की समस्याओं को दूर किया जाता है। जिसके लिए दो पी सी (कम्प्यूटर) ''केबी मेमोरी'' 256 तथा 640 हैं, को स्थापित किया गया है। भारत में सामाजिक विज्ञान की उपलब्ध सामग्रियों को डेटाबेस के आरूप में लाने का यह वृहत कार्यक्रम है। ''यूनियन लिस्ट ऑफ करेट सोशल साइंश पिरियाडिकल्स'' को पहले से ही ''फ्लापीज'' में संग्रहीत कर लिया गया है।

(2) कार्यक्रमों का क्रियान्वयन—जिन कार्यक्रमों को परिषद् के अधीन प्रारम्भ किया गया था, और जिन्हें किसी कारणवश निरस्त अथवा स्थगित कर दिया गया था, उन्हें पुनः प्रारम्भ करने का कार्यक्रम प्रारम्भ किया गया है। इसमें—पूर्वव्यापी अनुक्रमणिकाकरण (Retrospective Indexing), संघ-प्रसूचियां (Union Catalogues), अन्तर-ग्रन्थालय संसाधन केन्द्र तथा सामाजिक विज्ञान के क्षेत्र की केन्द्रीय अनुक्रमणिकाकरण सेवाओं, सारांशीकरण सेवाओं एवं शासकीय प्रकाशनों के विक्रय के प्रोत्साहन आदि को पुनः सक्रिय एवं क्रियान्वयन करना इस कार्यक्रम का लक्ष्य है।

(3) अनुसंधान परियोजनाओं के डेटाबेस—सामाजिक विज्ञान क्षेत्र की अनुसंधान-परियोजनाओं का डेटावेस तैयार करने का लक्ष्य इस कार्यक्रम के अन्तर्गत सम्मिलित है जिसमें समस्त प्रक्रियाएं गतिशील होती हैं।

(4) चयनात्मक सूचना प्रसार सेवा—चयनात्मक सूचना प्रसार सेवा के आयोजन का प्रमुख कारण विशेषज्ञों व शोधकर्ताओं की उन प्रोफाइलों को निर्मित करना है जो आवश्यक सूचना हेतु अनिवार्य हैं।

(5) अन्तर्राष्ट्रीय स्तरों पर नासडॉक का प्रतिनिधित्व—इसका प्रमुख कार्य प्रलेखन सूचना तथ्य ग्रन्थालय का अन्तर्राष्ट्रीय निर्देशन है।

(6) क्षेत्रीय सहयोग—क्षेत्रीय कार्यक्रमों में नासडॉक की प्रमुख भूमिका होती है। एशिया पेसिफिक इन्फार्मेशन नेटवर्क इन सोशल साइंसेज को यूनेस्को एवम् सार्क के अधीन प्रारम्भ किया है। इसकी गतिविधियों से अवगत करने हेतु नासडॉक "APINESS Newsletter" का प्रकाशन कर रहा है।

(7) प्रशिक्षण कार्यक्रम— नवीन गतिविधियों, प्रलेखन तथा सूचना विज्ञान की उपलब्धियों एवं सेवा-पद्धति के नव विकासों से अवगत एवं चैतन्य रखने हेतु नासडॉक अनेक प्रशिक्षण के कार्यक्रमों को आयोजित करता है। यह बहुत ही आवश्यक है कि सामयिक अभिरुचि को ध्यान में रखा जाए, क्योंकि वर्तमान समय

में इसकी उपयोगिता बढ़ रही है। इस कार्यक्रम के अन्तर्गत प्रबंध सूचना प्रणाली, प्रलेखन केन्द्र एवम् पुस्तकालय सामाजिक विज्ञानों में अनुक्रमणिका बनाने वाली कम्प्यूटर अप्लीकेशन के अल्पकालिक कार्यक्रम काफी समय पहले ही आयोजित हो चुके थे।

(8) संसाधनों की सहभागिता—अनावश्यक रूप से सामग्रियों की पुनरावृत्ति से बचने के लिए संसाधनों की सहभागिता तथा साझेदारी का कार्यक्रम क्रियान्वित करने का प्रयास किया जा रहा है। यह प्रयास किया जा रहा है कि विकास को ध्यान में रखते हुए अर्थशास्त्र, राजनीति विज्ञान में इसे प्रारम्भ किया जाए।

(9) माइक्रोफिल्म बनाना—शोध-सामग्रियों की माइक्रोफिल्म तैयार करके शोधकर्ताओं के लिए त्वरित प्रलेख आपूर्ति एवं वितरण सेवाओं के लिए सक्रिय प्रयास किए जा रहे हैं। ''फोटोकापियर'' तथा ''माइक्रोफिल्म रीडर-प्रिन्टर'' के भी उपकरणों की व्यवस्था नासडॉक ने की है।

भविष्य के कार्यक्रम

भविष्य में अपने कार्यक्रमों के आयोजन हेतु नासडॉक ने निम्नलिखित दो योजनाएं बनाई हैं—

(1) राष्ट्रीय सूचना तंत्र—जिससे सामग्रियों को माइक्रोफिल्म के आरूप में भी उपलब्ध किया जा सके और उनका संकलन भी तैयार किया जा सके।

(2) माइक्रोफिल्म यूनिट का निर्माण—जिससे सामग्रियों को माइक्रोफिल्म के आरूप में भी उपलब्ध किया जा सके और उनका संकलन भी तैयार किया जा सके।

नासडॉक द्वारा प्रकाशित निम्नलिखित शृंखलाएं इस प्रकार हैं—

नासडॉक डाकेट्स (मासिक), पृष्ठ तैयार करने की नियतकालिका (द्विवार्षिक), सामाजिक विज्ञान समाचार पत्र (हिन्दी मासिक), सामाजिक विज्ञान समाचार पत्र (मासिक), सामाजिक विज्ञान अनुसंधान अनुक्रमणिका (अनियत कालीन), सन्दर्भ ग्रन्थ सूची पुनर्मुद्रित, अधिग्रहण अद्यतन (मासिक), घटनाओं की भारतीय डायरी (साप्ताहिक)।

निष्कर्ष में राष्ट्रीय सामाजिक विज्ञान प्रलेखन केन्द्र ने अध्येताओं व शोधकर्ताओं के लिए सामग्री उपलब्ध कराने का हर संभव प्रयास किया है।

6

प्रतिरक्षा वैज्ञानिक सूचना तथा प्रलेखन केन्द्र

भारत सरकार ने वैज्ञानिक सूचना ब्यूरो की स्थापना प्रतिरक्षा शोध एवम् विकास संगठन को सहयोग प्रदान करने हेतु की। यह संस्था केन्द्रीय रक्षा मंत्रालय का अभिन्न अंग है। इस संस्था का पुनर्गठन सन् 1967 में किया गया। इसके कार्य क्षेत्रों को विस्तृत किया गया। वर्तमान समय में प्रतिरक्षा वैज्ञानिक सूचना एवं प्रलेखन केन्द्र सन् 1970 से प्रतिरक्षा अनुसंधान एवं विकास संगठन एक संस्था के रूप में कार्यरत है। इसका एक स्वतन्त्र निदेशक है। डेसीडॉक मेटकॉफ हाउस दिल्ली में स्थित है। वैज्ञानिकों द्वारा जितने भी प्राविधिक प्रस्तुतिकरण भारत सरकार के प्रतिरक्षा मंत्रालय, नई दिल्ली को दिए जाते हैं, उनमें डेसीडॉक की सेवाओं तथा क्रिया-कलापों का उल्लेख होता है। प्रतिरक्षा अनुसंधान एवं विकास संगठन के मुख्य कार्यालय द्वारा भी प्राविधिक एवं वैज्ञानिक प्रलेखों का प्रकाशन किया जाता है।

प्रतिरक्षा वैज्ञानिक सूचना एवम् प्रलेखन के कार्य एवम् लक्ष्य

डेसीडॉक 'प्रतिरक्षा अनुसंधान एवं विकास संगठन' का एक अभिकरण है जो प्रतिरक्षा अनुसंधान के वैज्ञानिकों हेतु प्रकाशित एवं अप्रकाशित सभी स्रोतो से वैज्ञानिक एवं तकनीकी सूचनाओं के संग्रह का कार्य करता है। इन सूचना-सामग्रियों को न केवल प्रतिरक्षा अनुसंधान संगठन की प्रयोगशालाओं तथा संगठनों में प्रसारित एवं वितरित करना डेसीडॉक का कार्य है, बल्कि प्रतिरक्षा मंत्रालय की अन्य

एजेन्सियों, जैसे—प्रतिरक्षा उत्पादन विभाग, प्रतिरक्षा आपूर्ति विभाग तथा प्रतिरक्षा सार्वजनिक उपक्रम खण्ड को भी उन सूचना-सामग्रियों से अवगत करना तथा इसके लिए उनका प्रसार करना डेसीडॉक का प्रतिरक्षा वैज्ञानिक सूचना एवम् प्रलेखन केन्द्र का प्रमुख कार्य है। यह विज्ञान एवम् तकनीकी कार्यों से सम्बन्धित प्रणालियों को विकसित करता है। प्रतिरक्षा की आवश्यकता की पूर्ति के लिए उपयुक्त सूचना विज्ञान के अनुसंधान एवं विकास के कार्य को सम्पन्न करना भी इससे अपेक्षित है। ग्रन्थालय एवं सूचना क्रियाकलापों का आयोजन एवं समन्वय करना भी डेसीडॉक का कार्य है।

डेसीडॉक के प्रमुख कार्य निम्नवत कार्य इस प्रकार हैं—

(1) सूचना का प्रक्रियाकरण— डेसीडॉक द्वारा जिन स्रोतों से जितने प्रकार की सूचना सामग्रियों का संग्रहण किया जाता है, उन्हें अनेक स्वरूपों में प्रक्रियाबद्ध किया जाता है। जैसे—सारांशों (abstracts), अनुक्रमणिकाएं (indexes), संक्षिप्त सार (digests), प्रतिवेदन का संक्षिप्त स्वरूप, सामयिक चेतना सेवाएं आदि, जिनके माध्यम से सूचनात्मक सामग्रियों का प्रसार एवं सम्प्रेषण किया जाता है।

(2) सूचना संग्रह—वैज्ञानिकों के सहयोग हेतु डेसीडॉक का मुख्य कार्य प्रतिरक्षा की आवश्यक सभी वैज्ञानिक एवं तकनीकी सूचनाओं को उपलब्ध करना है। डेसीडॉक के अधीन प्रतिरक्षा विज्ञान ग्रन्थालय (Defence Science Library) पुस्तकों, पत्रिकाओं, प्रतिवेदनों एवं पेटेन्टों आदि का अधिग्रहण करता है, जो सूचना-सेवाओं के आयोजन का मूल आधार है। डेसीडॉक के सूचना वैज्ञानिक इस ग्रन्थालय में प्राप्त की जाने वाली सामग्रियों/प्रलेखों को नियमित रूप से अवलोकन एवं विश्लेषण करते हैं एवम् रक्षा अनुसंधान विकास संस्थान की विभिन्न परियोजनाओं तथा क्रियाकलापों से सम्बन्धित सूचना का संग्रह करते हैं। वर्तमान में इस ग्रन्थालय में 800 नवीन सामयिकियों को नियमित रूप से प्राप्त किया जाता है, जो रूसी, फ्रेन्च, जर्मन, जापानी, चीनी तथा अंग्रेजी की होती हैं। पत्रिकाओं के साथ-साथ विश्व की अनेक-भाषाओं में प्राप्त लेखों का भी संग्रह किया जाता है।

(3) सूचना का सम्प्रेषण एवं प्रसार—डेसीडॉक के अधिकारियों एवम् विशेषज्ञों को रक्षा वैज्ञानिकों द्वारा जरूरी सूचनाओं की मांग पर उन्हें महत्त्वपूर्ण सूचनाएं उपलब्ध करवानी पड़ती हैं। सूचना प्रत्याशा सेवा (A.I.S.) के उद्देश्य से डेसीडॉक सारांशों एवं अनुक्रमणिकाओं के बुलेटिन प्रकाशित करता है। चयनात्मक सूचना प्रसार सेवाएं, प्रतिवेदनों के संक्षिप्त स्वरूप, प्राविधिक सार आदि का भी आयोजन डेसीडॉक सक्रियता के साथ करता है। रक्षा एवम् अनुसंधान विकास परिषद्

के कार्यालय तथा प्रयोगशालाओं के उपयोगकर्ताओं, प्रतिरक्षा मंत्री के वैज्ञानिक परामर्शदाता एवं अनुसंधान तथा विकास के मुख्य नियंत्रकों को वांछित एवं उपयुक्त सूचना प्रदान करने के लिये डेसीडॉक निरन्तर साहित्य की खोज करता रहता है।

देश में प्रतिरक्षा के विषयों से सम्बन्धित किए जा रहे अनुसंधान एवं अध्ययन से अवगत करने तथा प्रतिरक्षा विज्ञान को लोकप्रिय बनाने की दृष्टि से डेसीडॉक कुछ सामान्य सामयिकियों का प्रकाशन भी करता है, जिनके द्वारा इन सूचनाओं की सामग्री का प्रचार-प्रसार किया जाता है। प्रतिवेदनों, पेटेन्टों एवं पत्रिकाओं व अन्य रूप में प्राप्त बाह्य सूचनाओं के प्रसारण के अतिरिक्त डेसीडॉक DRDO की प्रयोगशालाओं तथा संस्थाओं में जिस प्रकार की सूचना तथा ज्ञान सामग्रियां अनुसंधान आदि के रूप में प्रस्तुत की जा रही हैं, उनसे प्रतिरक्षा सेवाओं में कार्यरत उपयोगकर्ताओं की सुरक्षा की स्थिति को दृष्टिगत रखते हुए, अवगत एवं चैतन्य करने का प्रत्येक संभव प्रयास करता है। इस प्रकार की आन्तरिक सूचना प्रसार के लिए पृथक-पृथक बुलेटिन डेसीडॉक प्रकाशित करता है।

डेसीडॉक के अन्य कार्य— डेसीडॉक के प्रमुख कार्य निम्नवत हैं—

(1) प्रतिरक्षा की आवश्यकता के अनुसार सूचना विज्ञान में अनुसंधान एवं विकास का कार्य।

(2) परामर्श कार्य तथा DRDO के ग्रन्थालय एवं सूचना के क्रियाकलापों का समन्वय करना आदि प्रमुखतः सम्मिलित है।

(3) प्रलेखन/सूचना के विषय का प्रशिक्षण।

सामान्य समस्याओं पर विचार-विमर्श तथा उसका हल निकालनें के लिए डेसीडॉक ग्रन्थालयों तथा प्राविधिक सूचना केन्द्रों के अध्यक्षों की बैठकों को आयोजित करता है। इस प्रकार डेसीडॉक रक्षा से सम्बन्धित विभागों व संगठनों से सम्पर्क भी स्थापित करता है।

डेसीडॉक की सूचना सामग्रियां एवम् उनका वर्गीकरण—सूचना के पैकेज के रूप में डेसीडॉक निम्नांकित ढंग से सूचना का प्रसार-करता है—

(1) डिफेन्स रिपोर्ट्स अब्स्ट्रैक्ट्स (Defence Reports Abstracts Bimonthly)—प्रत्येक-अनुसंधान एवं विकास संगठन के प्राविधिक प्रतिवेदन प्राथमिक सूचना के महत्त्वपूर्ण स्रोत होते हैं। अमेरिका के नासा (NASA), नटिस (NTIS), रैन्ड (RAND) और ब्रिटेन के DRIC पर्याप्त मात्रा में प्राविधिक प्रतिवेदन प्रस्तुत करते हैं। वैज्ञानिकों के लिए इनके प्रतिवेदन पर्याप्त महत्त्वपूर्ण होते हैं। अतः इस बुलेटिन को प्रकाशित किया जाता है, जिसमें इन सारांशों तथा प्राविधिक

प्रतिवेदनों का विवरण प्रस्तुत किया जाता है। सारांशीकरण पत्रिक इस दृष्टि से बहुत महत्त्वपूर्ण सिद्ध होती है।

(2) डेसीडॉक लिस्ट (DESIDOC List—Bi-monthly)— डेसीडॉक लिस्ट एक अनुक्रमणिकाकरण सामयिक है जिसका प्रकाशन डेसीडॉक द्वारा पात्रिका के रूप में होता है, जिसके अन्तर्गत प्रतिरक्षा विज्ञान एवं अभिरुचि के प्रकरणों पर सामयिक पत्रिकाओं में जो आलेख प्रकाशित होते हैं, उनके सन्दर्भों/उद्धरणों को प्रस्तुत किया जाता है। इन सन्दर्भों को प्रमुख शब्दों की अनुक्रमणिका (key-word index) के रूप में विषयानुसार आंकलित किया गया है।

(3) चयनात्मक सूचना प्रसार सेवाएं (SDI Services)— यह व्यक्तिगत सेवा का एक प्रकार है जो प्रतिरक्षा वैज्ञानिकों, अनुसंधानकर्ताओं व विश्लेषकों को उनकी इच्छा एवं आवश्यकतानुसार उपलब्ध कराई जाती है। अब तक SDI सेवा मात्र DRDO के प्रमुख अधिकारियों तक ही सीमित थी। 15 प्रोफाइलों (profiles) की कम्प्यूटर के माध्यम से प्रस्तुत SDI सेवा का आयोजन आजकल किया जाता है। अनुसंधान एवं विकास की अनेक परियोजनाओं की पूर्ति की दृष्टि से प्रतिवर्ष 100 से अधिक प्रोफाइलों को प्रस्तुत करने की तैयारी की जा रही है।

(4) पेटेन्टस इनफारमेशन एलर्ट (Patents Information AlertBimonthly) —पेटेन्ट, अनुसंधान एक विकास कार्य के लिये एक महत्त्वपूर्ण स्रोत है। अतः इस क्षेत्र में सारांशीकरण सेवा के रूप में "पेटेन्ट्स इन्फार्मेशन एलर्ट" द्विमासिक पत्रिका के रूप में प्रकाशित की जाती है, जिसमें विदेशी एवं भारतीय पेटेन्टों का विवरण दिया जाता है। इस बुलेटिन के माध्यम से रक्षा वैज्ञानिकों को विभिन्न देशों के स्वीकृत पेटेन्टों की जानकारी उनकी अभिरुचि के अनुसार प्राप्त होती है। वैज्ञानिकों एवं उपयुक्त व्यक्तियों द्वारा माँग किये जाने पर डेसीडॉक पेटेन्टों की विवरणों की प्रतियां भी उपलब्ध कराता है।

(5) प्रतिवेदनों का प्रस्तुतीकरण (State of the Art. Reports)— विशेषज्ञों तथा इस क्षेत्र से सम्बन्धित अन्य उपयोगकर्ताओं को जानकारी प्रदान करने हेतु डेसीडॉक ने निम्नांकित प्रतिवेदनों को प्रकाशित किया है–

थर्मल इमेजिंग प्रणाली, आगामी शताब्दियों में प्रतिरक्षा एवम् अनुसंधान, रिमोतली पिलोटेड वेहिकल्स, रेक नेसन्स सेन्सर प्रणाली, चीनी अन्तरिक्ष कार्यक्रम, फाल्क-लैण्डस् युद्ध : ए लिटरेचर सर्वे रिपोर्ट।

साहित्यों की खोजबीन

डेसीडॉक का प्रमुख कार्य उपयोगकर्ताओं द्वारा सूचनाओं के माँग पर जरूरी

साहित्यों को उपलब्ध करवाना प्रायः इस सेवा सम्बन्धी अनुरोध प्राप्त होने पर चुने हुए सन्दर्भों की जानकारी प्रदान की जाती है। प्रायः पूर्ण सारांश सहित सन्दर्भों अथवा पूरी सामग्री की फोटो कॉपी की प्रतियों को सुलभ कराया जाता है। यह वांछित सामग्रियों का अनेक स्रोतों से अन्वेषण करने के पश्चात् उपलब्ध कराया जाता है। डेसीडॉक एक प्रकार का प्राविधिक पुस्तकालय भी कहा जाता है और ग्रन्थालय भी। यह प्रतिरक्षा-विषयों से सम्बन्धित संकलन का एक समृद्ध एवं अद्यतन सामग्रियों से युक्त ग्रन्थालय है। इसके संकलन में 40,000 पुस्तकें, 40,000 प्राविधिक प्रतिवेदन तथा शोध-पत्रिकाओं के 14,000 सजिल्द खण्ड सम्मिलित हैं। अन्य प्रकार के विनिर्दिष्टों, मानकों, पेटेन्टों तथा रिप्रिन्टों को मिलाकर सम्पूर्ण संकलन 1 लाख 40 हजार के प्रलेखों का है। इस ग्रन्थालय से प्रतिरक्षा अनुसंधान एवं विकास संगठन के सभी निदेशालयों, रक्षा विज्ञान केन्द्र, तथा सभी प्रयोगशालाओं एवं संगठनों की सेवाएं उपलब्ध कराने का कार्य भी होता है।

संघ सूचियाँ

डेसीडॉक के ग्रन्थालयों की सामग्रियों की पहुँच सरल बनाने हेतु डेसीडॉक संघ-प्रसूचियों की पहुँच सरल बनाने हेतु डेसीडॉक संघ प्रसूचियों के सहयोग से विभिन्न प्रदर्शनियों का भी आयोजन करता है। प्रतिरक्षा-विज्ञान के ग्रन्थालयों की शोध-पत्रिकाओं की संघ-सूची "List of Holdings of Periodicals in the Defence Science Library" प्रकाशित की जा चुकी है। D.R.D.O. के ग्रन्थालयों की शोध-पत्रिकाओं की संघ-प्रसूची शीघ्र प्रस्तुत की जाने वाली है। इस सम्बन्ध में अन्य सामग्रियों को शामिल कर ऐसी सूचियाँ बनाने की योजना बनाई गई है।

तकनीकी सूचना केन्द्र—प्रतिरक्षा अनुसंधान एवं विकास संगठन के निदेशालयों की सामयिक वैज्ञानिक सूचना एवं ग्रन्थालय-सेवाओं की पूर्ति के लिए, सेना भवन, नई दिल्ली में प्राविधिक सूचना केन्द्र की स्थापना की गई है। इसमें 200 चुनी हुई पत्रिकाओं को नियमित रूप से मंगवाया जाता है। इसमें महत्त्वपूर्ण कृतियों का शानदार संकलन होता है।

अनुवाद सेवाएं

विश्वभर के वैज्ञानिक साहित्य का 40 से 50 प्रतिशत हिस्सा अंग्रेजी के अलावा अन्य भाषाओं में प्रकाशित होने की सम्भावना है। इन अन्य भाषाओं में प्रकाशित वैज्ञानिक एवं प्रतिरक्षा साहित्य की जानकारी से लाभान्वित करने के लिए

डेसीडॉक अनुदित साहित्य-सेवा का आयोजन करता है। वह चीनी, जापानी, रूसी, जर्मन तथा फ्रेन्च में प्रकाशित सामग्रियों/आलेखों की अंग्रेजी में अनुदित प्रतियों को सुलभ करता है। उपयोगकर्ताओं की माँग पर डेसीडॉक द्विभाषिक सेवाओं को प्रदान करने का प्रबन्ध करता है।

डेसीडॉक ने इस कार्यों को आसान बनाने के लिए निम्नवत दो कार्य किए—

(1) विदेशी भाषा की पत्रिकाओं का विज्ञान सारांश—आवश्यकता पड़ने पर रक्षा सामग्रियों की अनुदित प्रतियों के अतिरिक्त, डेसीडॉक प्रतिरक्षा विषय की चुनी हुई विदेशी पत्रिकाओं के आलेखों, जो प्रतिरक्षा अनुसंधान एवं विकास संगठन के लिए उपयोगी हैं के सारांशों को भी तैयार करता है। इन सारांशों का त्रैमासिक बुलेटिन "साइन्स आब्स्ट्रैक्ट्स फ्राम फारेन लैंग्वेज जर्नलस्" के द्वारा बांटी जाती है।

(2) अनुवाद बैंक— डेसीडॉक द्वारा अनुवाद बैंक की स्थापना अनुवाद कार्य में पुनरावृत्तियों को रोकने के लिये की गई है। इसके अन्तर्गत डेसीडॉक द्वारा अनुदित प्रतियां तथा अन्य भारतीय अनुवाद एजेन्सियों द्वारा अनुदित आलेखों/सामग्रियों को संग्रहीत किया जाता है। यदि अनुदित प्रति उपलब्ध है तो उसे अनुरोध पर प्रदान किया जाता है, अन्यथा उपलब्ध न होने ही स्थिति में डेसीडॉक इसकी व्यवस्था करता है।

डेसीडॉक के सूचनाप्रद प्रकाशन

प्रतिरक्षा अनुसंधान एवं विकास संगठन की तरफ से छः पत्रिकाओं को प्रकाशित करता है जिसके उद्देश्य निम्न प्रकार हैं—(1) देश में प्रतिरक्षा से सम्बन्धित अनुसंधान कार्यों के परिणामों को सम्प्रेषित एवं प्रसारित करना; (2) रक्षा अनुसंधान एवम् विकास संगठन के योगदानों तथा नवीन विकासों से उपयोगकर्ताओं को अवगत करना; तथा (3) प्रतिरक्षा विज्ञान को लोकप्रिय बनाना। उपरोक्त पत्रिकाओं का विवेचन निम्न प्रकार है—

1. रक्षा अनुसंधान एवम् विकास संगठन का समाचार पत्र (साप्ताहिक)—यह रक्षा अनुसंधान एवम् विकास परिषद् का आन्तरिक बुलेटिन है, जो उसके अनेक क्रियाकलापों की सूचना व समाचार प्रस्तुत करता है।

2. डेसीडॉक बुलेटिन— इस बुलेटिन द्वारा डेसीडॉक की सेवाओं की सूचन दी जाती है। इसमें डेसीडॉक द्वारा आयोजित अनुदित सामग्रियों की तालिका भ प्रकाशित की जाती है. प्रलेखन एवं सूचना-विज्ञान के प्रकारणों की आवश्यव प्राविधियों का भी इसमें उल्लेख किया जाता है।

3. डिफेन्स साइन्स जर्नल—इसमें विज्ञान के विभिन्न विषयों से सम्बन्धित लेखों का प्रकाशन किया जाता है। यह एक त्रैमासिक पत्रिका है, जो प्रतिरक्षा विज्ञान से सम्बन्धित होती है। आलेखों की समीक्षाएं भी इसमें प्रकाशित होती हैं। प्रमुख वैज्ञानिकों एवं विशेषज्ञों के आलेख विशिष्ट अंक के रूप में भी 1984 से प्रकाशित हो रहे हैं।

4. आर. एण्ड डी. बुलेटिन— वैज्ञानिकों एवं सैनिकों के मध्य संप्रेषण के अभाव की पूर्ति का कार्य यह त्रैमासिक पत्रिका करती है।

5. आर. एण्ड डी. डाइजेस्ट—रक्षा अनुसंधान एवम् विकास संगठन की उपलब्धियों से रक्षाकर्मियों को अवगत कराना इस पाक्षिक पत्रिका का उद्देश्य है।

6. पापुलर साइन्स एण्ड टेक्नॉलॉजी—इस अर्धवार्षिक पत्रिका का प्रकाशन, सैनिकों, सशस्त्र सेनाओं को सूचना के लिये व उनमें प्रतिरक्षा विज्ञान की लोकप्रियता बढ़ाने के लिये होता है।

प्रतिरक्षा की कम्पूयटरीकृत सूचना सेवाएं

प्रतिरक्षा अनुसंधान एवं विकास संगठन (DRDO) की वैज्ञानिक सूचना की आवश्यकता इतनी विविधतापूर्ण है कि मानव-श्रम से सूचना का प्रक्रियाकरण तथा प्रसार समुचित ढंग से समुचित मात्रा में नहीं हो पाता है। अतः डेसीडॉक ने अपने क्रियाकलापों को कम्प्यूटरीकृत करने की व्यवस्था की है, जो निम्नवत है—

(i) सूचना पुनर्प्राप्ति विधि—प्रतिरक्षा वैज्ञानिक सूचना एवम् प्रलेखन केन्द्र अपने संगठनों के ग्रन्थालयों, प्राविधिक सूचना केन्द्रों तथा सभी प्रतिरक्षा अनुसंधान प्रयोगशालाओं को कम्प्यूटरीकृत सूचनाएँ नेटवर्क के रूप में संगठित करने की योजना तैयार कर चुका है। इसके अन्तर्गत सभी सामग्रियों को डेटाबेसों के रूप में प्रस्तुत किया जाएगा।

(ii) सूचना का कम्प्यूटरीकरण— दिल्ली स्थित डी.आर.डी.ओ. में उपलब्ध "प्राइम 750 सिस्टम" के माध्यम से डेसीडॉक ने वैज्ञानिक-सूचना को डेटाबेसों के प्रारूप में प्रस्तुत करने, 'ऑनलाइन' खोज करने तथा सूचना की पुनर्प्राप्ति के लिए 'साफ्टवेयर' को विकसित किया है। जिन प्रलेखों को डेसीडॉक के ग्रन्थालय में प्राप्त किया जाता है, उनके आधार पर डेटाबेस में सामग्रियों को समाहित किया जाता है। कम्प्यूटर के माध्यम से साफ्टवेयर तथा डेटाबेस से एस. डी. आई. सेवाओं तथा पूर्वव्यापी सूचना सेवा का लाभ उठाया जाता है। अन्तर्राष्ट्रीय डेटाबेसों को 'ऑनलाइन' अभिगम के रूप में उपयोग करने हेतु डेसीडॉक निरन्तर कोशिश कर रहा है।

(iii) मुद्रण सेवाएं—अनेक प्रकार के प्रलेखों, सूचना प्रसार बुलेटिनों एवं प्रतिवेदनों को अनेक प्रकार की मुद्रण विधियों से प्रकाशित किया जाता है।

(iv) छायाचित्र एवं दृश्य उपकरण—डेसीडॉक "रिप्रोग्राफिक" सेवाओं का आयोजन कर प्रतिरक्षा वैज्ञानिक सूचना एवम् प्रलेखन केन्द्र प्रलेखों के छायाचित्रों को भी उपलब्ध कराता है। इसके लिए "माइक्रोफिल्म", "फोटोग्राफी", "फोटोस्टेट" तथा "प्लेन पेपर कापीयर" की मशीनों का उपयोग किया जाता है। रंगीन प्रिंटिंग, रंगीन स्वचालित फिल्म तथा दृश्य उपकरणों का भी आयोजन डेसीडॉक में किया जाता है।

परामर्श एवं प्रशिक्षण

डेसीडॉक ने जनसामान्य को परामर्श एवं प्रशिक्षण प्रदान करने के लक्ष्य से निम्नवत कार्यों का संचालन किया है—

(i) तकनीकी परामर्श तथा सुझाव— डेसीडॉक निम्नांकित क्षेत्रों में उपयुक्त परामर्श एवं सुझाव प्रदान करने के लिए विशेषज्ञों तथा सुविधाओं को प्रदान करता है—

प्रतिरक्षा वैज्ञानिक सूचना एवम् प्रलेखन केन्द्र, वैज्ञानिक अनुसंधान एवं प्राविधिक ग्रन्थालयों का संगठन एवं व्यवस्था, डेटाबेसों को तैयार करने, सामयिक चेतना सेवा एवं चयनात्मक सेवा का आयोजन करने, रिप्रोग्राफिक एवं फोटोग्राफिक प्रशिक्षण, अनुवाद सेवा, वैज्ञानिक प्रकाशन तथा प्रलेखन एवं सूचना विज्ञान का प्रशिक्षण आयोजित करने का कार्य भी करती है।

(ii) मानव संसाधन का विकास—प्रतिरक्षा वैज्ञानिक सूचना एवम् प्रलेखन केन्द्र अल्पकालीन प्रशिक्षण कार्यक्रम द्वारा प्रलेखन एवं सूचना विज्ञान के क्षेत्र हेतु प्रशिक्षित कर्मी तैयार करता है। अनुक्रमणिकाकरण, प्राविधिक लेखन, यूनिवर्सल डेसीमल क्लासीफिकेशन, कम्प्यूटर द्वारा प्रस्तुत SDI सेवाओं का आयोजन तथा रिप्रोग्राफिक आदि में अल्पकालिक कार्यक्रम डेसीडॉक ने आयोजित किए हैं।

निष्कर्ष में कहा जा सकता है कि रक्षा वैज्ञानिक सूचना एवम् प्रलेखन केन्द्र ने भारत सरकार की सूचना सेवाओं से मदद पहुँचाने में महत्त्वपूर्ण कार्य किया है। लेकिन इसके बावजूद भी वर्तमान समय में भारत अनेकों समस्याओं से जूझ रहा है जैसे—आतंकवाद, आर्थिक मंदी, नक्सलवाद आदि हैं जिनसे निपटने हेतु भारत सरकार को इस सूचना तंत्र को अत्यधिक मजबूत करना पड़ेगा।

7

लघु उद्योग राष्ट्रीय प्रलेखन केन्द्र

भारत सरकार ने लघु उद्योग राष्ट्रीय प्रलेखन केन्द्र की स्थापना सन् 1971 में की थी। इस संस्था का उद्देश्य लघु उद्योगों के प्रबंधकर्ताओं, अभिकरणों, प्रशिक्षण एवम् सलाहकारी संस्थाओं की आवश्यकताओं को पूरा करना है। इस संस्था को सेन्डॉक (SENDOC) के नाम से भी जाना जाता है।

सेन्डॉक के प्रमुख कार्य

सेन्डॉक के प्रमुख कार्य निम्न प्रकार हैं–

(1) राष्ट्रीय संगठनों तथा संस्थानों के सूचना-क्रियाकलापों के साथ समन्वय तथा सहयोग स्थापित करने के लिए एक राष्ट्रीय केन्द्र के रूप से सक्रिय रहना तथा अन्य देशों के इस प्रकार के केन्द्रों के साथ सम्पर्क स्थापित करना।

(2) लघु उद्योगों के प्रौद्योगिकी एवं प्रबन्धकीय विकास एवं उन्नयन के लिए उपयोगी एवं सहायक प्रलेखों, आधार-सामग्रियों (data) तथा अन्य प्रकार के आवश्यक सूचनात्मक विवरणों का संग्रह करना, सुरक्षित रखना तथा उनका समन्वय करना।

(3) लघु उद्योगों के प्रबन्ध एवं विकास के क्रियाकलापों में संलग्न संगठनों तथा व्यक्तियों के लिए सूचना का प्रसार एवं वितरण करना।

लघु उद्योग राष्ट्रीय प्रलेखन केन्द्र लघु उद्योगों के प्रोत्साहन एवं विकास से सम्बद्ध अभिकरणों के लिये सूचना प्रसार एवं वितरण केन्द्र के रूप में कार्य करता है। अतः यह लघु उद्योगों के विकास के सभी पक्षों–प्रबन्ध, उत्पादन, कार्मिक, वित्तीय स्थिति, विपणन, प्रौद्योगिकी, प्रविधियां एवं कौशल, यंत्र एवं उपकरण, शासकीय एवं

संस्थागत कार्यक्रम एवं नीतियां, सांख्यिकी आधार सामग्रियां, जैसे—उद्योगों के प्रकार, क्षमता, उत्पादन, नियति, रोजगार तथा पूंजी निवेश आदि से सम्बन्धित सूचना संग्रहण करके उनकों प्रक्रियाबद्ध कर वितरित करता है। सेन्डॉक व्यापारिक एवं वित्तीय संस्थाओं व बैंकों तथा विकास अभिकर्ताओं के समाचार विवरणों के संग्रह का भी कार्य करता है। इसके प्रसारों का संकलन 30,000 से अधिक है और 6000 से अधिक अन्य प्रकार के प्रतिवेदनों को संग्रहीत किया गया है।

इस सम्बन्ध में सेन्डॉक अपने विषय क्षेत्रों से जुड़ी हजारों शोध मैगजीनों को नियमित मंगवाता है। व्यापारिक साहित्य के अतिरिक्त प्राविधिक प्रतिवेदनों एवं टिप्पणियों को भी सेन्डॉक संकलित करता है। सेन्डॉक व्यापारिक एवं वित्तीय संस्थाओं व बैंकों तथा विकास अभिकर्ताओं के समाचार विवरणों के संग्रह का भी कार्य करता है—

ट्रेल्स (Trails)—सेन्डॉक व्यापारिक साहित्य, प्रतिवेदन साहित्य, इन सभी प्रकार की सामग्रियों का संकलन करता है। पत्रिकाओं, प्रतिवेदनों प्रकाशित एवं अप्रकाशित, व्यापारिक साहित्य, समाचारपत्रों की कतरनें, रिप्रिन्ट आदि को संग्रहीत किया जाता है और इनकी व्यवस्था भी इस ढंग से की जाती है, जिससे उन्हें प्राप्त करने में किसी प्रकार की कठिनाई का अनुभव न हो। इस प्रकार इसकी संग्रह-प्रणाली को "TRAILS" कहते हैं।

केन्द्रीय सूचना फाइल (Central Information File)—सेन्ड्रॉक अनेक सूचना सामग्रियों का संग्रह करता है। सेन्डॉक द्वारा उन समस्त सामग्रियों का क्रमबद्ध रूप से सूक्ष्म निरीक्षण किया जाता है और चुनी हुई सामग्रियों का संकेतात्मक सारांश तैयार कर अनुक्रमणिका पत्रक प्रस्तुत किया जाता है। जिन शब्दावलियों का उपयोग अनुक्रमणिका में किया जाता है, वे नियंत्रित शब्दावली सूची के पद नहीं होते हैं, बल्कि अल्प-नियंत्रित शब्दावलियों का प्रयोग किया जाता है। अतः विषय-शीर्षकों के लिए पदों का चयन करना पड़ता है। सभी पत्रकों को एक केन्द्रीय सूचना संचिका में संग्रहीत किया जाता है। इन्हें 3500 विषय-शीर्षकों के अन्तर्गत आंकलित किया गया है। अतएव केन्द्रीय सूचना फाइल, इन सभी शीर्षकों की गतिविधियों का मापदण्ड है।

कार्मिक व्यवस्था—कार्मिक व्यवस्था के आधार पर कार्मिकों का कार्य विभाजन निम्न प्रकार है—

(i) आधार-सामग्रियों का प्रक्रियाकरण; *(ii)* संस्थागत सम्प्रेषण; *(iii)* प्रकाशन; *(iv)* ग्रन्थालय; *(v)* प्रलेखन; तथा *(vi)* छायाचित्र सुविधाएं।

इन कार्यों के लिए प्रशिक्षित एवं योग्य कर्मियों को नियुक्त किया गया है।

सूचना एवं प्रलेखन सेवाएं

लघु उद्योग राष्ट्रीय प्रलेखन केन्द्र निम्न प्रकार की सूचना सेवाएँ उपलब्ध करवाता है–

1. प्रत्याशित प्रलेखन सेवाएं—उपयोगकर्ताओं द्वारा मांग की जाने की आशा में सेन्डॉक निम्नांकित व्यवस्था करता है–

(i) प्रौद्योगिकी स्थिति के प्रतिवेदन— यह एक वार्षिक प्रतिवेदन होता है, जिसमें नवीन प्रविधियों, नए उत्पादन के अभिकल्प (design), नवीन मशीन विपणन तथा चुने हुए उद्योग-समूहों के नवीन विपणन के विकास का विवरण प्रस्तुत किया जाता है।

(ii) चयनात्मक सूचना प्रसार सेवाएं— चयनात्मक सूचना प्रसार सेवाओं को प्रदान करने हेतु व्यक्तिगत अभिरुचियों तथा कार्य क्षेत्रों के अनुसार प्रोफाइल तैयार करते है, जो संस्था में संलिप्त-सदस्यों हेतु उपयोगी होती है। इसे अभियांत्रिकी के विशेषज्ञों को प्रदान किए जाने की भी व्यवस्था है।

(iii) विनियोग प्रविधि प्रलेखन बुलेटिन–सेन्डॉक द्वारा प्रकाशित द्विमासिक सारांश पत्रिका है, जिसमें मुख्य रूप से प्राविधिक प्रक्रियाओं का वर्णन होता है।

(iv) सेन्डॉक बुलेटिन का प्रकाशन मासिक पत्रिका के रूप में तीन भागों में किया जाता है–उद्योग एवं प्रौद्योगिकी; अर्थशास्त्र एवं विकास तथा प्रबन्ध एवं व्यवहार विज्ञान। इस बुलेटिन के माध्यम से उपरांकित विषयों की सूचना प्रसारित की जाती है।

2. प्रतिउत्तर प्रलेखन सेवाएं—सेन्डॉक मांग किए जाने पर निम्नलिखित सेवाओं को भी प्रदान करता है–

(i) प्रलेखों के छायाचित्रों की सेवाएं,

(ii) प्राविधिक प्रश्नों की सेवाएं,

(iii) पूर्व-निवेश अध्ययन।

3. परामर्शदात्री सेवाएं—लघु उद्योग राष्ट्रीय प्रलेखन केन्द्र (SENDOC) सूचना एवम् प्रलेखन की सेवाओं के आयोजन करने के अतिरिक्त इस क्षेत्र से सम्बन्धित संस्थाओं आदि को ग्रन्थालयों तथा सूचना एवं प्रलेखन प्रकोष्ठों की व्यवस्था के सम्बन्ध में परामर्श देता है। आन्ध्र प्रदेश उद्योग विभाग को इस दिशा में पहले से ही उपयुक्त परामर्श एवं सहायता सेन्डॉक द्वारा की जा रही है। पूर्ण एवं विस्तृत सेवाओं के पैकेजों (packages) के आयोजन की भी कोशिश की जा रही है।

सेन्डॉक सेवाओं के प्रयोगकर्ता—सेन्डॉक सूचना एवं प्रलेखन तथा परामर्श-सेवाओं का उपयोग निम्न प्रकार है–

(i) शासकीय विभाग, लघु औद्योगिक सेवा संस्थाएं, उद्योग निदेशालय;
(ii) औद्योगिक विकास निगम, राज्य औद्योगिक एवं प्राविधिक परामर्शदात्री संगठन, जैसे–"BITCO" तथा "KITCO" आदि;
(iii) वित्तीय संस्थाएं, जैसे–बैंक, IDBI, वित्तीय निगम आदि;
(iv) अनुसंधान एवं विकास संस्थाएं;
(v) व्यक्तिगत उद्यमी;
(vi) औद्योगिक संगठन; तथा
(vii) राष्ट्रीय एवं अन्तर्राष्ट्रीय संस्थाएं।

सूचना तंत्र

लघु उद्योग राष्ट्रीय प्रलेखन केन्द्र के अतिरिक्त दूसरे संस्थान भी सूचना प्रसार कार्यों में महत्त्वपूर्ण भूमिका निभा रहे हैं और लघु उद्योगों की सूचना आवश्यकता की पूर्ति कर रहे हैं। ऐसी संस्थाएं–सभी राज्यों के उद्योग निदेशालय एवं लघु उद्योग विकास संगठन हैं। इनसे सम्बद्ध अन्य सहायक एजेन्सियाँ–SISI तथा प्रसार-केन्द्र हैं। आन्ध्र प्रदेश में सूचना आवश्यकता की पूर्ति हेतु तथा सूचना-प्रसार के लिए एक सूचना प्रकोष्ठ प्रदेश के उद्योग निदेशालय के अन्तर्गत स्थापित किया गया है। सेन्डॉक में सूचना प्रसार सेवाओं के आयोजन की दृष्टि से इस प्रकोष्ठ का सराहनीय योगदान है। सेन्डॉक के अलावा अन्य अभिकरण भी लघु उद्योगों के विकास तथा सूचना संग्रह एवं प्रसार में महत्त्वपूर्ण भूमिका निभा सकते हैं। ऐसी एजेन्सियां–राज्य वित्तीय निगम, राज्य लघु उद्योग विकास निगम, IDBI, राज्यों के औद्योगिक एवं प्राविधिक परामर्शदात्री संगठन–केरल का KITCO, आन्ध्र प्रदेश का APIPCO तथा उत्तर प्रदेश का UPITCO है, जिन्हें सूचना प्रसार एवं सहभागिता के लिए प्रयोग में लाया जा सकता है।

सेन्डॉक के उपकरण

सेन्डाक रिप्रोग्राफिक उपकरणों की मदद से फोटो प्रतियों की सुलभता आसान बनाता है। "फोटोकापिंग" तथा "माइक्रोफिल्मस" तथा अन्य प्रकार के उपकरणों को रिप्रोग्राफिक सुविधा एवं सेवाओं हेतु रखा गया है। डॉट मैट्रिक्स प्रिन्टर (Dot Matrix Printer) भी उपलब्ध हैं। आधार-सामाग्रियों की प्रक्रियाकरण हेतु तथा

सूचना-सामग्रियों को "मैग्नेटिक टेपों" में परिवर्तित करने हेतु भी उपकरणों को उपलब्ध किया गया है। आधार-सामग्रियों (Data) के प्रस्तुतिकरण एवं उनकी त्रुटियों को दूर करने के लिए विजुअल डिसप्ले का भी निर्माण किया गया है।

सेन्डॉक प्रशिक्षण कार्यक्रम

सेन्डॉक विभिन्न प्रकार की सेमिनारों, गोष्ठियों तथा प्रशिक्षण शिविरों का आयोजन करता है, जिससे औद्योगिक सूचना का प्रसार और संग्रह क्षेत्र के कर्मियों का प्रशिक्षण होता है। सूचना-संग्रह एवं सूचना पुनर्प्राप्ति की प्रणालियों पर राष्ट्रीय स्तर पर प्रशिक्षणों का आयोजन करता है।

अतएव स्पष्ट हो जाता है कि सेन्डॉक ने विभिन्न उद्योगों में तथा प्रलेखन एवम् सूचना क्षेत्रों में महत्त्वपूर्ण कार्य किया है।

8

विशिष्ट ग्रन्थालयों तथा सूचना केन्द्रों का भारतीय संघ

दुनिया भर में आजकल द्रुतगामी गति से विशिष्ट पुस्तकालय की स्थापना पूरे जोर-शोर से चल रही है। विश्व में जैसे-जैसे वैश्वीकरण की प्रक्रिया बढ़ी है वैसे-वैसे ग्रन्थालय सूचना सेवाओं में युगान्तकारी परिवर्तन आया है। अतएव भारत सरकार ने अपनी आर्थिक नीतियों में परिवर्तन करते हुए सभी राज्यों में अनेकानेक ग्रन्थालयों की स्थापना का कार्य प्रारम्भ कर दिया है। भारत में राष्ट्रीय स्तर की आयसलिक (IASLIC) संस्था की स्थापना की गई है।

आयसलिक का आकार एवं स्वरूप—यह एक सक्रिय संघ है जिसका निर्माण विशिष्ट ग्रन्थालयों एवं सूचना तथा प्रलेखन केन्द्रों तथा ऐसी ही संस्थाओं के कर्मियों से मिलकर हुआ है, जिसका नियन्त्रण एक परिषद् (council) द्वारा किया जाता है, जो सदस्यों की सामान्य निकाय की धुरी है। इस संघ की एक कार्य परिषद् तथा वित्त समिति है। छह क्षेत्रीय सचिवों को चुना जाता है। कार्य परिषद् में चुने हुए सदस्यों के अतिरिक्त चार मनोनीत सदस्य होते हैं। इसके सदस्यों में आजीवन सदस्य, साधारण सदस्य, समाजसेवी संस्थाएं, लाभ अर्जित करने वाली संस्थाएं आदि आती हैं।

आयसलिक के लक्ष्य

आयसलिक (IASLIC) के उद्देश्य निम्न प्रकार हैं—

(1) विशिष्ट ग्रन्थालयों, प्रौद्योगिक, वैज्ञानिक एवं शोध-संस्थाओं, विद्वत् परिषदों, व्यापारिक संगठनों, औद्योगिक शोध-संस्थानों तथा अन्य सूचना एवं प्रलेखन केन्द्रों में पारस्परिक सहयोग, सहायता को प्रोत्साहित करना तथा इसके क्रियाकलापों को समन्वित करना।

(2) ज्ञान के क्रमबद्ध अधिग्रहण, व्यवस्था तथा प्रसार के क्रियाकलापों को प्रोत्साहित एवं संवर्द्धित करना।

(3) ग्रन्थालय एवं सूचना-सेवाओं तथा प्रलेखन कार्य को उन्नतशील बनाना।

(4) विशिष्ट ग्रंथालयों तथा प्रलेखन को प्रविधियों के एक शोध-केन्द्र के रूप में कार्य करना।

(5) वैज्ञानिक, प्राविधिक तथा अन्य क्षेत्रों के सूचना केन्द्रों के रूप में कार्य करना।

(6) ग्रन्थालयों, सूचना केन्द्रों, प्रलेखन केन्द्रों, वैज्ञानिकों, शोधार्थियों, विशेषज्ञों तथा अन्य इस प्रकार के क्रियाकलापों में अभिरुचि रखने वालों को सक्रिय एवं सार्थक सम्पर्क करने का एक मंच एवं क्षेत्र प्रदान करना।

(7) विशिष्ट ग्रंथालयों तथा प्रलेखन केन्द्रों में कार्यरत कर्मियों के प्राविधिक कार्यकौशल एवं क्षमता का उन्नयन एवं संवर्धन करना तथा उनके व्यावसायिक कल्याण की रक्षा करना।

आयसलिक के कार्यक्रम--इस संस्थान के प्रमुख कार्यक्रम अधोलिखित हैं--

(1) ग्रंथालयों में समन्वयन तथा सहयोग के कार्यक्रम--स्थानीय, राष्ट्रीय एवं अन्तर्राष्ट्रीय सभी स्तरों पर आयसलिक ग्रन्थालय सेवाओं को सक्रिय बनाने हेतु सहयोग एवं समन्वय स्थापित करने का प्रयास करता है। अन्तर-ग्रन्थालय आदान-प्रदान नियमावली को प्रस्तुत कर इस कार्य को नियमित रूप से सम्पन्न करने में आयसलिक के योगदान की प्रशंसा की गई है।

(2) छायाचित्र एवं अनुवाद सेवाएँ--आयसलिक ने इस सेवा को प्रदान करना सन् 1958 से शुरू किया है। तब से इन सेवाओं का सक्रिय आयोजन किया जा रहा है। छायाचित्र सेवा (reprographic services) के अन्तर्गत शोध एवं सूक्ष्म सामग्रियों तथा अन्य प्रकार की सामग्रियों की प्रतियां सुलभ की जाती हैं। सभी प्रमुख विदेशी भाषाओं की अंग्रेजी में अनुदित प्रतियों में उपलब्ध किया जाता है।

(3) प्रलेखन एवं सूचना-सेवा कार्यक्रम--आयसलिक ग्रंथालय, प्रलेखन तथा सूचना-विज्ञान के कार्यक्रम के अन्तर्गत नियमित रूप से अवरोध करके वाङ्मयात्मक सेवाओं का आयोजन करता है। इसके अन्तर्गत परामर्श से सम्बन्धित सेवायें भी प्रदान की जाती हैं।

(4) शिक्षा कार्यक्रम—सूचना विज्ञान एवं आयसलिक ग्रन्थालय क्षेत्र के लिये प्रशिक्षण कार्यक्रम की व्यवस्था भी करता है। प्रलेखन एवं सूचना-विज्ञान के प्रमुख प्रकरणों पर अभिमुखीकरण एवं पुनश्चर्या के कार्यक्रम समय-समय पर आयोजित किये जाते हैं। इससे इस क्षेत्र में नवीन विषय-विकास प्रविधियों तथा प्रणालियों से अवगत होने का सम्बन्धित व्यक्तियों को सुअवसर प्राप्त हुआ है। फ्रेंच, जर्मन तथा रूसी भाषा के पाठ्यक्रम बहुत पहले से चलाए जा रहे हैं। द्विवार्षिक सम्मेलन नियमित रूप से होता है, जिसमें अनेक प्रकरणों एवं पद्धतियों पर आलेख प्रस्तुत किए जाते हैं, जिन पर व्यापक विचार-विमर्श किया जाता है और जरूरत पड़ने पर राष्ट्रीय संगोष्ठियों का आयोजन किया जाता है।

(5) प्रकाशन कार्यक्रम—आयसलिक सम्प्रेषण प्रसार की दृष्टि से निम्नांकित सूचनाप्रद एवं उपयोगी प्रकाशनों के आयोजन में सफल रहा है। इसके निम्नलिखित बुलेटिन इस प्रकार है—

***(i)* आयसलिक बुलेटिन**—सदस्यों को अनेक प्रकार की सूचनाएं प्रदान करने हेतु त्रैमासिक पत्रिका का प्रकाशन किया जाता है। इसमें प्रलेखन, सूचना तथा ग्रन्थालय सेवा पद्धतियों एवं विज्ञान पर शोध-आलेख भी प्रकाशित होते हैं। यह पत्रिका सदस्यों को निःशुल्क दी जाती है।

***(ii)* भारतीय ग्रंथालय विज्ञान के लिखित दस्तावेज के अंश**—सारांशीकरण सेवा पत्रिका में त्रैमासिक प्रकाशन द्वारा सभी भारतीय भाषाओं में प्रकाशित आलेखों के सारांश प्रस्तुत किये जाते हैं।

***(iii)* आयसलिक समाचार पत्र**—ग्रन्थालयों की गतिविधियों एवं प्रकरणों तथा घटनाओं में समाचार प्रकाशित किए जाते हैं। यह सदस्यों को निःशुल्क दी जाती है।

प्रमुख प्रकाशन—आयसलिक द्वारा प्रकाशित विशिष्ट रचनाएं निम्नलिखित हैं—

(i) Development of medical society and medical periodicals in India, 1780-1920, A.Neelameghan;

(ii) Information Sciences: a unified view through a systems approach,G. Bhattacharya.

(iii) Directory of Special and Research Libraries India, 1962.

(iv) Fundamentals of Special Librarianship and Documentation, A.K. Mukherjee, 1969.

(v) Education for Librarianship,N.C. Chakravarty.

(vi) Methods of Scientific Communication, K. Bhattacharya.

(vii) Glossary of Cataloguing Terms in Indian Regional Languages.

आयसलिक की सफलताएं–

आयसलिक की सफलताओं को निम्नलिखित बिन्दुओं के माध्यम से उद्धृत किया जा सकता है–

(1) आयसलिक ने अध्ययन मण्डल (Study circle) को संचालित किया है, जिनमें अनेक प्रकार के क्रियाकलापों तथा गतिविधियों पर विचार-विमर्श चलते रहते हैं।

(2) अनेक प्रकार की परियोजनाओं की पूर्ति हेतु आयसलिक का ग्रन्थालय पर्याप्त उपयोगी सिद्ध हुआ है।

(3) अन्तर्राष्ट्रीय प्रसूचीकरण नियमावली के लिए भारतीय नामों का मानकीकरण (Standardization of Indian Names for International Cataloguing Code) पर प्रथम अखिल भारतीय सेमीनार 1960 में आयोजित किया गया था।

(4) आयसलिक FID तथा IFLA का सदस्य है और SLA तथा ASLIB एवं अन्य संघों से इसका सम्पर्क है, जिससे अन्य नवीन कार्यक्रमों को सफल बनाया जा सका। इण्डियन स्टैण्डर्ड ब्यूरो की उपसमिति के रूप में भी आयसलिक का कार्य सराहनीय रहा है।

निष्कर्ष में यह कहा जा सकता है कि वर्तमान समय में आयसलिक सूचना विज्ञान पुस्तकालय सेवा तथा प्रलेखन सेवा आदि के क्षेत्रों में सराहनीय कार्य कर रहा है।

9

राष्ट्रीय विज्ञान एवं प्रौद्योगिकी सूचना तन्त्र

मनुष्य प्रारम्भ से ही जिज्ञासु प्रवृत्ति का रहा है। इसी के वजह से वर्तमान युग में जो वैज्ञानिक उपलब्धियां देखने को मिल रही हैं, इसके पीछे इस प्रवृत्ति का महत्त्वपूर्ण योगदान रहा है। द्वितीय विश्व युद्ध से पूर्व वैज्ञानिक खोजों का प्रभाव मात्र यूरोपीय देशों में ही था, लेकिन उसके बाद वैज्ञानिक उपकरणों का प्रसार पूरे विश्व में धीरे-धीरे होना प्रारम्भ हो गया था, लेकिन इन उपलब्धियों का मनुष्य से उचित तालमेल न बैठ पाने के कारण जटिलताएं बढ़ गई। इन जटिलताओं को संज्ञान में लेकर यूनेस्को के आहूवान पर विभिन्न राष्ट्रों ने अपने देश में राष्ट्रीय सूचना तंत्र को स्थापित किया। हमारा देश भी इसे अनदेखा नहीं कर सका और सूचना आवश्यकताओं की पूर्ति एवं प्रसार हेतु अपनी पांचवीं और छठी पंचवर्षीय योजनाओं में राष्ट्रीय सूचना तन्त्र की स्थापना के लिए प्रावधान किया। परिणामस्वरूप गत दो दशकों में विभिन्न विषय एवं शाखाओं में राष्ट्रीय सूचना प्रणालियों का प्रादुर्भाव हुआ और अनेक विषय एवं प्रस्तावों को स्वीकृति प्रदान की गई। इसी के क्रम में निसात नामक संस्था की स्थापना की गई।

उत्पत्ति

भारत में आजादी के बाद से वैज्ञानिक अनुसंधान हेतु उपयुक्त संस्था की कमी हमेशा से रही है। अतएव भारत सरकार ने व्यापक सूचना तंत्र स्थापित करने का

जिम्मा अपने कन्धों पर लिया। फलस्वरूप उसने सूचना आवश्यकताओं की पूर्ति एवं प्रसार के लिए प्रलेखन एवं सूचना सेवाओं के एक सुदृढ़ राष्ट्रीय तन्त्र की आवश्यकता पर पहली बार सन् 1971 में गम्भीरता से विचार किया और देश में राष्ट्रीय सूचना सेवाओं की स्थापना हेतु अगस्त में ही यूनेस्को से अनुरोध किया कि वह 'भारतीय राष्ट्रीय वैज्ञानिक प्रलेखन केन्द्र' (INSDOC) नई दिल्ली को परामर्श देने के लिए अल्पकालिक प्रतिनिधि मण्डल भेजे। मार्च, अप्रैल 1972 में यूनेस्को द्वारा पीटर लेजर (Peter Lazer) को भारत भेजा गया, जिन्होंने सर्वेक्षण के पश्चात् विज्ञान और प्रौद्योगिकी हेतु व्यापक राष्ट्रीय योजना की रूपरेखा प्रस्तुत की।

भारत सरकार तब तक चुप नहीं रही और सूचना तन्त्र की स्थापना के कार्य को शीघ्र सम्पन्न करने के उद्देश्य से उसने अक्तूबर 1971 में विज्ञान एवं प्रौद्योगिकी राष्ट्रीय समिति (NCST) नामक एक शिखर समिति का गठन किया, जिसे राष्ट्रीय विज्ञान एवं प्रौद्योगिकी के लिए पंचवर्षीय एवं दीर्घकालीन दोनों प्रकार की योजनाएं तैयार करने और उन्हें निरन्तर अद्यतन बनाये रखने का कार्य सौंपा गया। इस समिति ने पंचवर्षीय योजना (1974-79) को ध्यान में रखकर विज्ञान एवं प्रौद्योगिकी हेतु योजना निर्मित की। विभिन्न क्षेत्रीय योजनाओं के निर्माण के लिए समिति द्वारा अनेक नामिकाओं व कार्यकारी समूहों की नियुक्ति की। इन नामिका समूहों में एक नामिका समूह सूचना क्षेत्र से सम्बन्धित था। 1973 में इस नामिका समूह ने अपने प्रतिवेदन में विज्ञान एवं प्रौद्योगिकी विभाग (DST) के अधीन एक वैज्ञानिक एवं प्रौद्योगिकी के राष्ट्रीय सूचना तन्त्र 'निसात' के निर्माण की सिफारिश की।

अतः राष्ट्रीय महत्त्व की इस प्रणाली को पांचवीं पंचवर्षीय योजना (1974-79) में प्रस्तावित, विज्ञान एवं प्रौद्योगिकी योजना के अन्तर्गत सम्मिलित कर निसात की स्थापना 1975 में कर दी गई और पद्धति के विस्तार का परीक्षण सूचना विशेषज्ञों एवं क्षेत्रीय प्रतिनिधियों के परामर्श कर किया गया। फलस्वरूप जून 1977 में अधिकारिक रूप में योजना आयोग, वित्त मंत्रालय, विज्ञान एवं प्रौद्योगिकी विभाग द्वारा मूल्यांकन के उपरांत लागू कर दिया गया।

इस प्रोग्राम की प्रमुख विशेषता यह है कि यह उपलब्ध सूचना सेवाओं एवं सुविधाओं पर निर्भर है। राष्ट्र में वैज्ञानिक सूचना के क्षेत्र में विद्यमान विभिन्न कार्यरत संस्थाएं इसके अन्तर्गत सम्मिलित की गई हैं। आवश्यकतानुसार वर्तमान वैज्ञानिक सूचनाओं में विस्तार तथा उपेक्षित क्षेत्रों में नये केन्द्रों की स्थापना इस कार्यक्रम का एक पहलू है। कार्यक्रम के विज्ञान एवं प्रौद्योगिकी के समस्त विषय यथा-आणविक विज्ञान, जन स्वास्थ्य, सुरक्षा विज्ञान, कृषि, चिकित्सा, आदि इसमें शामिल हैं।

लक्ष्य

वर्तमान समय में निसात का प्रमुख लक्ष्य सूचना संसाधन तथा सूचना प्रणालियों में व्यापक परिवर्तन लाना है। उनमें समन्वय स्थापित करने के लिए राष्ट्रीय सूचना नीति द्वारा निर्देशित सर्वतोन्मुखी समन्वयी संस्था के अन्तर्गत एक प्रभावशाली सूचना तन्त्र के रूप में कार्य करने, सूचना संसाधनों और सेवाओं के क्षेत्र में व्याप्त कमी को पहचानने तथा उन अन्तरालों की पूर्ति करने, सूचना संचालन प्रक्रियाओं के लिए अन्तर्राष्ट्रीय स्तर पर मान्य, राष्ट्रीय मानकों और दिशा-निर्देशों का विकास तथा उपयोग करने हेतु जिससे सूचना विनिमय सुगमता से हो सके, के व्यापक उद्देश्य की पूर्ति के लिए की गई।

निसात का ध्येय भिन्न-भिन्न उद्देश्य की पूर्ति करना है–

1. राष्ट्रीय सूचना सेवाओं को सुसंगत बनाना, जिससे वह सूचना के उत्पादकों, संसाधकों, संवाहकों और उपभोक्ताओं की वर्तमान एवं भावी आवश्यकताओं की पूर्ति में समर्थ हो सके।

2. अधिकतम मात्रा में उपलब्ध सूचना सेवाओं एवं विधियों का प्रयोग करना एवं नूतन सूचना सेवाओं एवं विधियों को विकसित करना है।

3. निसात का प्रमुख काम सूचना एवं तकनीकी के क्षेत्र में शोध परिवर्धन एवं नवीनीकरण के काम में सहयोग एवं प्रोत्साहन देना है।

4. सूचना सेवाओं की कुशलता एवं सेवाओं द्वारा प्रदत्त की जाने वाली सेवा की गुणवत्ता दोनों में वृद्धि और सुधार करने हेतु सूचना विज्ञान एवं सम्प्रेषण के क्षेत्र में अनुसन्धान, विकसित और नवीनीकरण के कार्यों में सहायता प्रदान करना और उनमें सक्रिय सहभागिता निभाना।

5. राष्ट्रीय तथा अन्तर्राष्ट्रीय सहयोग और सूचना के विनिमय के लिए पारस्परिक सम्बन्धों को प्रोत्साहन प्रदान करना।

6. सूचना विज्ञान, प्रौद्योगिकी और संप्रेषण विज्ञान में शिक्षण एवं प्रशिक्षण की सुविधाओं को विकसित करने में सहायता और सक्रिय समर्थन प्रदान करना ताकि राष्ट्रीय विज्ञान सूचना नीति (National Science Information Policy) के सुचारू क्रियान्वयन के लिए योग्य एवं प्रशिक्षित कर्मचारियों की पूर्ति हो सके।

निसात के महत्त्वपूर्ण लक्ष्य

निसात के उपरोक्त लक्ष्यों के अलावा इसके महत्त्वपूर्ण लक्ष्य निम्न प्रकार हैं–

(i) निसात का प्रमुख कार्य नियतकालीन दृष्टि से सूचना संस्थानों एवं ग्रन्थालयों के लिए अनुपयोगी सामानों के लिए क्षेत्रीय निक्षेपगारों की स्थापना।

(ii) नीतिवेत्ताओं, विशेषज्ञों आदि के उपयोग के लिए सभी महत्त्वपूर्ण वैज्ञानिक प्रकाशन की प्रति कम से कम सभी शिक्षण शोध संस्थाओं को उपलब्ध है। इसकी सुनिश्चितता तय करना निसात का प्रमुख कार्य है।

(iii) विभिन्न विषय क्षेत्रों में ऐसे विशेषज्ञों और विद्वानों के सम्बन्ध में जानकारी एकत्रित करना, जो आवश्यकता पड़ने पर सूचना स्रोतों और परामर्शदाताओं की भांति कार्य कर सकें।

(iv) वैज्ञानिक, प्रौद्योगिकी, पर्यावरण सम्बन्धी और सामाजिक आर्थिक आधार सामग्री के लिए आधार सामग्री अधिकोषों की स्थापना करना।

(v) विभिन्न संस्थाओं को विशिष्ट विषय क्षेत्रों में अध्ययन सामग्री के विशाल संग्रहों के निर्माण के लिए उत्तरदायित्वों का निर्धारण करना।

सूचना उपयोगकर्ताओं के विशेषताएं—सूचना उपयोगकर्ताओं की विशेषताएं इस प्रकार हैं—

(i) विज्ञान प्रौद्योगिकी और प्रबन्ध सूचना के वर्तमान और सम्भावित उपयोगकर्ताओं को पहचानना।

(ii) विज्ञान, प्रौद्यौगिकी, औद्योगिकी एवं व्यवसाय प्रबन्ध के क्षेत्रों में कार्यरत कर्मचारियों में सूचना जागरूकता उत्पन्न करना।

सूचना सेवाओं का संयोजन

सूचना सेवाओं को बोधगम्य बनाने हेतु निम्न सुझाव इस प्रकार हैं—

(i) विभिन्न भाषाओं में अनुवाद के लिए सुविधा प्रदान करना।

(ii) राष्ट्रीय सलाह संस्थानों की स्थापना करना।

(iii) सूचना की शीघ्र अवाप्ति (Access) पुनर्प्राप्ति (Retrieval) एवं कम्प्यूटर सेवाओं की यथोचित व्यवस्था करना।

(iv) उपयोगकर्ताओं की समसामयिक सूचना आवश्यकताओं एवं मांगों की पूर्ति समुचित रूप से हो सके, इसके हेतु आवश्यक सूचना उपकरणों, प्रौद्योगिकी एवं सेवाओं को समय-समय पर होने वाले परिवर्तनों के अनुकूल विकसित करना।

(v) विभिन्न सूचना और समरूप सेवाओं में कार्यरत राष्ट्रीय एवं अन्तर्राष्ट्रीय संगठनों के साथ सहयोग करना।

(vi) विषय सम्बन्धित राष्ट्रीय सूचना केन्द्रों को संचार सुविधाओं से सम्पन्न करना।

(vii) राष्ट्रीय परिदाय (Lending) ग्रन्थालय सेवाओं की स्थापना।

मानवीय संसाधन का विकास

सूचना सम्बन्धित सुविधाओं का भली-भांति उपयोग किया जा सके, इसके लिए कुशल कर्मियों का विकास करना जरूरी होता है, जो इस प्रकार किया जा सकता है।

(i) विशषज्ञों को प्रशिक्षित करना ताकि सूचना विज्ञान, पुनर्प्रतिचित्रांकन तथा अनुवाद के क्षेत्र में विभिन्न स्तरों के योग्य व प्रशिक्षित कर्मचारी पर्याप्त मात्रा में मिल सकें।

(ii) सूचना विज्ञान सम्बन्धी योजनाओं को सहयोग एवं प्रोत्साहन प्रदान करना।

(iii) सूचना विज्ञान में अनुसंधान की गतिविधियों को सहायता प्रदान कर प्रोत्साहित करना।

(iv) सूचना विभाग में सम्मेलनों, परिचर्चाओं, संगोष्ठियों, कार्यशालाओं आदि का आयोजन करना।

डन्सडॉक की संरचना

जिसके अंतर्गत मण्डलीय संरचना, आंचलिक संरचना तथा अन्य विशिष्ट सेवायें आती हैं। राष्ट्र में विद्यमान सूचना संसाधनों और सुविधाओं का अत्यधिक उपयोग हो सके, इस महत्त्वपूर्ण तथ्य को ध्यान में रखते हुए इस तंत्र की स्थापना की गई। वित्तीय प्रतिबन्धों के कारण ऐसा करना अत्यन्त आवश्यक था। उपलब्ध सेवाओं तथा सुविधाओं का समाकलन और समन्वयन, छूटे हुए प्रसंगों की पूर्ति एवं सुविधाओं की पुनरावृत्ति को रोककर पूर्णतः नवीन प्रणाली की रचना का प्रयास इस तन्त्र द्वारा किया जायेगा। राष्ट्रीय स्तर पर विभिन्न सूचना केन्द्रों की व्यवस्था करने के लिए आवश्यकतानुसार तन्त्र प्रदान किया जाता है।

मण्डलीय सूचना केन्द्र

मण्डलीय सूचना केन्द्र की स्थापना डन्सडॉक के पहले सोपान के रूप में किया गया है। ये केन्द्र विशिष्ट विषय शाखा, लक्ष्य या उत्पादन से सम्बन्धित सूचना आवश्यकताओं की पूर्ति करेंगे। एक विशिष्ट क्षेत्र में स्थापित केन्द्र उस क्षेत्र में स्थापित समस्त स्थानीय सूचना इकाइयों के मध्य सामंजस्य की स्थापना करेगा। मण्डलीय केन्द्र सम्बन्धित विशिष्ट विषय शाखा, लक्ष्य या उत्पादन के क्षेत्र में शोध एवं विकास के कार्य में व्यस्त राष्ट्रीय अनुसन्धान प्रयोगशाला का अंग होगा। जिससे

केन्द्र को सारकरण सूचना विश्लेषण आदि के लिए विषय विशेषज्ञों की सेवायें तत्काल प्राप्त हो सकेंगी और इस प्रकार केन्द्र द्वारा सृजित सूचना सुविधाओं और उत्पादों का भली-भांति उपयोग हो सकेगा। निसात की स्थापना मण्डलीय रूप में सभी मण्डलों में केन्द्र के रूप में चुना जाता है और इस प्रकार NISSAT को राष्ट्रीय स्तर पर उन्नत सेवा हेतु कुशल बनाया जाता है। समय-समय पर जरूरत पड़ने पर निसात को आर्थिक मदद भी प्रदान की जाती है। इसलिए ये संस्थान महत्त्वपूर्ण विषय तथा विशिष्ट उत्पाद के क्षेत्र में निम्न–प्रकार सूचना प्रदान करते हैं–

(i) सर्वेक्षण को क्रियान्वित करना, स्टेट ऑफ आर्ट की रिपोर्टों को तैयार करना। वैज्ञानिक एवं प्रौद्योगिकी सम्बन्धी पूर्व सूचनाएं और विभिन्न प्रकार की प्रौद्योगिकी आर्थिक तथा विशिष्ट प्रबन्धकीय सूचनाएं प्रदान करना।

(ii) इसका प्रमुख कार्य विकास एवं उद्यम से सम्बन्धित सूचनाएं उपलब्ध कराना है।

(iii) निवेदन पर प्रलेखों की प्रतियां उपलब्ध कराना।

(iv) अपने क्षेत्राधिकार के अंतर्गत आने वाली समस्त स्थानीय सूचना इकाइयों की गतिविधियों को नियोजित एवं समन्वित करना।

(v) विषय ग्रन्थ सूची का निर्माण।

(vi) संघीय सूची विषय की स्थापना।

(vii) पुनर्प्रतिचित्रांकन सेवाएं प्रदान करना।

(viii) प्रौद्योगिकी सम्बन्धी पूछताछ सेवाएं प्रदान करना।

(ix) अनुरोध पर सूचना पुनर्प्राप्ति सेवा प्रदान करना।

(x) एकस्व (Patent), विशिष्टयां (Specifications) और मानकों (Standard) सम्बन्धी सूचना।

(xi) अनुवाद सम्बन्धी उपक्रम उपलब्ध कराना।

(xii) निर्धारित मण्डल से सम्बन्धित वैज्ञानिक, प्रौद्योगिक और आर्थिक सामग्री के रख-रखाव के लिए आधार सामग्री अधिकोषों का परीक्षण।

(xiii) सूचना कार्य हेतु राष्ट्रीय आधार की भांति कार्य करने के लिए नियत विषय में विदेशी साहित्य की अवाप्ति को सम्मिलित करते हुए प्रलेख संग्रह का विकास करना और उसकी देखभाल करना।

उपरोक्त विवेचनाओं से ज्ञात होता है कि एक मण्डलीय केन्द्र मात्र स्थानीय आवश्यकताओं अथवा शोध एवं विकास (R&D) कार्यकलापों के लिए सूचना अपेक्षाओं को ही पूरा नहीं करेगा वरन् सभी प्रकार की उपयुक्त औद्योगिक सूचनाओं

यथा प्रौद्योगिकी एवं अनुसंधानों के परिणाम सम्बन्धी सूचनाएं, प्रौद्योगिकी आर्थिक सूचना, बाजार सूचना, विश्वसनीय और विनियात्मक सूचना आदि का भी निर्वाह करेगा। जहां मुद्रित सामग्री को आत्मसात करने में पाठक असमर्थ है, उन केन्द्रों में अपने सम्भावित पाठकों तक सूचनाएं पहुंचाने के लिए वीडियो/फिल्म स्ट्रिप्स आदि जैसे—अपरम्पारिक उपलब्ध श्रव्य-दृश्य संचार माध्यमों को विकसित करेगा तथा जरूरत के मुताबिक क्षेत्रीय भाषाओं में इसका निर्माण करेगा।

चार मण्डलीय संस्थानों की स्थापना ढांचे के प्रारम्भिक चरण में की गई।

(i) केन्द्रीय खाद्य प्रौद्योगिक अनुसन्धान संस्थान, मैसूर में खाद्य विज्ञान प्रौद्योगिकी सूचना केन्द्र (NICMAP)।

(ii) केन्द्रीय मशीन उपकरण संस्थान, बैंगलौर में मशीन उपकरण सूचना केन्द्र।

(iii) केन्द्रीय औषधि अनुसंन्धान संस्थान, लखनऊ में औषध एवं औषधि निर्माण में राष्ट्रीय सूचना केन्द्र (NICDAP)।

(iv) केन्द्रीय चर्म अनुसन्धान संस्थान, मद्रास में चर्म एवं सम्बन्धित उद्योगों पर राष्ट्रीय सूचना केन्द्र (NICLAI)।

(v) राष्ट्रीय रसायन प्रयोगशाला (National Chemical Laboratory), पुणे में रसायनशास्त्र तथा रसायन प्रौद्योगिकी में राष्ट्रीय सूचना केन्द्र (NICHEM) :

(vi) अहमदाबाद वस्त्र उद्योग अनुसन्धान संघ के तत्तविधान में वस्त्र एवं समवर्गी विषय में राष्ट्रीय सूचना केन्द्र (INCTAS)।

आगे चलकर चार अन्य केंद्रों की स्थापना कर देने से इसकी संख्या अब आठ हो गई है, जो निम्न प्रकार है—

(vii) भारतीय राष्ट्रीय वैज्ञानिक प्रलेखन केन्द्र (NISDOC), नई दिल्ली में वाङ्मयमिति (Bibliometrics) पर राष्ट्रीय सूचना केन्द्र (NICB)।

(viii) राष्ट्रीय वैमानिकी प्रयोगशाला (National Aeronautical Laboratory), बैंगलौर में संहित चकती (Compact disk) का राष्ट्रीय सूचना केन्द्र (NICOCD)।

सातवीं पंचवर्षीय योजना के अंतर्गत निसात के उपसहभागी 20 नए केन्द्रों की स्थापना का प्रस्ताव रखा गया। यद्यपि केन्द्र की स्थापना एवं विकास की गति सार्थक वित्तीय निवेश, समय, सर्वेक्षण एवं नियोजन के यथेष्ट प्रयास और मानव संसाधन विकास में भरपूर प्रयास के साथ-साथ निसात के आर्थिक सहयोग अथवा उसके अभाव में एक राष्ट्रीय केन्द्र की तरह कार्य करने की तत्परता पर निर्भर है, फिर भी केन्द्रों की स्थापना की गति में गतिशीलता आई है। परिणामस्वरूप 1985

से पुणे और अहमदाबाद में दो वृहद केन्द्रों के साथ-साथ दिल्ली व बैंगलौर में भी एक-एक केन्द्र स्थापित किये गये हैं।

वर्तमान समय में उपरोक्त आठों संस्थाएं निसात के कार्यों में सराहनीय योगदान दे रही हैं। सन् 1988 में इसकी शृंखला में 'राष्ट्रीय उड्डयन प्रयोगशाला' के तत्वधान में 'सी. डी. रोम सूचना केन्द्र, के नाम से जुड़ गई। इसका कार्य हार्डवेयर (Hardware) पर सूचनाएं तथा पूर्तिकला विषय सम्बन्धित उपक्रम, सी. डी. रोम (CD-ROM) पर संग्रहीत आधार उपक्रम संग्रह एवं तकनीकी विशिष्टताएं एवं भारतीय पाठकों को तकनीकों को अपनाने हेतु मार्ग निर्देशन करना आदि कार्य आयोजित किये जायेंगे। इसके अतिरिक्त वर्तमान केन्द्रों के अनुरूप ही एक और नवीन केन्द्र टी (Tea) विषय पर निर्माण प्रक्रिया पूर्ण होने जा रही है।

स्थानीय सूचना यूनिटें

स्थानीय सूचना यूनिट निसात योजना के सोपानिक क्रम में अन्तिम स्थान पर रहती है। प्रत्येक मण्डलीय केन्द्र अनेक ऐसी स्थानीय सूचना इकाइयों के बीच समन्वय स्थापित करती हैं, जो प्रयोगशालाओं, अनुसन्धान एवं विकास संस्थाओं, औद्योगिक प्रतिष्ठानों, प्रशासनिक विभागों या अन्य समरूप संस्थाओं जैसी निकायों की अंग होती हैं और जिनका कार्य अपनी मूल संस्था से सम्बन्धित विषय शाखा या विषय में न्यूनाधिक रूप में स्थानीय स्तर पर सूचना सेवाएं प्रदान करना है। ये इकाइयां पूर्णतः मूल निकाय पर आश्रित होती है। इन इकाइयों में अनुपलब्ध सूचना सेवाओं की पूर्ति केन्द्र द्वारा की जाती है। इकाइयां स्वतः समस्त सूचना को केन्द्र में भी पुनर्विवेशित (Feedback) कराती हैं। केन्द्रीय सरकार के बजट में भी इसके बजट का भाग होता है। निसात योजना द्वारा अलग से कोई भी वित्तीय सहायता इन्हें प्रदान नहीं की जाती। योजनानुसार देश में लगभग 800 स्थानीय सूचना इकाइयां स्थापित की जायेंगी, जो देश के विभिन्न क्षेत्रों की सूचना आवश्यकताओं की आपूर्ति के लिए अधोलिखित कार्यों का सम्पादन किया जाएगा–

(i) मण्डलीय केन्द्रों और आंचलिक सूचना केन्द्रों को मूल संस्था में उत्पादित सूचना पहुंचाते रहना।

(ii) विशेष निवेदन पर वैयक्तिक वितरण उपक्रमों को उपलब्ध कराना।

(iii) मण्डलीय सूचना केन्द्र से सूचना प्राप्तकर्ता की भांति कार्य करना;

(iv) पूर्वानुमानित वैयक्तिक वितरण सेवाओं की स्थापना;

(v) स्थानीय उपभोक्ताओं को सामायिक अभिज्ञता सेवा (Current Awareness Service) एवं सन्दर्भ सेवा प्रदान करना;

(vi) मूल संस्थान की गतिविधियों के लिए आवश्यक वैज्ञानिक, प्रौद्योगिकी और आर्थिक सूचनायें प्रदान करना।

आंचलिक प्रणाली-आंचलिक सूचना केन्द्र

भारत की आबादी संसार में अत्यधिक है, जिसके कारण प्रत्येक विषय के उत्पाद के क्षेत्र में मंडलीय केंद्र के लिए यह संभव नहीं है कि वह समूचे देश की जरूरतों को पूरा करे। इसी कारण से आंचलिक प्रणाली-आंचलिक सूचना केन्द्र की स्थापना करनी पड़ी। निसात ने इन समस्यायों को निपटाने के लिए अपनी प्रस्तावना में संपर्क स्थानों के रूप में काम करने के लिए स्थानीय सूचना संस्थानों के ढांचे की योजना बनाई। यह केन्द्र देश में प्रमुख बड़े शहरों में स्थापित किए जायेंगे। निसात की वित्तीय लागत समिति ने छः आंचलिक केन्द्रों की स्थापना की कार्यवाही आरम्भ की। 1978 में भारतीय रासायनिक जैविकी संस्थान, कलकत्ता के परिसर में स्थापित केन्द्र और मद्रास में स्थापित संरचना अभियांत्रिकी अनुसन्धान केन्द्र ने कार्य करना आरम्भ किया। तीसरे केन्द्र की स्थापना भारतीय प्रौद्योगिकी संस्थान (I.I.T), बम्बई में प्रस्तावित है। कलकत्ता एवं मद्रास केन्द्रों को बाद में इन्सडॉक (I.I.E.M.) द्वारा अपने हाथ में ले लिया गया। अन्य तीन केन्द्रों जिनमें से दिल्ली में इन्सडॉक की सेवायें पहले से ही उपलब्ध हैं, इसके अतिरिक्त कानपुर (अस्थायी) और बड़ौदा (अस्थायी) में भी केन्द्रों की स्थापना विचाराधीन है। वास्तव में ये केन्द्र ऐसे स्थानों पर स्थापित किये जायेंगे, जहां विज्ञान ग्रन्थालयों तथा विज्ञान साहित्य संग्रहों की अधिकता होगी। ये केन्द्र विषयोन्मुख न होकर चिकित्सा एवं कृषि सहित विज्ञान तथा प्रौद्योगिकी की समस्त शाखाओं से सम्बन्धित हैं। इन केन्द्रों के मुख्य कार्य हैं–

(i) अंचल के पाठकों के सन्दर्भ के लिए विभिन्न मण्डलीय केन्द्रों की ग्रन्थ सूचियों, संघ सूचियों और अन्य सन्दर्भ सामग्री को सुरक्षित रखना;

(ii) अनुरोध पर अंचल में उपलब्ध प्रलेखों की प्रतियां प्रदान करना और अनुपलब्ध प्रलेखों को प्राप्त कराने की व्यवस्था सम्बन्धित मण्डलीय केन्द्रों के माध्यम से करना।

(iii) अंचल की आवश्यकताओं को पूरा करने के लिए परामर्श सेवाएं प्रदान करना;

(iv) इनका मुख्य कार्य स्थानीय साहित्य स्रोतों की संघीय सूची तैयार करना और उन्हें यथावत् बनाये रखने हेतु तत्पर रहना।

(v) मण्डलीय केन्द्रों को आवश्यक सामग्री से युक्त करने और अंचल की सूचना आवश्यकताओं की पूर्ति हेतु अंचल से सूचना संसाधनों का सर्वेक्षण करना और उनके संग्रह को संगठित करना;

(vi) अपने स्थानीय पाठकों की जरूरतों को परिपूर्ण करने के लिए मण्डलीय तंत्रों से प्रपत्रों और सेवाओं को प्राप्त कर निसात के आदेशानुसार सम्पर्क स्थापित करना;

(vii) पाठकों के अनुरोध पर और मण्डलीय केन्द्रों को अंचल में उपलब्ध प्रलेखों की प्रतियां प्रदान करने हेतु पुनर्चित्रांकन (Reprography) सुविधाओं को स्थापित करना।

अन्य विशिष्ट सेवाएं (Other Specialised Services)

निसात का तीसरा सोपान क्रम अन्य विशिष्ट सेवाएं हैं। स्वयं सूचना सम्बन्धी क्रियाकलापों को प्रत्यक्ष रूप में सम्पन्न करने वाला संक्रियात्मक तन्त्र नहीं है, बल्कि सूचना के क्षेत्र में सलाहकार और उन्नायक की भूमिका का निर्वहन करना है। इसकी गतिविधियां उत्प्रेरणात्मक और तत्काल प्रभाव डालने वाली हैं। तन्त्र के अन्तर्गत गोद ली गई अथवा सहयोग प्राप्त करने वाली अनेक सेवाएं व संस्थाएँ हैं।

सूचना विश्लेषण केन्द्र और आधार सामग्री केन्द्र

आजकल विज्ञान एवम् प्रौद्योगिकी जगत में विभिन्न शोध एवं विकास प्रयोशालाओं, विद्धत संस्थाओं, संघों, संगठनों आदि द्वारा प्रचुर मात्रा में प्रकाशित होने वाले प्रकाशनों में से सही एवं विश्वसनीय सूचनाओं का चयन जटिल तथा कठिन कार्य है। विज्ञान एवं तकनीकी से सम्बन्धित ज्ञानवर्द्धक साहित्य जिसके लिये वैज्ञानिकों एवं इंजीनियरों की आवश्यकता पड़ती है, उपलब्ध कराना होता है क्योंकि वैज्ञानिकों एवं इंजीनियरों के पास इतना समय नहीं होता है कि वे ऐसे साहित्य की तलाश में अपना कीमती वक्त बर्बाद करें। कम से कम समय में वैज्ञानिकों एवम् इंजीनियरों के लिए सटीक विश्वसनीय एवम् अधिकारिक प्रदान हो सके। इस हेतु विशेषज्ञों के समुदायों को संगठित करना आवश्यक है, जिससे वह सामग्री के अधिग्रहण, मूल्यांकन, समाकलन, उपलब्ध सूचना अथवा विशिष्ट लक्ष्य, विषय घटना या उत्पाद से सम्बन्धित आधार सामग्री को संक्षेपण और विश्लेषण तथा विद्धत पाठकगण को अधिकाधिक और समय पर विश्लेषित एवं विन्यासित आधार सामग्री, विनिबन्ध या स्टेट-ऑफ-आर्ट रिपोर्ट प्रदान करने जैसी बौद्धिक सेवाओं को अपने हाथ में ले सके।

इसके अलावा ये केन्द्र निम्न प्रकार के कार्य भी करते हैं–

1. विशिष्ट विषय क्षेत्र में पाठकों को सूचना अथवा संख्यात्मक आधार सामग्री को समुचित रूप से आत्मसात करने योग्य बनाने के उद्देश्य से सूचना का विश्लेषण, उसकी व्याख्या, संश्लेषण, मूल्यांकन और सूचना को पुर्नेष्टित (Repackage) करना।

2. इनका मुख्य कार्य स्टेट-ऑफ अति फोटो ग्राफ्स एवं आलोचनात्मक समीक्षाओं एवं पृष्ठभूमि सम्बन्धी सामग्री की सूची तैयार करना।

3. इसका मुख्य कार्य, स्थानीय पाठकों के लिए ही मात्र नहीं अपितु सभी पाठकों के विस्तृत समूह को वास्तविक प्रश्नों का उत्तर देना है।

क्रिस्टल विज्ञान आधार सामग्री केन्द्र (Data on Crystallography)

इस संस्था को निसात ने सन् 1982 में पुनर्जीवन दिया। मद्रास विश्वविद्यालय के क्रिस्टल विज्ञान एवं जैव भौतिक विभाग में इसका केन्द्र स्थित है। औपचारिक रूप से इसे क्रिस्टल विज्ञान का राष्ट्रीय सूचना केन्द्र (NICRYS) कहा जाता है। पूर्व में इसका प्रर्वतन राष्ट्रीय तापभौतिकीय गुणधर्म कार्यक्रम (N.T.P.P.) के अन्तर्गत हुआ था। केन्द्र को विज्ञान व प्रौद्योगिकी विभाग (DST) की विज्ञान एवं अभियांत्रिकी अनुसन्धान परिषद् का सहयोग प्राप्त है। इस आधार सामग्री केन्द्र में कार्बनिक और कार्बनधात्विकी यौगिकों से सम्बन्धित क्रिस्टल आधार सामग्री के सम्बन्ध में सार्वभौम सूचना कैम्ब्रिज से चुम्बकीय फीतों पर प्राप्त कर विशेषज्ञों को सेवाएं प्रदान की जाती हैं। इस प्रणाली का इस्तेमाल राष्ट्रीय तकनीकी संस्था मद्रास आई.बी.एम.-370 कम्प्यूटर प्रणाली में करते हैं।

उन्नत मृत्तिका शिल्प कठोर आधार सामग्री संस्थान

इस संस्थान का निर्माण कलकत्ता के केन्द्रीय शीशा एवम् मृत्तिका शिल्प शोध संस्थान के तत्त्वधान में किया गया। इसके निम्नलिखित उद्देश्य निम्न प्रकार हैं–

(i) अतिचालक मृत्तिका (Superconductivity Ceramics), प्रकाशीय सामग्रियों, मृत्तिका की संरचना, उच्च प्राविधिक मृतिका आदि पर कम्प्यूटरीकृत आधार सामग्री संग्रहों का निर्माण व अनुरक्षण;

(ii) विषय से सम्बन्धित संसार की शेष सम्पूर्ण मृत्तिका शिल्प के लिए पृष्ठभूमि सम्बन्धी सामग्री के साथ संपर्क बनाना;

(iii) उक्त विषय आदि पर सूचना सेवाओं को विकसित करना और सेवाएं प्रदान करना।

इसी तरह त्रिवेन्द्रम के चित्रा तिरूनल चिकित्सा विज्ञान एवं प्रौद्योगिकी संस्थान में जैव द्रव्यात्मक (Bio materials) पर आधार सामग्री केन्द्र की स्थापना का कार्य चल रहा है।

व्यावसायिक आधार सामग्री प्रयुक्त कम्प्यूटर आधारित एस डी आई सेवायें

जनवरी 1976 में यूनेस्को की मदद से केमिकल एबस्ट्रैक्ट्स सेट्स (C.A.C.) के साथ भारतीय प्रौद्योगिकी संस्थान (ITT), मद्रास की आई बी एम सूचना सेवा परीक्षण के रूप में आरम्भ की गई। चयनित सूचना प्रसार हेतु धन की व्यवस्था निसात करती थी; लेकिन इस संस्था की लोकप्रियता बढ़ने के पश्चात् इसकी सदस्यता के लिए शुल्क की व्यवस्था कर दी गई जिससे वर्तमान में इसकी सदस्य संख्या कम हो गई है। जैसा कि यह बात स्पष्ट है कि शुरुआत में 135 पाठकों की प्रोफाइल थी कालान्तर में इसकी संख्या बढ़ती जा रही थी तथा जनवरी 1977 में इन्सपैक (INSPEC) एवम् कम्पन्डैम्स (Compendex) की आधार सेवाएं शामिल हो गई हैं।

निसात के माध्यम से चयनित सूचना प्रसार सेवा के विकास हेतु की गई पहल बहुत उत्साहवर्धक नहीं है। इसके विकास में आर्थिक समस्यायें तो बाधक हैं ही, साथ ही दी जाने वाली सेवाएं, गुणवत्ता एवं समयानुकूलता की दृष्टि से उत्कृष्ट नहीं मानी जा सकतीं। संशोधन परिवर्द्धन एवं सुदृढ आर्थिक सहायता के माध्यम से सेवाओं को प्रभावशाली बनाने की जरूरत है। इसके अलावा भी निसात द्वारा लगभग दस आधार सामग्री माध्यमों यथा—सामयिक अभिज्ञता सेवा (CAS), इन्स्पैक (INSPEC), कॉम्पॉन्डैक्स (COMPONDEX), एस सी आई (SCI), सर्च (SEARCH), एन टी आई सर्च (NTI SEARCH), बॉयोसिस (BIOSIS), ऊर्जा अनुक्रमणिका, प्रदूषण सार एवं पर्यावरण सार को ग्रहण करने की योजना विचाराधीन है। आजकल निम्नलिखित पाँच केन्द्रों में युगपत सेवाएं तथा चयनित सूचना प्रसार शामिल है—

(i) केन्द्रीय चर्म अनुसन्धान संस्थान, मद्रास।

(ii) राष्ट्रीय रसायन प्रयोगशाला, पुणे।

(iii) इन्सडॉक, दिल्ली।

(iv) राष्ट्रीय वैमानिकी प्रयोगशाला, बैंगलौर।

(v) भारतीय विज्ञान परिष्कार संघ, कलकत्ता।

विश्वभर के आधार सामग्री केन्द्रों में (INDONET) इन्डोनेट, निकनेट (NICNET) महत्त्वपूर्ण हैं। सामान्य सेवाएं दूरभाष केन्द्रों एवं आई. एस. टी. डी. से प्राप्त की जाती हैं।

युगपत आधार सामग्री संग्रह

आज दुनिया भर के विकसित देशों में युगपत आधार सामग्री संग्रह अत्यधिक जनप्रिय हो रही है। इन देशों में स्थापित अनेक आधार सामग्री केन्द्रों द्वारा पाठकों को युगपत के माध्यम से सूचनायें प्रदान करती है। कोई भी वैज्ञानिक अथवा अभियन्ता इन केन्द्रों से सरलतापूर्वक से इन सस्ते टर्मिनलों से लाभ उठा सकता है। भारत भी इस दिशा में पीछे नहीं है। प्राप्त सूचनानुसार वर्तमान में आधार सामग्री संग्रह से सम्बन्धित सत्रह व्यापारिक एजेसियां देश में विद्यमान हैं, जिसमें डिमॉग (DIMOG) सर्वाधिक लोकप्रिय है। इसके अलावा ई एस ए (ESA), रिकॉन (RECON) पी एफ डी एस (PFDS), बी आर एस (BRS), डेटा स्टार ऑरबिट Data-Star Orbit) आदि प्रणालियां भी उपयोग में हैं। युगपत आधार सामग्री संग्रहों का आयोजन यूनेस्को के तत्त्वधान में निम्न-प्रकार किया जाता है—

(i) गत वर्षों में 12 फरवरी, 1991 में दिल्ली-बम्बई के मध्य युगपत अभिगम का प्रदशर्न इन्सडांक (INSDOC) में व्यवस्थित किया गया।

(ii) एक अन्य नूतन परीक्षण का आयोजन बैंगलौर स्थित राष्ट्रीय वैमानिकी प्रयोगशाला में किया गया। इसमें प्रयोगशाला और अन्तर्राष्ट्रीय विज्ञान अनुसन्धान संगठन (इसरो) के द्वारा अन्वेषणों को युगपत (ऑनलाइन) पर तथा सूचना का प्रसारण विलगपत (ऑफलाइन) पर किया गया। इसके अन्तर्गत यह प्रयोगशाला पाठकों की जिज्ञासाओं को एकत्रित कर उन्हें अन्तर्राष्ट्रीय विज्ञान अनुसंधान संगठन (इसरो) के पेरिस स्थिति प्रौद्योगिकीय सम्पर्क इकाई को प्रेषित करता था। पेरिस में इस संगठन का अधिकारी फ्रॉस्कटी में उपलब्ध ई एस ए (ESA) आधार सामग्री संग्रह में से सूचना खोजकर परिणामों को इस प्रयोगशाला (NAL) को संचारित करता था तथा प्रयोगशाला सम्बन्धित पाठकों को सूचना एवं परिणाम दोनों विलगपत (Off-Line) पद्धति पर प्रदान करती थी।

(iii) टाटा इन्स्टीट्यूट ऑफ फन्डामेन्टल रिचर्स, बम्बई में सितम्बर 1976 में आयोजित एसरिन/रिकॉन आधार सामग्री प्रणाली का युगपत (ऑनलाइन) प्रदर्शन एक सप्ताह से लिए आयोजित किया गया। इसमें लगभग 700 वैज्ञानिकों, अभियन्ताओं और शोधकर्ताओं ने भाग लिया। इसमें बम्बई के पाठक एक अन्योन्य

क्रिया टर्मिनल का उपयोग कर फ्रॉस्कटी की आधार सामग्री संग्रहों से वांछित पूछताछ कर खोज का परिणाम प्रायः वीडियो पर्दे पर तत्काल प्राप्त करते थे। आवश्यकतानुसार सूचना सम्बन्धित समस्त सामग्रियों का मुद्रण भी किया जाता है।

(iv) अन्तर्राष्ट्रीय परिचर्चा फरवरी-मार्च 1981 में इन्फार्मेटिक्स 81 और अखिल भारतीय कम्प्यूटर समुदाय के वार्षिक सम्मेलन की सहमति से अशोका होटल, दिल्ली में युगपत अभिगम का आयोजन किया गया, जिसमें दूरवर्ती टर्मिनल्स द्वारा दूरभाष एवं उपग्रह सम्पर्क से ई एस ए (ESA) आधार सामग्री संग्रहों को प्रदर्शित किया गया।

राष्ट्रीय प्रलेख आपूर्ति केंद्र

प्रलेखन सम्बन्धी समस्याओं को हल करने हेतु समय-समय पर पत्र-पत्रिकाओं के द्वारा, तेज वितरण नीतियों की जरूरत होती है। इन समस्याओं को समझते हुए निसात निर्यात नीतियों का निर्माण करता है। केन्द्र की संरचना एवं उसकी व्यवस्था के लिए भारतीय सूचना व्यावसायियों एवं संस्थाओं तथा ब्रिटिश लाइब्रेरी के प्रदायक विभाग (Lending division) के साथ दीर्घकालीन पारस्परिक वार्तालाप के पश्चात् यह निश्चित किया गया कि केन्द्र 'सीमित रूप में केन्द्रित, कुछ ग्रन्थालयों के केन्द्रीकरण द्वारा समर्थित और नियोजित रूप में विकेन्द्रित होने चाहिये।

राष्ट्रीय प्रलेख एवं आपूर्ति केन्द्र (NDSC) में विज्ञान एवं तकनीकी में अभूतपूर्व परिवर्तन लाने के लिए केन्द्र से अनुरोध किया था।

पाठकों को सुचारु एवम् सुगम सेवाएं उपलब्ध कराने के लिए राष्ट्रीय प्रलेख आपूर्ति केन्द्र ने सहायक प्रणालियों को निश्चित किया है। पाठकों को प्रत्यक्ष रूप में सेवाएं प्रदान करने के लिए चयनित ग्रन्थालयों यथा—दिल्ली में इन्सडॉक, नेशनल मेडिकल लाइब्रेरी, इण्डियन एग्रीकल्चर रिचर्स इन्स्टीट्यूट, कॉउन्सिल ऑफ साइंटिफिक लाइब्रेरी (CSL), इण्डियन इन्स्टीट्यूट ऑफ टेक्नोलॉजी, जवाहरलाल नेहरू विश्वविद्यालय और दिल्ली विश्वविद्यालय, बम्बई में टाटा इन्स्टीट्यूट ऑफ फन्डामेन्टल रिचर्स, कानपुर, कलकता में इण्डियन इन्स्टीट्यूट ऑफ टेक्नालॉजी राष्ट्रीय पुस्तकालय मद्रास व खड़कपुर में इण्डियन इन्स्टीट्यूट ऑफ टेक्नालाजी, बैंग्लूर में इण्डियन इन्स्टीट्यूट और नेशनल ऐयरोनोटिकल लेबोरेट्री आदि का एक सहकारी ढांचा निर्मित किया जायेगा।

दूसरे स्तर पर मण्डलीय केन्द्रों और चयनित विशिष्ट ग्रन्थालयों द्वारा सहयोग प्रदान किया जायेगा। बोसला एवं ल्यूसिलिक सूचना प्रणालियों के समान अन्तर्राष्ट्रीय

सहयोग प्रदायक (Lending) प्रणाली का सहयोग तीसरे स्तर पर प्राप्त होगा। राष्ट्रीय प्रलेख आपूर्ति केन्द्र द्वारा ब्रिटिश लाइब्रेरी लेण्डिंग डिविजन जैसे अन्तर्राष्ट्रीय संसाधन, केन्द्रों से सीधा सम्पर्क बनायेंगे और जहां तक सम्भव हो सका सम्बन्धित सेवाएं भी प्रदान करेंगे।

केन्द्र सेवाओं के प्रभावशाली निष्पादन हेतु सामयिक प्रकाशनों के अलावा मुख्य सारकरण और अनुक्रमणीकरण प्रकाशनों जैसी सहायक अध्ययन सामग्री के विश्व संग्रह का निर्माण करेंगे। इन क्रमिक सेवाओं की पूर्ति के पश्चात् केन्द्र द्वारा सम्मेलन कार्यवाहियों, शोध निबन्धों, प्रतिवेदन साहित्य, व्यापारिक साहित्य आदि के संग्रह पर ध्यान दिया जायेगा।

मॉरिस व लाइन, सिद स्मिथ एक यूनिट के रूप में इन्सडॉक के अंतर्गत पूर्व निर्मित परियोजना रिपोर्ट तथा ब्रिटिश लाइब्रेरी हैं। लैडिंग डिविजन (BLLD) के प्रस्तावित आवेदन पर राष्ट्रीय आपूर्ति केन्द्र की अलग-अलग इकाई इन्सडॉक (INSDOC) में स्थापित कि गई। इकाई के रूप में इस प्रकार की सुविधाओं की स्थापना की लागत अपेक्षाकृत अधिक होगी। जिसकी पूर्ति डेसीडॉक (DESIDOC), एनविस (ENVIS), बिट्स (BITS), निक सहायक प्रणालियों एवम् तन्त्रों के अन्तर्गत जरूरी राशि तथा भौतिक मदद प्रदान की जाएगी।

आधार सामग्री संग्रहों की स्थापना

निसात के भिन्न-भिन्न सामग्री संग्रहों को प्रवर्तन करने के लिए राष्ट्रीय संघीय सूची वैज्ञानिक एवम् तकनीकी तथा नियतकालीन शोध सम्बन्धी परियोजना का निर्माण किया। विज्ञान एवं प्रौद्योगिकी विभाग के सहयोग से इन्सडॉक द्वारा सामयिक शोध आधार संग्रह की स्थापना की गई, जिसमें लगभग 23,000 प्रविष्टियों को समावेशित किया गया है। इसका चुम्बकीय फीता संस्करण भी तैयार किया गया है। परीक्षण सुविधाओं की एक निर्देशिका भी तैयार की गई है, जिसमें 2,000 से अधिक परीक्षण प्रयोगशालाओं से सम्बन्धित सूचनायें एकत्रित की गई हैं। निसात ने राष्ट्रीय संघ सूची के सूचीबद्ध कार्यों के लिए यह समझकर कि यह समेकित भाग है और विभिन्न क्षेत्रीय केन्द्रों में प्रकाशित हो चुकी है, इन्सडॉक को निरन्तर अपना प्रभावशाली सहयोग प्रदान करती है।

आइसलिक ने अभी हाल ही में निसात के सहयोग हेतु भारतीय ग्रन्थालय एवं सूचना विज्ञान के साहित्य पर वाङ्मय आधार सामग्री संग्रह के निर्माण कार्यक्रम को सफलतापूर्वक आरम्भ किया है। इसमें 1987 के 396 अभिलेखों को यांत्रिक सुवाच्य

रूप (Machine readable form) में प्रस्तुत किया गया है। आधार सामग्री संग्रह का उपोत्पादन, इण्डियन साइंस लाइब्रेरी एब्स्ट्रैक्ट्स (ILSA) 1987 में एक नवीन आकर्षक प्रारूप में एक एक उत्कृष्ट प्रैसीज (PRECIS) अनुक्रमणिका सहित प्रकाशित की गई। ईल्सा (ILSA) अभिलेखों के अद्यतन एवं पूर्वव्यापी (Retrospective) रूपान्तरण पर भी ध्यान दिया जा रहा है।

कम्प्यूटर आधारित ग्रन्थपरक सूचना गतिविधियां

अनेकों ग्रन्थालयों एवम् सूचना केन्द्रों का पाठकों की उद्देश्य पूर्ति के लिए निरंतर आधुनिकीकरण किया जा रहा है। ग्रन्थपरक सूचना गतिविधियां सीमित हैं। दूसरी ओर इन्सडॉक और पी आई डी जैसी संस्थायें जिनका प्रमुख कार्य ग्रन्थपरक सूचना से सम्बन्धित है, परन्तु वे प्रशिक्षित कुशल कर्मचारियों की कमी तथा हार्ड वेयर से अभावग्रस्त हैं, लेकिन हर्ष का विषय है कि इस क्षेत्र में सेन्ट्रलडग इंस्टीट्यूट, सेन्ट्रल फूड टेक्नलॉजी रिसर्च इन्स्टीट्यूट आश्चर्य आवश्य कर रहे है। इस सम्बन्ध में कम्प्यूटर की विशिष्ट जानकारी हेतु बढ़ावा दिया जा रहा है। पाठकों को सूचना तत्परता एवं सुगमता से उपलब्ध हो सके इस हेतु निसात द्वारा ग्रन्थपरक सूचना संसाधन के लिए एक विशेषज्ञ समिति नियुक्त की गई, जिसे देश-विदेश में सूचना संसाधन के महत्त्व एवं प्रवृत्तियों के अध्ययन का कार्य सौंपा गया।

समिति की अनुशंसा पर महत्त्व प्रतिवेदन तैयार करने के कार्य को राष्ट्रीय यन्त्रेत्तर सामग्री प्रौद्योगिकी केन्द्र (N.C.F.S.) द्वारा अपने हाथ में लिया गया है। इस परियोजना से सम्बन्धित विभिन्न बातें निम्न प्रकार हैं–

1. विशेष रूप से यन्त्रेत्तर सामग्री (Software) के द्विपक्षीय एवं बहुदेशीय विनिमय दर के लिए अन्तर्राष्ट्रीय सहयोग के लिए विभिन्न क्षेत्रों का पता लगाना;
2. इनका प्रमुख कार्य प्रयोगशालाओं, सलाहकारी तंत्रों, शैक्षिक संस्थानों एवं संसाधनों की समय-समय पर पहचान एवं परीक्षण करना;
3. शेष विश्व में इस क्षेत्र की प्रवृत्तियों का मूल्यांकन;
4. चयनित सूचना प्रसार सेवा (SDI) युगपत प्रश्न पुनर्प्राप्ति जैसी पद्धतियों के क्रियाकलापों के लिए तथा अन्य ग्रन्थपरक सूचना संसाधन गतिविधियों के लिए आवश्यकताओं का निर्धारण करना;
5. आधार सामग्री संग्रहों के निर्माण और सूचना पुनर्प्राप्ति की अपेक्षाओं का पता लगाना;

6. अपनी गति से छोटे, बड़े, मध्यम आकार के पुस्तकालय और सूचना केन्द्र संचालित हों, इस हेतु इनकी जरूरतों की पूर्ति करना,
7. उन क्रियामूलक कार्यक्रमों का निष्पादन, जिनके अंतर्गत सूचना अन्तरालों की पूर्ति होती है;
8. यन्त्रेत्तर सामग्री को व्यापारिक रूप में अथवा आदान-प्रदान के आधार पर प्राप्त करने की जानकारी प्राप्त करना;
9. राष्ट्र में सूचना संसाधन के क्षेत्र की गतिविधियों का निर्धारण करना;
10. अन्तर्राष्ट्रीय स्तर पर उपलब्ध यन्त्रेतर सामग्री का अधिग्रहण एवं स्थापना करना;
11. ग्रन्थालयों को स्वचालित बना ग्रन्थालयों में कम्प्यूटर के उपयोग को दो समूहों में रखा गया है—नित्यचर्या के लिए स्वचालन व्यवस्था, दूसरे सूचना अधिग्रहण एवं पुनर्प्राप्ति की व्यवस्था और निर्माण हेतु;
12. सूचनाएं आवश्यकतानुसार यथाशीघ्र प्राप्त करने हेतु नींव सम्बन्धी सामग्रियों की व्यवस्था करना;

निसात ने भारतीय उपयोगकर्ताओं को कम्प्यूटर आधारित ग्रन्थपरक सूचनाएं उपलब्ध कराने के लिए पहल करते हुए यूनेस्को से एक यन्त्रेत्तर सामग्री पैकेज 'सीडीएस/आईएसआईएस (ISIS) सूक्ष्म-रूपान्तर (Micro version) 2.3 प्राप्त किया है, जिसे भारत के चयनित लाभ निरपेक्ष संगठनों एवं संस्थानों में वितरित किया जायेगा। इसमें उपयोगकर्ताओं को प्रशिक्षित करने की दृष्टि से निसात ने इन्सडॉक (INSDOC) और भारतीय ग्रन्थालय संघ के सहयोग से प्रशिक्षण कार्यक्रमों का आयोजन किया है। इण्डीमार्क (INDIMARC) को वैक्स पुस्तक सम्बन्धी सूचना संकलन के लिए अधिकृत किया गया है। इसके माध्यम से संसार के आधार सम्बन्धी संग्रह से भारतीय सूचना तंत्र विकसित किया गया।

विशिष्ट अध्ययन परियोजनायें

निसात की विशिष्ट अध्ययन परियोजनाओं के अंतर्गत निम्नलिखित गतिविधियों को संपादित किया जाता है—

(i) सूक्ष्म संसाधक (Micro Processor) पर आधारित सूचना उपयोग प्रणाली की संरचना और रूपरेखा

उपलब्ध उपकरणों एवं विशेषज्ञों का उपयोग कर अत्यन्त विस्तृत सूचना के शीघ्र संसाधन एवं प्रसार के लिए राष्ट्रीय वैमानिक प्रयोगशाला (NAL) ग्रन्थालयों से

सम्बद्ध विभिन्न ग्रन्थालय और सूचना सेवाओं को स्वचालित करने के उद्देश्य से राष्ट्रीय प्रयोगशाला, बैंगलोर ने इस परियोजना का उत्तरदायित्व अपने कन्धों पर लिया है। इस प्रणाली के अंतर्गत 8 द्वयंक के इन्टेल 8085 सूक्ष्म संसाधक, एक चाक्षुष प्रदर्शन एकक (VDU), दो फ्लॉपी डिस्क चालकों (Floppy disk drives) और एक ए एस आर 33 (ASR) टेलीप्रिन्टर पर आधारित है। यद्यपि प्रयोगशाला द्वारा अब एक मुख्य संसाधन यूनीवेक 1100/60 कम्प्यूटर का उपयोग किया जा रहा है तथापि उक्त छोटा यंत्र भी इस कार्य में मदद पहुँचाता है।

(ii) भारत में अनुवाद आवश्यकताओं का राष्ट्रीय सर्वेक्षण

अनुवाद सम्बन्धी समस्यायों का निदान करने के लिए भारत में भारतीय विज्ञान अनुवादक संघ की स्थापना की। विज्ञान एवं प्रौद्योगिक सम्बन्धी विश्व में असंख्य साहित्य उपलब्ध हैं जिन्हें अनुदित किये बिना उपयोगी कार्य नहीं किया जा सकता है। भारत सरकार द्वारा समय-समय पर अनुदित ग्रन्थों का सर्वेक्षण किया जाता है।

(iii) भारतीय चिकित्सा विज्ञान ग्रन्थालयों की निर्देशिका

भारतीय चिकित्सा विज्ञान के ग्रन्थालयों के लिए राष्ट्रीय चिकित्सा पुस्तकालय से निर्देशन सूची प्रकाशित की गई जिसमें कुल मिलाकर 375 चिकित्सा पुस्तकालयों का विवरण प्रदान किया जाता है। उदाहरणस्वरूप आयुर्विज्ञान चिकित्सा, होम्योपैथी, आयुर्वेदिक, यूनानी, योग से सम्बन्धित ग्रन्थ हैं।

(iv) अनुकृति परीक्षण

प्रलेखनों की उपयोगिता एवम् हस्तान्तरण को निर्धारित करने की दृष्टि से सेन्ट्रल मशीन टूल्स इन्स्टीट्यूट (CMTI) एवं हिन्दुस्तान मशीन टूल्स (HMT), बैंगलौर के मध्य टेलीफोन तार के माध्यम से सीमित बन्द (Narrowband) अनुकृति प्रविधि का उपयोग कर एक परीक्षण किया गया। परीक्षण पूर्ण सफल नहीं हो सका।

(v) भारतीय आधार सामग्री की निर्देशिका

डी.आर.टी.सी. और इन्सडॉक के तत्त्वधान से भारतीय आधार सामाग्री हेतु उत्पादन एवं संग्रह हेतु 182 सम्बन्धित संस्थानों की सूचनाओं का संकलन है। इसके अलावा निसात द्वारा सूचना विज्ञान में आधारभूत एवं व्यावहारिक शोध, संघ सूची

संकलनों को प्रोत्साहन और समर्थन प्रदान करने, कार्य प्रणालियों की रूपरेखा प्रस्तुत करने वाली नियम पुस्तिकाएं तैयार करने, सूचना के उपयोग तथा प्रबन्ध हेतु साधनों एवं प्रविधियों का विकास, ऑप्टिकल डिस्क और कॉम जैसी आधुनिक प्रविधियों का प्रदर्शन अवधारणाओं का मानकीकरण, आरूपों, यन्त्रेतर सामग्री की रूपरेखा उपकरणों के विशिष्टकरणों आदि को महत्त्व दिया जाता है।

(vi) अणु आकृतियों का प्रौद्योगिक आकलन

सूक्ष्म लेख विज्ञान के प्रबन्ध विकास संस्थान की प्रौद्योगिकी प्रवृत्तियों तथा प्रयुक्त प्रविधियों अथवा पूरक सूक्ष्म लेख विज्ञान तथा देश में इन प्रविधियों के उपयोग के पूर्वानुभवों के विश्लेषण द्वारा इस बात का अन्वेषण किया गया कि भविष्य में इन सूक्ष्म लेख विज्ञान की प्रौद्योगिकी का सूचना के संग्रह और सम्प्रेषण में क्या योगदान रहेगा।

(vii) चयनित मण्डलों में सूचना उपभोक्ताओं की आवश्यकताओं का विश्लेषण

निसात के मण्डलीय संस्थानों के अन्तर्गत सेवी संगठनों की सभी सेवाओं का वृतान्त प्राप्त करने, पाठकों की सूचना आवश्यकताओं की जांच करने तथा मण्डलीय केन्द्रों द्वारा प्रदत्त सेवाओं को अपेक्षाओं के अनुकूल बनाने, सेवाओं की पुनरावृत्ति को रोकने, उपलब्ध सेवाओं के स्वरूप की जानकारी प्राप्त करने तथा केन्द्रों की गतिविधियों में स्वेच्छा से सम्मिलित होने वाली विभिन्न संस्थानों का पता लगाने के उद्देश्य से पाठकों के एक सर्वेक्षण का आयोजन किया गया। नेशनल केमिकल्स लैबोरेट्री, पुणे, कपड़ों और सम्बन्धित उत्पादनों हेतु और प्लास्टिक तथा पालीमर्स हेतु श्रीराम इन्स्टीट्यूट अतिरा (ATIRA), अहमदाबाद का चयनित रूप से सर्वेक्षण किया गया।

लोकशक्ति विकास

लोकशक्ति के विकास से ही निसात अपने कार्यों में सफलता प्राप्त कर सकता है। इस समस्या से निपटने के लिए कर्मचारियों को प्रशिक्षित करना सेवारत सूचना क्षेत्र को कम्प्यूटर जैसी आधुनिक विधाओं और अन्य साधनों व उपकरणों के सफल उपयोग में समर्थ बनाने के उद्देश्य से निसात द्वारा विभिन्न विश्वविद्यालयों तथा संस्थानों में, प्रलेखन शोध एवं प्रशिक्षण केन्द्र (डी.आर.टी.सी.), भारतीय ग्रन्थालय संघ (आई.एल.ए.) व इन्सडॉक (INSDOC) के माध्यम से समय-समय पर

अल्पावधिक गहन अनुवर्ती शिक्षा पाठ्यक्रमों का आयोजन किया जाता है और प्रशिक्षित कार्यकर्ताओं के अभाव की पूर्ति करने की कोशिश की जाती।

निसात एवम् इन्सडॉक के संयुक्त प्रयासों से चार साप्ताहिक प्रशिक्षण कैम्प का आयोजन किया जा चुका है। कार्यक्रमों से लाभान्वित होने वाले अधिकांश प्रशिक्षणार्थी सूचना विज्ञान के क्षेत्र में नवागन्तुक थे। प्रशिक्षण की अवधि में उनके सम्मुख एम एस-डॉस (MSDOS), वर्ड स्टार/वर्ड परफैक्ट, लोट्स, सी डी एस/आई एस आई एस (CDSISIS), डी बेस थ्री प्लस, दिल्ली के एसलिस (ACLIS), इन्सडॉक, निसटाडस, मद्रास के इनफॉटेक (INFORTEK), सीएलआरआई (CLRI) और लखनऊ के सी.डी आर आई (CDRI) के सहयोग से सेवारत नवागन्तुकों को कम्प्यूटर और सूचना प्रविधि से परिचित कराने हेतु सीडीएस/आईएसआईएल (CDSISIS) प्रणाली पर सोलह विशिष्ट कार्यक्रमों का आयोजन किया गया। आयोजनों में प्रयास किया गया कि सामान्य संचार के लिए निर्मित इण्डीमार्क (INDIMARC) प्रणाली और अन्तर्नगरीय तन्त्रीकरण के लिए मार्क (MARC) के माध्यम से तैयार मानकीकृत अभिलेखों की कार्यविधि की जानकारी प्रशिक्षणार्थियों को प्रदान की जाये।

आमतौर पर कार्यशालाओं एवम् संगोष्ठियों के संदर्भ में विषयक्रमों के अलावा विभिन्न बिंदुओं पर विचार-विमर्श सम्पन्न किए जाते हैं।

राष्ट्रीय तन्त्रीकरण

भारत में राष्ट्रीय तन्त्रीकरण की संकल्पना नई नहीं है। दीर्घकाल से विश्वविद्यालयों, प्रशासकीय विभागों, ग्रन्थालयों, शोध एवं सार्वजनिक ग्रन्थालयों में इसकी अवश्यकता अनुभव की जा रही है। ढांचागत विकास हेतु संशाधनों के आपसी सहयोग के लिए निसात ने विशिष्ट कदम उठाया है अतएव प्रमुख ग्रन्थालयों को केलिबनेट के साथ सम्बन्ध किया गया। इसमें केन्द्रीय शीशा एवं मृत्तिका शिल्प अनुसंधान संस्थान (CGCRI), जादवपुर विश्वविद्यालय का केन्द्रीय ग्रन्थालय, भारतीय विज्ञान परिष्कार संघ (IACS), भारतीय रासायनिक जैव विज्ञान संस्थान (IICB), रेडियो फिजिक्स और इलैक्ट्रानिक्स संस्थान (IRPE), कलकत्ता विश्वविद्यालय का सामयिक प्रकाशन ग्रन्थालय तथा कलकत्ता में स्थापित इन्सडॉक के आंचलिक केन्द्र आदि जैसे प्रमुख ग्रन्थालयों व सूचना केन्द्रों को सम्मिलित किया जाएगा। भारत इस सम्बन्ध में ठोस प्रयास करने हेतु तत्पर है।

अनुवाद सेवायें

भारत में विज्ञान और प्रौद्योगिकी विकास के लिए यह जरूरी है कि वैज्ञानिकों, अभियन्ताओं एवं तकनीशियनों को अंग्रेजी भाषा के अतिरिक्त विश्व की अन्य भाषाओं में प्रकाशित होने वाला साहित्य उनकी अपनी भाषा में उपलब्ध कराया जाये। अनुवाद संघ इस सम्बन्ध में उल्लेखनीय भूमिका का निर्वहन कर रहा है, लेकिन यह अनुभव किया गया कि विज्ञान एवं प्रौद्योगिकी में व्यावहारिक एवं सही अनुवाद करने वाले व्यक्तियों का अभाव है। इस समस्या से निपटने के लिए और निपुण अनुवादकों को तैयार करने तथा भाषाओं में मूलभूत अवसंरचना को मजबूती प्रदान करने हेतु और अनुवाद के लिए प्रशिक्षण की व्यवस्था के अतिरिक्त अनुवाद सेवाओं के संवर्द्धन के लिए विज्ञान एवं प्रौद्योगिकी के विभिन्न क्षेत्रों में विशिष्ट द्विभाषीय और बहुभाषीय शब्दावलियों, सूक्ष्म संसाधकों प्रशिक्षणों आदि की आवश्यकता है।

सूक्ष्मलेख विज्ञान एवं पुनर्प्रतिचित्रांकन

निसात सूक्ष्मलेखन विज्ञान तथा पुनर्प्रतिचित्रांकन सम्बन्धी व्यापक योजना पर कार्य कर रहा है। इस कार्यक्रम में सूक्ष्मलेख विज्ञान के उपयोग में वृद्धि के अभिवाद को प्रोत्साहन प्रदान करने के साथ-साथ पुनर्प्रतिचित्रांकन उपकरणों की क्रेता प्रदर्शित का निर्माण, आधुनिकतम हार्डवेयर (Hardware) का प्रदर्शन, प्रविधियों का पूर्वानुमान एवं आकलन आदि सम्मिलित है।

दुर्लभ ग्रन्थों के अध्ययन पर आधारित लेख समय-समय पर प्रकाशन के लिए प्रस्ताव की परियोजनाओं को सम्बद्ध किया गया है। इसमें अनुशंसा की गई है कि सूक्ष्म आरूप (Microform) उत्पादन सामग्री की अलग से व्यवस्था अभी सम्भव नहीं है। इसलिए निसात के मण्डलीय सूचना केन्द्रों, इन्सडॉक, डैसीडॉक (DESIDOC) तथा राष्ट्रीय वैमानिकी प्रयोगशाला जैसी संस्थाओं में उपलब्ध सामग्री का प्रयोग इससे सम्बन्धित महत्त्वपूर्ण कार्यों के लिए किया जा रहा है।

अन्तर्राष्ट्रीय गतिविधियां एवं सहयोग

वर्तमान युग सहकारिता का युग है। आज कोई भी देश बिना विदेशी मदद से आगे नहीं बढ़ सकता है। अतः हमें प्रभावशाली रूप से कार्य करने के लिए अन्तर्राष्ट्रीय जगत के सूचना संसाधनों यथा उपलब्धता सुनिश्चित करना, सिद्धान्तों एवं कार्यविधियों को विकसित करना अति आवश्यक है। प्रणाली प्रभावशाली रूप मे अपने कार्य को सम्पन्न कर सके इस हेतु सूचना संसाधनों के सुचारू प्रवाह तथा

अवधारणाओं, कार्य प्रणालियों, साधनों आदि के लिए अन्तर्राष्ट्रीय सम्पर्क स्थापित करना चाहिए।

हमारा देश हमेशा से अंतर्राष्ट्रीय सहयोग को प्रधानता देता रहा है। सूचना प्रणालियों के विकास, प्रकाशनों, विशेषज्ञों के आदान-प्रदान, छात्रवृत्ति तथा प्राविधिकी सहायता आदि प्राप्त करने हेतु अनेक द्विपक्षीय एवं बहुपक्षीय समझौते किए गए। इस दिशा में इण्डो-सोवियत ज्वाइन्ट कमीशन ऑन साइन्स एण्ड टैक्नोलॉजी तथा इण्डो-यू एस ज्वाइन्ट कमीशन ऑन साइन्स एण्ड टैक्नोलॉजी प्रमुख हैं। इन समझौतों में सूचना विज्ञान को प्राथमिकता प्रदान की गई है।

भारत ने यूनेस्को और पी जी आई से घनिष्ठ आपसी सम्बन्ध स्थापित कर सूचना प्रणालियों का विकास किया है। निसात-यूनिसिस्ट (UNISIST) और एशिया एवं प्रशांत में विज्ञान एवं प्रौद्योगिकी सूचना संसाधनों के विनिमय हेतु तन्त्र एसटिन्फो (ASTINEFO) की प्रतिरूप एजेन्सी के रूप में है। इसकी अन्तर्राष्ट्रीय गतिविधियां यूनेस्को की आंचलिक सूचना प्रणाली एसटिन्फो (ASTINFO) के द्वारा सम्पादित गतिविधियों के समान ही है। यूनिसिस्ट (UNISIST) निसात की परामर्श समिति के रूप में विशिष्ट रूप से कार्य करती है। एसटिन्फो (ASTINFO) जैसी राष्ट्रीय संस्थाओं का कार्यभार सम्भालती है। इसके माध्यम से निम्न गतिविधियां की जाती हैं–

(i) सूचना संचयन पर एक पांच दिवसीय पाठ्यक्रम मार्च 1988 में हैदराबाद में आयोजित किया गया, जिसमें देश-विदेश के ग्रन्थालय एवं सूचना व्यावसायियों ने भाग लिया। इस कार्यक्रम को यूनेस्को व निसात दोनों ने संयुक्त रूप से प्रायोजित किया।

(ii) सूचना के संचयन की परियोजना यूनेस्को की बायो गैस पर, जो टाटा एनर्जी रिसर्च इन्स्टीट्यूट (TERI), नई दिल्ली में स्थापित थी, निसात द्वारा पूर्ण की जा चुकी है। परियोजना की एक प्रस्तुति 'उन्नति की ओर' (Towards Progress) शीर्षकों से निर्मित की गई है। इसके ही संयंत्रों के स्वामियों हेतु बायो गैस नियमावली और विस्तारण हेतु नियमावली पुस्तिकाएं भी बनाई गई हैं।

(iii) एपिनमैप (APINMAP) तन्त्र की राष्ट्रीय यूनिट एवम् आंचलिक यूनिट नई दिल्ली के प्रकाशन एवम् सूचना निदेशालय में स्थित है। एसटिन्फो ने औषधीय एवं सुगन्धित पौधों से सम्बन्धित आधार सामग्री संग्रह के निर्माण हेतु एक एच पी 3000 (HP 3000) पद्धति प्रदान की है। विभिन्न अनुसन्धान प्रयोगशालाओं से प्राप्त निवेश (Input) प्रवाह को समन्वित करने हेतु एक राष्ट्रीय समिति का गठन किया गया।

(iv) ई एस ए (ESA), आई आर एल (IRL) पद्धति को राष्ट्रीय वैमानिकी प्रयोगशाला (NAL), बैंगलौर द्वारा युगपत (Online) अभिगम सुविधायें प्रदान की जाती हैं। इस हेतु यूनेस्को ने हार्डवेयर टर्मिनल प्रदान किये और ई एस ए (ESA) के विशेषज्ञों ने परियोजना कर्मचारियों को आरम्भिक प्रशिक्षण प्रदान किया।

(v) निसात के सौजन्य से नेपाल के काठमाण्डू में स्थित त्रिभुवन विश्वविद्यालय में यूनेस्कों के प्रयोजन से प्रतिनिधि मण्डल भेजा गया। इसका प्रयोजन विज्ञान एवं तकनीकी शोध संस्थानों से सम्बन्धित सेवाओं को विपरण करना था।

(vi) भारत को यूनेस्को से (MICROVAX) हासिल हुई एवं कम्प्यूटर प्रयोग की अभूतपूर्व वृद्धि के लिए विज्ञान एवं तकनीकी सम्बन्धी योजना को दिल्ली में इन्सदाक में स्थापित किया गया।

(vii) यूरोपीय विशेषज्ञों का प्रतिनिधि मण्डल भारत आया। उन्होंने भारत के सूचना तन्त्र का व्यापक रूप से सर्वेक्षण किया। अपने अन्तर्राष्ट्रीय उद्देश्यों के अंतर्गत रासायनिक सूचनाक्षेत्र (CHIN), नेशनल कैमिकल लेबोरेट्री (NCL), पुणे में आधार सम्बन्धी सामग्रियों का प्रतिपादन किया।

(viii) भारत में वैक्स (VAX) प्रणाली और सीडीएस/आईएसआईएस (CDS ISIS) की मूल रूपरेखा रूपान्तरण में प्रशिक्षण प्रदान करने हेतु एक प्रशिक्षण आयोजित किए जाने हेतु यूनेस्को के सहभागिता कार्यक्रम के प्रस्ताव को अनुमति प्रदान की गई।

(ix) गोआ में स्थित राष्ट्रीय समुद्र विज्ञान संस्थान (National Institute of Oceanography) में ग्रन्थपरक सूचना तन्त्र की विकास योजना में महत्त्वपूर्ण प्रगति हुई है। इस हेतु संस्थान को एक माइक्रो-कम्प्यूटर प्रदान किया गया, सी डी-रोम (CD-ROM) पर एसफा (ASFA) आधार सामग्री संग्रह को दो वर्ष की वार्षिक शुल्क भेजा गया तथा सी डी-रोम (CD-ROM) पठन यन्त्र को किराये पर प्राप्त करने हेतु वार्षिक शुल्क के साथ भेजा गया। एन आई ओ (NIO) के कार्यकर्ताओं को प्रशिक्षित करने का कार्य इस कार्यक्रम द्वारा सम्पादित किया गया। निसात ने वैज्ञानिकों को प्रशिक्षण देने के लिए यूनेस्को के तत्त्वधान से विपणन सिद्धान्तों को विकसित किया है।

अन्य क्रियाकलाप

समय-समय पर विज्ञान एवम् प्राविधिक प्रदर्शनियों का आयोजन करने के लिए निसात ने समन्वय प्रकोष्ठ का निर्माण किया है। वर्तमान में इन प्रदर्शनियों

का अयोजन विज्ञान एवं प्रौद्योगिकी विभाग में स्थित विज्ञान एवं प्रौद्योगिकी संचार की राष्ट्रीय परिषद् द्वारा किया जाता है। इसी प्रकोष्ठ द्वारा विज्ञान एवं प्रौद्योगिकी के राष्ट्रीय प्रबन्ध सूचना तन्त्र के अवधारणात्मक नवीन कार्यक्रमों में भी सहयोग प्रदान किया जाता है। वर्तमान में भारत सरकार अपने वैज्ञानिक एवं तकनीकी विभागों में इसका प्रयोग कर रही है।

परिवीक्षकीय एवं समन्वय गतिविधियां

निसात राष्ट्रीय स्तर पर विज्ञान एवं प्रौद्योगिकी के सम्पूर्ण प्रभाव क्षेत्र हेतु सूचना प्रणालियों तथा सूचना उपयोग की कार्य प्रणालियों को प्रोत्साहित तथा विकसित करता है। आवश्यकता के अनुरूप एनविस (ENVIS) और विट्ज (BITS) अपनी जिम्मेदारियों का निर्वहन भली-भांति कर रहे हैं। वहीं निसात से अपेक्षा की गई है कि वह विशिष्ट विषयाभिमुख तन्त्रों के साथ कार्य करे और सूचना विन्यास में व्यापक सुधार करे। इस हेतु निसात ने अपने कार्यक्रम में ही परिवीक्षकीय एवं समन्वय के विशिष्ट घटकों का निर्माण किया है। निसात अपने इस कार्यक्रम को सुदृढ़ता प्रदान करने के लिए भिन्न परिवीक्षकीय एवं समन्वयी कार्य सम्पन्न कर रहा है, जिनमें से कतिपय निम्न प्रकार हैं–

(1) सूचना तंत्र सम्बन्धी व्यापक सूचनाओं का कम्प्यूटरीकृत ग्रन्थपरक सूचनाओं को एकत्रित करना एवं रख-रखाव को सुरक्षित करना।

(2) वैज्ञानिक और विशेषज्ञों की कुशलतापूर्वक सुविधा प्राप्त करने के लिए सूचना सम्बन्धी वैज्ञानिकों की संहिता (Panel) तैयार करना होता है, जिससे विभिन्न संगठनों के अंतर्गत प्रस्तावना निर्मित की जाती है।

(3) सन् 1984 में राजा राममोहन राय पुस्तकालय के सौजन्य से एक राष्ट्रीय नीति तैयार की गई जिसके उद्देश्य भारत के सभी औपचारिक राष्ट्रीय वैज्ञानिक संस्थानों के कार्यों हेतु बढ़ावा देना है।

(4) 'निसात न्यूज लेटर' का प्रकाशन हो रहा है।

(5) ग्रन्थालयों एवं सूचना केन्द्रों में संसाधनों के पारस्परिक उपयोग (Resource Sharing) की आवश्यकता का अनुभव किया गया तथा इसे व्यावहारिक रूप प्रदान करने हेतु उपलब्ध महंगे क्रमिक प्रकाशनों की संघ सूची के संकलन जैसे सम्प्रेषण साधनों को विकसित एवं संचालित कर संसाधनों के पारस्परिक उपयोग को प्रोत्साहित किया जा रहा है।

(6) स्टेट-ऑफ-आर्ट की अभिगम, मांग प्रतिमान, उपभोक्ताओं की आवश्यकताओं आदि और विज्ञान एवं प्रौद्योगिक सूचना प्रणालियों के विभिन्न पहलुओं के सर्वेक्षणों के आयोजनों को हाथ में लेना अथवा उन्हें प्रोत्साहित करना।

(7) सूचना प्रणालियों के आयात-निर्यात फिल्म सेंसर आदि से सम्बन्धित उन कार्य-प्रणालियों और नियमों व विनियमों को, जो सूचना तन्त्र के विकास को प्रभावित करते हैं, उनको सम्बन्धित प्रशासन की सहायता से औपचारिक एवं सरल बनाने हेतु प्रयत्न करना।

प्रकाशन

निसात अपनी गतिविधियों की जानकारी आम पाठकों तक पहुँचाने के लिए एक त्रैमासिक पत्रिका (NISAT News Letter) का प्रकाशन करता है। तदुपरान्त शोध और सूचना प्रौद्योगिकी के क्षेत्र में मौलिक योगदानों को भी सम्मिलित किया जाने लगा। सन् 1990 से इसका प्रकाशन सूचना विज्ञान संघ (Society for Information Science) के सहयोग से किया जा रहा है। इस कारण इसका कलेवर विस्तृत हो गया है। वर्तमान में ग्रन्थालय एवं सूचना विज्ञान सम्बन्धी व्यावसायिक उन्नति एवं नवीनतम गतिविधियों के विषय में लेखों और सूचना अंशों को इसमें स्थान दिया जाता है। व्यावसायिक एवं व्यक्तिगत कर्मचारियों तथा संस्थाओं के बीच न्यूज लेटर की तीन हजार से अधिक प्रतियों का वितरण किया जाता है। इसके अतिरिक्त निसात समय-समय पर कार्यशालाओं, संगोष्ठियों, सम्मेलनों को आयोजित करता रहता है।

उपर्युक्त गतिविधियों के साथ-साथ परिसरीय प्रबन्ध सूचना प्रणाली के अन्तर्गत कम्प्यूटर आधारित प्रबन्ध सूचना प्रणाली की अन्तःपरिसरीय गतिविधियों और उनके विकास द्वारा समन्वित किया जाता है।

निसात के कार्य

निसात सूचना सम्बन्धी बहुउद्देशीय योजनाओं का संचालन करने हेतु निम्नलिखित कार्य करता है–

1. सूचना तंत्र से सम्बन्धित सहयोगी संस्थाओं हेतु उत्कृष्ट अध्ययनों, सर्वेक्षणों का प्रकाशन करना;
2. सूचना तंत्र सम्बन्धी निर्देशक अवधारणाओं, पैमानों का वैज्ञानिक समूहों की सहायता से निर्मित करना;

3. सूचना तंत्र सम्बन्धी शिक्षण-प्रशिक्षण गोष्ठियों तथा शिविरों का आयोजन करना;
4. जनशक्ति को सूचना के संग्रहण उपयोग व वितरण तथा आधुनिक सूचना उपकरणों के संचालन एवं रख-रखाव में उन्हें प्रवीण बनाना और उनके ज्ञानबर्द्धन हेतु प्रशिक्षणों एवं पुनर्श्चर्या कार्यक्रमों का आयोजन करना;
5. सूचना केन्द्रों और तन्त्रों को उनकी क्षमता संवर्द्धन तथा विशिष्ट कार्यों के उत्तरदायित्वों की पूर्ति हेतु प्रौद्योगिकी सहयोग और आवश्यक धनराशि प्रदान कर सहयोग व समर्थन प्रदान करना।

निसात द्वारा आयोजित इन कार्यों में खर्च सातवीं पंचवर्षीय योजना के अनुसार तेरह हजार करोड़ आंकी गई थी, परन्तु योजनान्तर्गत निसात योजना को मात्र 4.50 करोड़ रुपये की राशि का अनुदान प्राप्त हुआ। इस कारण से कार्यक्रम की विभिन्न गतिविधियों की वरीयता निर्धारित की गई। परिणामतः सम्पूर्ण योजना को यथावत लागू नहीं किया जा सका।

वर्तमान समय में निसात विज्ञान एवं औद्योगिक अनुसन्धान विभाग (DSIR) के तत्वावधान में कार्य कर रहा है। इसका एक छोटा सचिवालय है जिसका आवश्यकतानुरूप विस्तार किया जा सकता हैं। यह विस्तार तभी सम्भव है जब योजना में निहित किसी विकासशील कार्यक्रम को सत्यापित करना हो।

निसात की विभिन्न समितियां निसात की नीतियों एवम् गतिविधियों के निर्धारण, परामर्श, निर्देश, आंकलन का कार्य करती है। विशिष्ट अनुशीलनों, सर्वेक्षणों, मानकों आदि के निर्धारण व आयोजनों हेतु निसात द्वारा कार्य समूहों एवं विशेषज्ञ समूहों का गठन किया जाता है। समय-समय पर निसात सूचना वैज्ञानिकों, व्यवसायिक समूहों हेतु कार्यक्रमों एवं गोष्ठियों का आयोजन करती है।

भारत में पिछले कई वर्षों से विज्ञान एवं प्रौद्योगिकी सूचना के क्षेत्र में उल्लेखनीय प्रगति हुई है जिसका बहुत कुछ श्रेय सुनियोजित सूचना तन्त्र में सम्मिलित उन संगठित सूचना केन्द्रों को है, जिनके माध्यम से सूचना का सुगम एवं शीघ्र अधिगम सम्भव हो सका है। इसने शैशवास्था से ही सूचना तंत्र सम्बन्धी क्षेत्रों में उल्लेखनीय कार्यों का योगदान करना प्रारम्भ कर दिया था। अपने सीमित साधनों व अर्थिक अभाव के उपरान्त भी बड़ी संख्या में कार्यरत वैज्ञानिक सूचना सेवाओं, सूचना स्त्रोतों तथा सूचना पद्धतियों में समन्वय तथा अन्तर्सम्बन्ध स्थापित करने में सफल रहा है। वह प्रयत्नशील है कि वैज्ञानिकों, तकनीकी विशेषज्ञों, तकनीशियनों,

अभियन्ताओं, व्यवस्थापकों, सरकारी उद्योगों एवं व्यावसायिक प्रतिष्ठानों आदि की विभिन्न स्तरीय सूचना आवश्यकताओं को कुशलतापूर्वक प्रभावशाली तरीके से न्यूनतम पुनरावृत्ति एवं प्रामाणिकता के साथ पूरा कर सकें,

निसात ने विविध सूचना तंत्र सम्बन्धी क्षेत्रीय स्तर की सेवाएं प्रारंभ की हैं। ग्रन्थालयों एवं सूचना केन्द्रों एवं सेवाओं के कुशल और सुचारू संचालन के लिए आवश्यक निपुण एवं प्रशिक्षित कर्मचारी सूचना विज्ञान के क्षेत्र से संबंधित समस्याओं को प्रशिक्षण पाठ्यक्रमों के आयोजनों द्वारा दूर करने में जुटा हुआ है, जिससे देश के वैज्ञानिक एवं प्रौद्योगिकी समुदाय की निरन्तर बढ़ती हुई बौद्धिक क्षुधा को सूचना सरल, सुगम एवं शीघ्र सम्प्रेषण द्वारा शान्त किया जा सके। निसात सूचना तंत्र सम्बन्धी क्षेत्र में अद्वितीय योगदान करे इसके लिए जरूरी है कि इसे भारत सरकार द्वारा पर्याप्त आर्थिक सुविधाएँ दी जाएँ। यह तभी संभव होगा, जब सरकारी अनुदान एवं सहायता के साथ-साथ वैज्ञानिक एवं प्रौद्योगिक समुदायों, उद्योगों, व्यावसायिक प्रतिष्ठानों आदि से उसे चौतरफा मदद मिले।

10

अन्तर्राष्ट्रीय सूचना एवं प्रलेखन सेवाएं

अन्तर्राष्ट्रीय स्तर पर प्रलेखन सेवाओं का प्रारंभ उन्नीसवीं सदी के प्रारंभ में माना जाता है। सर्वप्रथम इन सेवाओं का प्रयोग वैज्ञानिक एवम् शोधकर्ताओं को आगे बढ़ाने के लिए किया गया था। बाद में स्वेच्छा से प्राप्त अन्तर्राष्ट्रीय सहयोग एवं धन ने इसके विकास में महत्त्वपूर्ण भूमिका निभाई। उस समय विशिष्ट प्रकार की प्रलेखन विधियों की आवश्यकता भी अनुभव नहीं की जा रही थी। 20वीं सदी के प्रथम चरण में प्रलेखन की विशिष्ट विधियों का भी प्रयोग होने लगा, लेकिन इसका आन्तरिक विकास 20वीं सदी के द्वितीय चरण में ही हुआ। इसकी व्यवस्था के लिए, आर्थिक संसाधनों को उपलब्ध एवं सुदृढ़ करने के लिए यूनेस्को तथा संयुक्त राष्ट्र संघ की अन्य एजेन्सियों की भूमिका महत्त्वपूर्ण रही है। कई विकासशील देशों ने राष्ट्रीय संगठनों का निर्माण कर प्रलेखन के गतिविधियों में उल्लेखनीय योगदान दिया है। प्रलेखन की अनेक विधियों एवं प्रविधियों को अधिक महत्त्व दिया गया, जिससे इस दिशा में भी पर्याप्त प्रगति हुई। वैज्ञानिकों अथवा प्रलेखन के परिणामों के उपयोगकर्ताओं के वैयक्तिक प्रयासों की अपेक्षा सुसंगठित संगठनों के प्रयासों से प्रलेखन कार्य का भविष्य अधिक सशस्त एवं गतिशील होने लगा। जनसंख्या में तीव्र गति से हो रही वृद्धि से उत्पन्न आवश्यकता भी प्रलेखन सेवा के क्रमिक विकास का कारण बना। अन्तर्राष्ट्रीय स्तर पर प्रलेखन सेवाओं का उद्गम एवम् विकास निम्नलिखित है।

1. रायल सोसाइटी इन्डेक्स (R.S.I)—सन् 1885 में प्रलेखन जगत में द्वितीय प्रयास के रूप में इसका प्रादुर्भाव माना जाता है इसने अपनी एक बैठक में ब्रिटिश एसोसिएशन फॉर दी एडवान्समेंट ऑफ साइन्स (British Association for the Advancement of Science) ने गणित एवं भौतिकी के क्षेत्र की सामग्रियों की एक प्रसूची को "Catalogue of Philosophical Memoirs" आख्या के अन्तर्गत प्रस्तुत करने का निर्णय लिया। इस कार्य को रायल सोसाइटी ने 1858 में प्रारम्भ किया। प्राकृतिक विज्ञानों के सम्पूर्ण क्षेत्र के साथ इस प्रसूची में जीवविज्ञानों के क्षेत्र को सम्मिलित करने हेतु इसे और विकसित किया गया। लेकिन व्यावहारिक विज्ञानों को इसमें सम्मिलित नहीं किया गया। शोधार्थियों तथा विशेषज्ञों को शुद्ध विज्ञान के क्षेत्र की प्रगति से सुविदित रखने के लिए यह उपयोगी सिद्ध हुई। इस प्रलेखन-तालिका को "Catalogue of Scientific Papers 1800-1900" की आख्या से जाना जाता है। यह पहली प्रकार की व्यापक प्रलेखन तालिका मानी जाती है।

2. इन्डेक्स कैटालॉग ऑफ सर्जन जनरल्स लाइब्रेरी—इन्डेक्स कैटालॉग ऑफ सर्जन जनरल्स लाइब्रेरी प्रलेखन क्षेत्र में विशालता एवम् व्यापकता के लिए प्रसिद्ध है। यह एक ही ग्रन्थालय की सामग्रियों की तालिका है, जिसे "Index Catalogue of Surgeon General's Office of the United States" की आख्या से जाना जाता है। 1880 में इसे इस ग्रन्थालय के सर्जन-ग्रन्थालयी डॉ. बिलिन्ग (John Shaw Billings) ने प्रारम्भ किया था। यह एक व्यक्ति का विस्तृत और गहन प्रयास था, जिसे 50 खण्डों से अधिक अंकों में प्रकाशित किया गया था। इनके प्रकाशन पर अनुमानतः 50 लाख रुपयों से अधिक व्यय किया गया था। विख्यात ग्रन्थालय प्रेमी कारनेगी द्वारा उसके प्रकाशन में बहुत आर्थिक मदद दी गई थी।

3. Chemisches Zentralblatt—"फमस्युिटिसेज सेन्ट्रालब्लॉट" को प्रलेखन के क्षेत्र का प्रथम प्रयास मानते हैं जिसकी स्थापना 1830 में की गई थी। यह रसायन एवं प्रौद्योगिक के क्षेत्र से सम्बन्धित प्रलेखन का प्रयास है। कालान्तर में इसकी आख्या परिवर्तित कर "Chemisches Zentralblatt" कर दी गयी।

4. ब्रूसेल्स इंस्टीट्यूट (Brussels Institutes)—प्रलेखन जगत में विश्वस्तरीय वाङ्मयात्मक की कोशिश बेल्जियम के हेनरी ला फोन्टेन एवं पाल आटलेर द्वारा 1895 में की गई। उन्होंने विश्व वाङ्मयात्मक केन्द्र की स्थापना हेतु इसी वर्ष बेल्जियम के ब्रूसेल्स नगर में अन्तर्राष्ट्रीय वाङ्मय सम्मेलन (International Bibliographical Conference) का आयोजन किया। इस सम्मेलन के परिणामस्वरूप इन्टरनेशनल इंस्टीट्यूट ऑफ बिब्लियोग्राफी की स्थापना की गई। इस संस्था के नाम में क्रमशः परिवर्तन होता रहता है। 1938 से इसे इन्टरनेशनल फेडरेशन फॉर डाकूमेन्टेशन (FID) के नाम से जाना जाता है। विश्व की प्रमुख संदर्भ ग्रंथ सूची तैयार करने में इस संस्था ने महत्त्वपूर्ण भूमिका का निर्वहन किया है।

5. कॉनसिलिम बिब्लियोग्राफिकम (Concilium Bibliographicum) —उन्नीसवीं सदी में प्रलेखन जगत में कॉनसिलियम बिब्लियोग्राफिक्स का जन्म हुआ, जो 1895 से 1940 तक पर्याप्त लोकप्रिय रही है। प्राणिकी (Zoology) के क्षेत्र में प्रलेखन सेवा को कार्यान्वित करने हेतु फील्ड (Herbert Havland Field) ने यूरोप के प्राणिकी विशेषज्ञों एवं ग्रन्थालियों से 1892-95 की अवधि में विस्तृत विचार-विमर्श करने के पश्चात् इसे प्रारम्भ किया था। इसके परिणामस्वरूप इन्टरनेशनल कांग्रेस ऑफ जूयालॉजी द्वारा ज्यूरिख में, "Central Bureau of Zoology and Comparative Anatomy" की स्थापना की गई। पत्रकों पर डेसीमल क्लासीफिकेशन के अनुसार यह वाङ्मय सूची तैयार की जाती थी।

कानसिलियम बिब्लियोग्रफिकम ने सन् 1908 में लगभग 150 लाख पत्रकों को वितरित किया था। 1921 में फील्ड की मृत्यु के पश्चात् सॅकफेलर फाउन्डेशन ने पांच वर्षों तक इसकी सहायता की, लेकिन 1940 में आवश्यक आर्थिक सहायता के अभाव में यह समाप्त हो गई।

6. इन्टरनेशनल कैटालॉग ऑफ साइन्टिफिक लिटरेचर—इस समिति का गठन सन् 1894 में रायल सोसाइटी के माध्यम से किया गया। इसका उद्देश्य 20वीं सदी की सामग्रियों की एक प्रलेखन-तालिका प्रस्तुत करना था। साथ ही 19वीं सदी की वाङ्मय सूची को इससे सम्बद्ध रखना था। परिणामतः "International Catalogue of Scientific Literature" का जन्म हुआ।

इसने 1901 से लेकर 1914 के बीच विज्ञान के प्रमुख सात क्षेत्रों में महत्त्वपूर्ण प्रकाशन कार्य किया, जिसे 1914 में समाप्त कर दिया गया। ऐसा इसलिए किया गया क्योंकि स्वेच्छा से प्राप्त आर्थिक सहायता से अन्तर्राष्ट्रीय प्रलेखन तालिका को प्रस्तुत कर प्रकाशित करना सम्भव नहीं था। इसकी समाप्ति का एक दूसरा कारण भी था। इसमें स्वेच्छा से ही वैज्ञानिकों द्वारा संलेखों को प्रदान किया जाता था, जो अधिक सुविधाजनक सिद्ध नहीं हो सका। इसके कारण अन्तर्राष्ट्रीय स्तर की इस प्रलेखन तालिका को सफलता नहीं प्राप्त हुई

बीसवीं शताब्दी के नए प्रयास

बीसवीं सदी में विश्व स्तर पर अलेखन के प्रयासों के असंफल होने पर राष्ट्रीय स्तर पर प्रलेखन के अभिकरण संगठित होने लगे। इस अवधि में प्रलेखन-सेवा की पूर्ति की दृष्टि से सारांशीकरण एवं अनुक्रमणिकाकरण पत्रिकाओं का विज्ञान के क्षेत्रों में अधिकाधिक प्रकाशन किया जाने लगा। विद्वत् परिषदों तथा व्यापारिक उद्देश्य से

अन्य संगठनों द्वारा बड़ी संख्या में सारांशीकरण पत्रिकाओं का प्रकाशन प्रारम्भ किया गया।

सामाजिक आवश्यकताओं में द्वितीय विश्व युद्ध के उपरांत बढ़ोत्तरी हुई। इस वजह से सूचना एवं प्रलेखन सेवा की आवश्यकता महसूस हुई। यूनेस्को तथा इन्टरनेशनल काउन्सिल ऑफ साइन्टिफिक यूनियन्स (ICSU) ने सम्मिलित रूप से विश्व की सारांशीकरण पत्रिकाओं का समन्वय किया है और समाज विज्ञानों के क्षेत्र को भी लाभान्वित करने का प्रयास किया है। साथ ही, विकासशील देशों में राष्ट्रीय प्रलेखन केन्द्रों की स्थापना करने हेतु सहयोग एवं प्रोत्साहन दिया है। इसके द्वारा विश्व के अनेक देशों में प्रलेखन के क्रियाकलापों को बहुमुखी विकास के उद्देश्य से सशक्त किया गया है। यूनेस्को ने इस दिशा में उल्लेखनीय प्रयास किया है।

अन्तर्राष्ट्रीय संगठनों का प्रलेखन सेवाओं में योगदान

अनेक अन्तर्राष्ट्रीय संगठन प्रलेखन एवं सूचना प्रसार सेवा के क्षेत्र में स्वरूपों एवं प्रकारों में मुद्रित ज्ञान-सामग्रियों के उत्पादन की विशाल संख्या के साथ ही साथ, अन्य प्रकार की गैर-परम्परागत सामग्रियों के उत्पादन एवं प्रचलन के कारण उनकी जानकारी, संदर्भों तथा उद्धरणों की समस्याओं को हल करने हेतु अपना प्रमुख योगदान कर रहे हैं। इनमें निम्नांकित संगठनों का योगदान विशेषरूप से उल्लेखनीय है–

(1) इन्टरनेशनल फडेरेशन ऑफ लाइब्रेरी एसोसिएशन्स एण्ड इंस्टीट्यूशन्स (IFLA);

(2) यूनेस्को तथा सूचना सेवाएं (UNESCO and Information Services);

(3) इन्टरनेशनल फडेरेशन फॉर डाकूमेन्टेशन (STET);

(4) इन्टरनेशनल काउन्सिल ऑफ साइन्टिफिक यूनियन्स (ICSU)।

11

यूनिसिस्ट

यूनिसिस्ट की स्थापना विश्वस्तरीय सूचना सामग्रियों एवम् संसाधनों के प्रयोग हेतु सम्बद्ध करने के लिए प्रणाली को प्रोत्साहित करने के लिए किया गया था। यूनिसिस्ट विज्ञान एवम् प्रौद्योगिकी से सम्बन्धित एक महत्त्वपूर्ण अन्तर्राष्ट्रीय संस्था है। वर्तमान समय में 58 सदस्य राष्ट्रों में यूनिसिस्ट समितियां तथा राष्ट्रीय केंद्र कार्यरत हैं। सर्वप्रथम 1964 में 13वें विज्ञान एवं विश्व मामलों पर आयोजित सम्मेलन में जो कि कार्लोवी वेरी, चेकॉस्लाविया में हुआ था, यह बताया गया कि वर्तमान सारकरण सेवाएं तथा यांत्रिक संकेतन एवं अनुक्रमणीकरण पद्धतियां पृथक-पृथक रूप से कार्य कर रही हैं और एक रूप में संग्रहीत सूचना को दूसरे रूप में संग्रहीत सूचना के साथ स्वतंत्र रूप से विनिमय नहीं कर पा रही हैं। इसलिए सम्मेलन ने अनुशंसा की कि सूचना के संग्रह तथा पुनर्प्राप्ति की एकीकृत पद्धति को विकसित करने हेतु अविलम्ब आवश्यक कदम उठाये जाएं। भिन्न-भिन्न प्रकार के वैज्ञानिक शोधों से सम्बन्धित शोधकर्ताओं के लिए इसकी जरूरत अनिवार्य समझी जाती है।

अन्तर्राष्ट्रीय वैज्ञानिक संघ परिषद् तथा यूनेस्को इस कार्य हेतु सर्वाधिक उपयुक्त समझे गए, को वैज्ञानिक व तकनीकी सूचना के संचार को अन्तर्राष्ट्रीय रूप देने हेतु आवश्यक कार्यवाही करने के निर्देश दिए गए। इक्सू (I.C.S.U—International Council of Scientific Unions) के सन् 1966 में बम्बई में सम्पन्न हुए 11वें सम्मेलन में यह प्रस्ताव किया गया कि इसका प्रमुख लक्ष्य विश्व के विज्ञान से सम्बन्धित क्षेत्र में समस्त सूचना के संग्रह व पुनर्प्राप्ति में विभिन्न कार्यों के मध्य

समन्वय स्थापित करना था। लगभग इसी समय यूनेस्को द्वारा विभिन्न संस्थाओं एवं विशेषज्ञों के अनुरोध पर अन्तर्राष्ट्रीय स्तर पर वैज्ञानिक एवं तकनीकी प्रलेखन तथा सूचना के स्थानान्तरण में सुधार हेतु संचालित ढाँचे सम्बन्धी प्रस्ताव पर विचार करने के लिए एक सम्मेलन यूनेस्को के मुख्यालय पेरिस में 4-8 अक्टूबर, 1971 में आयोजित किया गया। यूनेस्को द्वारा आयोजित इस सम्मेलन में 85 देशों के 326 प्रतिनिधियों ने भाग लिया था। इस सम्मेलन का मुख्य लक्ष्य विश्व विज्ञान सूचना पद्धति की स्थापना की सम्भावना के सम्बन्ध में यूनेस्को तथा अन्तर्राष्ट्रीय वैज्ञानिक संघ परिषद् (ICSU) के सम्मिलित अध्ययन के परिणामों पर विचार करना और इसकी स्थापना हेतु संस्तुति करना था। इस सम्मेलन में यूनेस्को के लिए अठारह से तेईस सदस्यीय संचालन समिति के चुनाव का भी सुझाव पारित किया गया, जिसका कार्य यूनेस्को के कार्यक्रमों पर निगरानी करना तथा आवश्यकता पड़ने पर लम्बी अवधि वाली परियोजनाओं की सीमाओं के माध्यम से प्राथमिकताओं में सुधार लाना था।

अगर वैज्ञानिक एवमू प्रौद्योगिकी सूचना के सम्बन्ध के बारे में गौर करें तो स्पष्ट होता है कि यूनेस्को तथा इक्सू (I.C.S.U.) में विशेष एकरूपता है। अतः दोनों संगठनों के श्रम ने अनावश्यक दुरुपयोग को रोकने के लिए सन् 1967 में 13 सदस्यीय यूनेस्को/इक्सू केन्द्रीय समिति (Unesco/ICSU Central Committee) का गठन 'हेरिस बाउन' की अध्यक्षता में किया गया ताकि विश्व विज्ञान सूचना पद्धति की सम्भावना का अध्ययन संयुक्त रूप से किया जा सके। लगभग चार वर्षों के अध्ययन के बाद सन् 1970 में एक प्रतिवेदन 'UNISIST—Study Report on the Feasibility of a World Science Information System' प्रकाशित किया गया। इस प्रतिवेदन की रूपरेखा सन् 1971 में प्रकाशित की गई। ये दोनों प्रलेख सूचना स्थानान्तरण की मुख्य समस्याएं एवं उनके आधुनिक समाधानों सम्बन्धी महत्त्वपूर्ण सूचनायें देते हैं। इस प्रतिवेदन में इसी प्रकार के विश्व विज्ञान सूचना पद्धति की सम्भावना व्यक्त की गई। आजकल की भावी सेवाओं की स्वैच्छिक सहायता पर आधारित यह एक लचीला तंत्र है।

इसलिए यूनिसिस्ट न तो लोचदार संस्था है और न ही यह पूर्वकल्पित उच्च स्तरीय ढाँचे के मानक से प्रभावित है, परिणामतः यह विश्व को पारदर्शी सूचना प्रदान करने में पूरी तरह समर्थ नहीं है। यह विश्व के वैज्ञानिकों के मध्य सूचना के स्वतन्त्र विनिमय की पुरानी परम्परा का आधुनिक प्रस्तुतीकरण है। यूनिसिस्ट को वैज्ञानिक सूचना के विकास में उत्प्रेरक की तरह कार्य करने तथा वर्तमान में सहयोग की दिशाओं को समन्वित करने हेतु लचीले कार्यक्रम की तरह नियोजित किया गया है।

यूनिसिस्ट एक उच्च स्तरीय तन्त्र नहीं है और न ही एक विशाल केन्द्र, बल्कि विकासशील सेवाओं के तन्त्र के लिए आवश्यक स्वैच्छिक सहयोग को बढ़ावा देने हेतु एक कार्यक्रम है, जिसका उद्देश्य लचीली तथा शिथिलतापूर्वक जुड़ी हुई सूचना सेवाओं का तन्त्र स्थापित करना है। प्रारम्भ में यह केवल विज्ञान, अभियांत्रिकी तथा प्रौद्योगिकी के क्षेत्र में ही कार्यरत था, इसके महत्त्व को देखते हुए 1975 में समाज विज्ञान को भी इसमें पर्याप्त महत्त्व दिया गया।

1975 में यूनेस्को द्वारा नाटिस (NATIS) की अवधारणा का विकास किया गया था। नाटिस व यूनिसिस्ट दोनों के कार्यक्रम में कुछ द्विरावृत्ति को ध्यान में रखते हुए, 1976 में यूनेस्को के 19वें सामान्य सम्मेलन में नाटिस को यूनिसिस्ट के साथ मिलाने की अनुशंसा की गई। फलस्वरूप दोनों के विलय (Merger) से एक नये कार्यक्रम 'सामान्य सूचना कार्यक्रम/यूनिसिस्ट-II' (PGI/Unisist-II) का उद्‌भव हुआ।

यूनिसिस्ट की प्रमुख अवधारणा

कुछ प्रमुख अवधारणाओं के आधार पर विज्ञान एवं सूचना पद्धति को स्पष्ट कर सकते हैं–

1. वैज्ञानिक सूचना के अन्तर्राष्ट्रीय विनिमय के लिए प्रयुक्त शब्दावली तथा विज्ञान व प्रौद्योगिकी के विभिन्न क्षेत्रों एवं विषयों में विद्यमान अनेक रूपताओं को समाप्त करने का प्रयास करना।
2. सभी देशों के वैज्ञानिकों के मध्य प्रकाशित अथवा प्रकाशन योग्य वैज्ञानिक सूचना तथा आँकड़ों का निर्विघ्न विनिमय करना।
3. भावी सूचना पद्धतियों के नियोजन में वैज्ञानिकों की भावी पीढ़ी का योगदान करना।
4. विभिन्न केन्द्रों के मध्य एवं भीतर वैज्ञानिक सूचना के संचरण में प्रशासनिक एवं कानूनी अवरोधों को कम करना।
5. सूचना पद्धति के उपयोग एवं विकास में वैज्ञानिकों की बढ़ती हुई साझेदारी, विशेष रूप से वैज्ञानिक सूचना संश्लेषण एवं मूल्यांकन में उनका योगदान करना।
6. सभी देशों में यांत्रिक पद्धतियों के उपयोगार्थ आवश्यक आधार के रूप में स्थापित सूचना एवं आंकड़ों हेतु शिक्षित, श्रम शक्ति एवं अन्तःस्रोतों का विकास करना।

7. ऐसे विकासशील एवं विकसित राष्ट्रों को सहायता प्रदान करना, जो कि विज्ञान के क्षेत्र में वर्तमान एवं भावी सूचना सेवाओं को प्राप्त करना चाहते हैं।
8. कार्यभार के विभाजन एवं आवश्यक सेवाएं प्रदान करने के उद्देश्य से सेवा के विभिन्न क्षेत्रों में तथा विभिन्न देशों के सूचना तन्त्रों के मध्य सहकारी समझौतों को प्रोत्साहन देना।
9. विज्ञान के विभिन्न क्षेत्रों एवं विभिन्न देशों में विकसित सूचना प्रस्तुतीकरण पद्धतियों के मध्य संगतता को बढ़ावा देना।
10. तन्त्र के भीतर वैज्ञानिक सूचना एवं आँकड़ों के आदान-प्रदान को बढ़ावा देने हेतु तकनीकी मानकों का सहकारी विकास एवं रख-रखाव करना।
11. तन्त्र के भीतर प्रकाशित तथा प्रकाशनीय सूचना तथा आँकड़ों के विनिमय को प्रोत्साहन देना, जो कि वैज्ञानिकों एवं अभियन्ताओं को उपयोगी सूचना प्रदान करता है।

यूनिसिस्ट के मुख्य लक्ष्य

युनिसिस्ट के प्रमुख लक्ष्य निम्न प्रकार हैं–

1. सूचना सेवाओं की दक्षता सम्बन्धी उद्देश्य,
2. इस पद्धति के उपकरणों का सुधार एवं विकास से संबंधित उद्देश्य,
3. यूनिसिस्ट संगठन सम्बन्धी उद्देश्य,
4. विकासशील राष्ट्रों को सूचना सेवाओं के विकास हेतु अन्तर्राष्ट्रीय सहयोग,
5. संस्थात्मक वातावरणीय उद्देश्य,
6. व्यावसायिक समूहों के उत्तरदायित्व सम्बन्धी उद्देश्य।

यूनिसिस्ट की संरचना

किसी भी कार्य के सफल संपादन हेतु एक उच्च स्तरीय रूपरेखा तैयार करनी होती है। इसी आधार पर यूनिसिस्ट का भी अपने कार्य करने की एक रूपरेखा व ढाँचा है। हम इसे तीन भागों में वर्गीकृत कर सकते हैं–

1. सलाहकारी समिति—यूनेस्को यूनिसिस्ट कार्यक्रम के डाइरेक्टर जनरल के सलाह देने के लिए यूनिसिस्ट किस सीमा तक अपने उपयोगकर्ताओं की आवश्यकताओं की पूर्ति करने में समर्थ है, के लिए यह समिति कार्य करेगी। यूनेस्को के डाइरेक्टर जनरल के द्वारा परामर्श समिति की नियुक्ति की जाती है।

2. प्रशासकीय कार्यालय—यह यूनिसिस्ट के स्थाई सचिवालय की भूमिका निभायेगा तथा कार्यक्रमों के प्रशासन एवं बजट के लिए जिम्मेदार होगा।

3. संचालन परिषद्—इसमें शिक्षा, संस्कृति, विज्ञान एवं प्रौद्योगिकी क्षेत्र के कार्यक्रमों को निर्देशित करने व योजना बनाने के लिए 30 सदस्य होंगे।

यूनिसिस्ट द्वारा प्रदत्त प्रमुख सेवायें

यूनिसिस्ट द्वारा प्रदान की जाने वाली सेवाएँ निम्न प्रकार हैं–

1. सूचना कर्मचारियों के प्रशिक्षण में सहायता देना;
2. सूचना रख-रखाव की योग्यता के विकास में सहायता देना;
3. मानकों व मानदण्डों के प्रयोग में सहायता देना;
4. सूचना सम्बन्धी नीति व योजनायें बनाने में सहायता देना।

यूनिसिस्ट द्वारा आर्थिक मदद

यूनिसिस्ट सूचना नीति से संबंधित राष्ट्रीय संस्थाओं को आर्थिक मदद प्रदान करती है, ताकि विकासशील देशों के कृषकों को सहयोग मिल सके। यह सहायता उत्प्रेरक (Catalogic) की तरह होती है, अर्थात् इसका उद्देश्य गतिविधियों को संगठित तथा विकसित करना होता है ताकि ये स्वतंत्र रूप से कार्य करने में समर्थ हो सके। यूनिसिस्ट राष्ट्रीय एवम् अंतर्राष्ट्रीय स्तर पर दो प्रकार की योजनाएं आयोजित करती है–

(i) यूनेस्को के बजट द्वारा अनुदान प्राप्त कार्यक्रम;

(ii) सदस्य देशों व अन्य संस्थाओं द्वारा आर्थिक अनुदान प्राप्त योजनायें।

उपरोक्त दोनों प्रकार की योजनाओं हेतु 1986-87 में 9,858,000 डालर व्यय किए गए। आर्थिक अनुदान के अन्तर्गत सदस्य राष्ट्रों को यूनिसिस्ट कार्यक्रम के उद्देश्यों के अन्तर्गत आयोजित गतिविधियों के संचालन हेतु परामर्श सेवाओं, शोधवृत्तियों, राष्ट्रीय संगोष्ठियों, उपकरण आदि हेतु धन दिया जाता है।

यूनिसिस्ट संस्थान

यूनिसिस्ट के कार्यों को संपादित व पूर्ण करने हेतु कुछ संस्थान सक्रियात्मक योगदान निम्न प्रकार दे रहे हैं–

(i) अन्तर्राष्ट्रीय पारिभाषिक पदावली सूचना केन्द्र,

(ii) अन्तर्राष्ट्रीय अनुक्रमिक आधार सामग्री पद्धति,

(iii) सूचना रख-रखाव का अन्तर्राष्ट्रीय सन्दर्भ केन्द्र,

(iv) यूनिसिस्ट अन्तर्राष्ट्रीय ग्रन्थपरक वर्णन केन्द्र।

यूनिसिस्ट का योगदान

सन् 1917-77 के समय अन्तराल में यूनिसिस्ट द्वारा विकासशील देशों के सूचना कर्मचारियों के प्रशिक्षण पर विशेष बल दिया गया। यूनेस्को के वैज्ञानिक एवं प्रौद्योगिकी सूचना एवं प्रलेखन विभाग का यूनिसिस्ट ने प्रशासकीय कार्यालय के रूप में उपयोग किया तथा सचिवालय से सम्बन्धित सहायता प्रदान किये जाने का प्रमुख कारण संचालन परिषद् व परामर्श समिति की बैठकों को सफल बनाना था। प्रौद्योगिकी के क्षेत्र में सदस्य राष्ट्रों को सूचना एवं सूचना सामग्री सेवाओं के समन्वयन हेतु राष्ट्रीय सूचना विज्ञान तन्त्र के विकास में सहायता प्रदान की गई। इस दौरान सूचना सिद्धांतों पर कई राष्ट्रीय एवं क्षेत्रीय स्तरों पर संगोष्ठियों का आयोजन किया गया। इन्सडॉक द्वारा भी क्षेत्रीय वैज्ञानिक सूचना सेवाओं पर एक संगोष्ठी का आयोजन किया गया। इसी प्रकार कई अन्तर्राष्ट्रीय एवं अशासकीय संघों जैसे इक्सू, आईसीए, इफला, आईएसओ एवं एफआईडी ने कई प्रकार से शैक्षिक व प्रलेखीय सहायता प्रदान की। इन संस्थाओं के माध्यम से प्रशिक्षण कार्यक्रमों को संचालित किया जा सकता है।

फ्रांस सरकार के सहयोग से सामयिक प्रकाशनों के नियंत्रण हेतु तथा इसकी पंजिका को अद्यतन रखने हेतु अन्तर्राष्ट्रीय आवधिक प्रकाशन आधार सामग्री पद्धति (ISDS) की स्थापना पेरिस में की। वियना में यूनिसिस्ट इन्टरनेशनल इन्फोरमेशन सेन्टर फार टर्मिनोलॉजी (INFOTERM) तथा वारसा (Warsa) में अंग्रेजी के अतिरिक्त वहां अन्य भाषा पर्याय शब्दकोश के निर्माण में सहायता प्रदान की। इसमें वी.एस.ओ. ने सकारात्मक कार्य किया है।

यूनिसिस्ट ने सूचना के हस्तानान्तरण सम्बन्धी कार्य जैसे अनुवाद सेवाओं, सूचना केन्द्रों व आधार सामग्री केन्द्रों व सारकरण, अनुक्रमणीकरण एवं विशिष्ट ग्रन्थालयों की स्थापना की ताकि अन्तर्राष्ट्रीय स्तर पर इन संस्थाओं के उत्पादनों का उपयोग सम्भव हो सके। इस हेतु सूचना विश्लेषण केन्द्र के कार्यकारी समूह की बैठक 1975 में हुई तथा वैज्ञानिक सम्पादन, अनुवाद, प्रायोगिक आंकड़ों के रख-रखाव आदि से सम्बन्धित कई प्रशिक्षण कार्यक्रमों का आयोजन किया गया। कई ग्रन्थों का भी प्रकाशन किया गया। इक्सू/कोडाटा (ICSU/CODATA) के सहयोग से 1974 में सम्भाव्यता अध्ययन (Feasibility Study) किया गया तथा पेरिस में वर्ल्ड डाटा

रैफरल सेन्टर की प्रायोगिक तौर पर 1976 में स्थापना की गई। सूचना वैज्ञानिकों तथा उपयोगकर्ताओं को शिक्षण एवं प्रशिक्षण यूनिसिस्ट की एक प्रमुख प्राथमिकता रही है। यूनिसिस्ट की शिक्षण व प्रशिक्षण नीति के विकास हेतु जनवरी 1975, मई 1976 तथा 1978 में शिक्षण एवं प्रशिक्षण नीति कार्यक्रम समिति की बैठकें हुई। सन् 1977 में युनिसिस्ट ने इसका प्रकाशन हस्तपुस्तिका की उपयोगिता के संदर्भ में किया।

यूनिसिस्ट के प्रकाशन

1. यूनिसिस्ट न्यूज लेटर (1972),

2. एजुकेशन एन्ड ट्रेनिंग ऑफ यूजर्स ऑफ साइन्टिफिक एण्ड टेक्निकल इन्फोरमेशनः यूनिसिस्ट गाईड फॉर टीचर्स।

इनके अलावा यूनिसिस्ट द्वारा कई अध्ययन प्रतिवेदन एवं विनिबन्ध प्रकाशित किये गये हैं।

उपरोक्त विवरणों के आधार पर कहा जा सकता है कि जब से यूनिसिस्ट की स्थापना हुई है तबसे इसने सूचना सेवा क्षेत्र में महत्त्वपूर्ण कार्य किया है। यूनिसिस्ट के सिद्धान्तों एवं अनुसंधानों का ज्ञान के अन्य क्षेत्रों में भी प्रयोग हो रहा है। पीजीआई कार्यक्रम के अन्तर्गत अभिलेख एवं पुरालेख प्रशासन कार्यक्रम की स्थापना की गई। नाटिस की अनुशंसाओं के अन्तर्गत पीजीआई ने राष्ट्रीय संरचना हेतु समन्वय व योजनाओं की प्रगति की है। इफला के सहयोग से अन्तर्राष्ट्रीय ग्रन्थपरक नियन्त्रण (UBC) ग्रन्थालयों, प्रलेख एवं पुरालेखत्त्व के क्षेत्र में प्रशिक्षण तथा विद्यालय, सार्वजनिक, विश्वविद्यालय एवं राष्ट्रीय ग्रन्थालयों के विकास हेतु विभिन्न प्रकार से आवश्यक कार्य किया है।

12

विनीति

सोवियत संघ के विशेष प्रयासों से विज्ञान तथा प्रौद्योगिकी के क्षेत्र में इस प्रलेख केन्द्र की स्थापना की गई। सोवियत संघ के वैज्ञानिकों ने राष्ट्रीय सूचना सेवा को एकीकृत करने तथा राष्ट्रीय व्यवस्था को व्यवस्थित रूप प्रदान करने की ओर प्रयास किया, जिसके परिणामस्वरूप मन्त्री परिषद् की आज्ञा तथा निर्देशानुसार एक राष्ट्रीय वैज्ञानिक सूचना व्यवस्था की स्थापना की गई। यह संस्था विज्ञान अकादमी के निर्देशानुसार कार्यों का करती है। कुछ समय पश्चात् सन् 1955 में इसे 'वैज्ञानिक तथा तकनीकी सूचना संस्था का संघ' (AIFSTI) नाम दिया गया। रूसी भाषा में इसे 'क्सिोइयूज्न्यी इन्स्टीट्यूट नाउकनोई टेक्नीस्कोई इनफोरमैटोसी' (Vsesoniuznyi Institut Nauchnoi Tekhnicheskoi Informatosi) कहा जाता है। इसे संक्षेप में विनीति कहते हैं तथा 1952 में इसकी स्थापना के पश्चात् इस संस्था ने 1953 से विधिवत कार्य करना प्रारम्भ किया। यह 'सोवियत संघ की वैज्ञानिक शोध समन्वय समिति' के अधीन कार्यरत है। सोवियत विज्ञान अकादमी के तत्कालीन विज्ञान उप-सचिव प्रो. अलेक्जेण्डर मिखाइलोव को विनीति का प्रथम निदेशक नियुक्त किया गया था।

विनीति का कार्यक्षेत्र भौतिक, रसायन, गणित एवं कुछ अन्य क्षेत्रों तक ही समिति था जो व्यावहारिक विज्ञान से पृथक था, जबकि औद्योगिक प्रगति के लिए व्यावहारिक विज्ञान के विषय क्षेत्र से सम्बन्धित जानकारी सर्वाधिक आवश्यक है। इस प्रकार की समस्याओं के निराकरण में प्रो. मिखाइलोव ने अपने तकनीकी ज्ञान समुचित उपयोग के द्वारा किया। उनके सुझाव पर संस्था का विषय क्षेत्र व्यावहारिक

विज्ञान के विषयों की ओर विस्तृत किया गया तथा पावर इन्जीनियरिंग, रेडियो इलेक्ट्रोनिक्स तथा कम्प्यूटर प्रौद्योगिकी आदि विषयों से सम्बन्धित सामग्री की प्राप्ति की ओर विशेष ध्यान दिया जाने लगा। विषय क्षेत्र से सम्बन्धित सूचना स्रोत को विकसित किया गया।

विनीति के स्थापना के उद्देश्य

इसके स्थापना के प्रमुख लक्ष्य निम्न प्रकार हैं–

(i) वैज्ञानिक सूचना के क्षेत्र में तथा 'इनफोरमैटिक्स' में उत्पन्न होने वाली कठिनाइयों को दूर करने के लिए सम्बन्धित क्षेत्र में वैज्ञानिक शोध को बढ़ावा देना तथा उसके सम्पादन में सहायता करना। इसकी स्थापना का एक यह भी प्रमुख लक्ष्य है कि स्नातक व स्नातकोत्तर स्तर के छात्रों हेतु यह आवश्यक सूचना प्रदान करना है।

(ii) वैज्ञानिक तथा प्रौद्योगिकी सूचना-तन्त्र से सम्बन्धित विशेषज्ञों के ज्ञान की वृद्धि के लिए प्रशिक्षण की व्यवस्था करना।

(iii) सूचना की अवाप्ति, पंजीयन तथा विश्लेषी-संश्लेषणात्मक विधि से प्रस्तुतीकरण संग्रहण तथा उपयोगकर्ताओं को प्रकाशनों, चुम्बकीय टेप आदि के माध्यमों से या निश्चित संस्थाओं के नेटवर्क के द्वारा सूचना प्रदान करने के प्रावधान से सम्बन्धित वैज्ञानिक तथा प्रायोगिक कार्यों का संयोजन करना।

विनीति के क्रियाकलाप

विनीति के क्रियाकलाप इस प्रकार हैं–

(1) वैज्ञानिक सूचना के कार्य में संलग्न तौर-तरीकों तथा उपकरणों (Methods and equipments) में उत्तमता लाने के लिए शोध परियोजनाओं का संगठन व संचालन करना।

(2) प्राकृतिक विज्ञान (Natural Science) एवं प्रौद्योगिकी के क्षेत्र में विश्व साहित्य का पूर्ण तथा व्यवस्थित सारकरण करना।

(3) सन्दर्भ सेवा तथा विशिष्ट सूचना प्रदान करने में सहायक सारकरण पत्रिका का निर्माण तथा प्रकाशन करना।

विनीति का संगठन

विनीति के कार्य संचालन हेतु निम्नवत विभागों की स्थापना की गई है–

1. निर्देशन विभाग,

2. शीघ्र सेवा विभाग,
3. अवत्ति विभाग,
4. तकनीकी अन्य सूची विभाग
5. सारकरण विभाग
6. अनुवाद विभाग,
7. प्रकाशन विभाग।

शीघ्र सेवा विभाग को एक्सप्रेस सेवा एवं सिग्नल सेवा नामक दो भागों में बांटा गया है।

विनीति की कार्यप्रणाली

विनीति का प्रमुख कार्य विश्व में समस्त साहित्य का प्रस्तुतीकरण है। विनीति प्रतिवर्ष 130 देशों के द्वारा 66 भाषाओं में प्रकाशित लगभग 40,000 ग्रन्थ (Titles) तथा 1,00,000 अन्य प्रकाशनों से सूचना प्राप्त करता है। इसके अतिरिक्त लगभग, 2,50,000 एकस्वों (Patents) से सम्बन्धित सूचना भी संग्रहीत करता है। विभिन्न सूचना स्रोतों के प्राप्त महत्त्वपूर्ण आंकड़े चयनित करके यह विशिष्ट सूचना बुलेटिन में प्रकाशित करता है। इसके केन्द्रों एवम् पब्लिकेशनों में निरंतर वृद्धि होती जा रही है तथा इस अत्यधिक संख्या ने एक और समस्या को जन्म दिया है कि इन सबका प्रकाशन किस प्रकार किया जाये। प्रारम्भ में मास्को के 10 तथा अन्य स्थानों के कुछ प्रकाशन गृहों के द्वारा यह कार्य सम्पादित किया जाता था, लेकिन कुछ समय पश्चात् प्रकाशन में हो रही देरी को दूर करने के लिए विनीति ने स्वयं से भी प्रकाशन गृहों की स्थापना की है।

कर्मचारी (Staff)

वर्तमान समय में विनीति के अन्तर्गत 8800 ऐसे पूर्णकालिक कर्मचारी हैं, जो सक्रिय एवं कार्यरत हैं। इसके अतिरिक्त इसके प्रकाशन विभाग में 1800 तथा 400 कर्मचारी विशेष प्रारूप योजना विभाग (Special Design Department) में कार्यरत हैं।

विनीति की प्रस्तुतीकरण प्रक्रिया

विनीति का प्रमुख कार्य वैज्ञानिकों तथा विशेषज्ञों को समस्त प्रकाशित प्रलेखों की व्यापक जानकारी प्रदान करना है। इन कार्यों की पूर्ति के लिए सूचना प्रस्तुतीकरण कार्य को स्पष्ट करने हेतु अधोलिखित आधार है–

(i) समस्त प्रलेखनों के प्रस्तुतीकरण के लिए विनीति संश्लेषणात्मक प्रणाली को अपनाती है। यह कार्य इस कुशलता से किया जाता है कि प्रलेख को विभिन्न अभिगम पदों (Approach terms) से खोजने पर आसानीपूर्वक प्राप्त किया जा सके। इस प्रक्रिया के पश्चात् प्राप्त आंकड़े इस स्वरूप के होते हैं कि वे विभिन्न प्रकार की सेवाओं जैसे—सामयिक प्रकाशन, सार पत्रिका, सार पत्रिका की अनुक्रमणिका निर्माण तथा प्रलेखों को स्वचालित सूचना प्राप्त तन्त्र में निवेशित करने में पूर्ण रूप से सहायक होते हैं।

(ii) सोवियत संघ के अन्य शहरों में भी विनीति के समान ही सूचना सेवा केन्द्र स्थापित हैं। इस प्रकार के तन्त्र में विभिन्न शहरों में स्थित केन्द्रों को विनीति के द्वारा उपयुक्त सूचना के चुम्बकीय टेप प्रदान किये जाते हैं। इसके अतिरिक्त एक आल यूनियन सूचना केन्द्र भी विनीति ने स्थापित किया जाता है, जिससे विभिन्न विशिष्ट संग्रह केन्द्रों से सम्बन्धित आधारभूत जानकारी प्रदान की जाती है, जिससे पाठक को मालूम हो सके कि उसकी रुचि से सम्बन्धित सूचना कहां पर स्थित है।

(iii) प्रस्तुतीकरण के अलावा विनीति पाठकों के मांग के अनुरूप प्रलेखों की प्रतियां भी उपलब्ध करवाता है।

अन्य क्रियाकलाप

विनीति उच्च शिक्षा प्राप्त व्यक्तियों को स्नातकोत्तर पाठ्यक्रमों द्वारा सूचना विज्ञान के क्षेत्रों में विशेष योग्यता प्राप्ति हेतु प्रशिक्षण प्रदान करता है तथा सूचना विज्ञान के क्षेत्र में विशिष्टता प्राप्त व्यक्तियों को अपने ज्ञान की वृद्धि हेतु तथा ज्ञान को अद्यतन रखने हेतु यूनीडो (UNIDO) योजना के अन्तर्गत प्रशिक्षण की भी व्यवस्था करता है। इसके साथ ही साथ इनफोरमैटिक्स के क्षेत्र में शोध को बढ़ावा देने के लिए उपुयक्त आँकड़ों की उपलब्धता भी इस केन्द्र के माध्यम से ही की जाती है।

असिस्टेण्ट तन्त्र (Automated Reference Information System for Science and Technology)

विनीति की 1960 के दशक में अनेक विद्वानों ने आलोचना की थी। यह केन्द्र सूचना को प्रदान कराता है परन्तु उत्पादकता स्तर पर इसकी सीमा शून्य अंक में है। इस प्रकार की अभिधारणा को दूर करने के लिए 1969 में विनीति द्वारा सेवाओं का मूल्यांकन किया गया और आमूल-चूल परिर्वतन का कार्य प्रारम्भ किया गया। इसके अन्तर्गत मुख्य रूप से विनीति की आधुनिकीकरण योजनाएं, जो कि सूचना के

प्रस्तुतीकरण के कार्य में आने वाली कठिनाइयों का सामना कर सकें, शामिल थीं। इसके अतिरिक्त सम्पूर्ण तन्त्र को मशीनीकृत करने के कार्य को भी प्रधानता प्रदान की गई थी। मशीनीकरण प्रक्रिया में मुख्य रूप से मशीनीकृत अनुक्रमणीकरण, मशीनीकृत अनुवाद तथा सम्पूर्ण लेख की प्रस्तुतीकरण प्रक्रिया को शामिल किया गया।

विनीति में इस नीति को क्रियात्मकता प्रदान करने के लिए एक एकीकृत सूचना तन्त्र (Integrated Information System) (VIS) की स्थापना की गई, इसे ही असिस्टेंट (ASSISTENT—Automated Reference Information System for Science and Technology) के नाम से जाना जाता है।

'असिस्टेंट' (ASSISTENT) अपने व्यापक कार्य क्षेत्र के कारण वैज्ञानिकों की शोध, औद्योगिक उत्पादन एवं शोध संगठन में आने वाली कठिनाइयों को दूर करने में प्रभावी सहायक सिद्ध हुआ है।

समस्त विश्व की वैज्ञानिक तथा तकनीकी सूचना के विश्लेषणात्मक, संश्लेषणात्मक तरीके से 'असिस्टेंट' (ASSISTENT) को मुख्य रूप से केन्द्रीकृत प्रस्तुतीकरण तन्त्र के रूप में विकसित किया गया तथा इस तन्त्र की कुछ ऐसी योजना बनाई गई, जिसका प्रमुख कार्य सन्दर्भ सेवा प्रदान करना था। इन योजनाओं में चयनित सूचना प्रसार सेवा (SDI), अनुदर्शी खोज में सहायता करना (Retrospective search),ऑनलाइन एण्ड फेक्ट रिट्राइवल, पत्रिका के लेख की पूर्ण प्रति प्रदान करने वाली योजनाएँ हैं।

कम्प्यूटरीकृत सूचना सेवायें

विनीति की कम्प्यूटरीकृत सूचना सेवाएं निम्न प्रकार हैं—

1. चयनित सूचना प्रसार सेवा;
2. विज्ञान तथा प्रौद्योगिक विषय क्षेत्रों से सम्बन्धित तथ्यों तथा आंकड़ों की पुनः प्राप्ति में सहायता;
3. विभिन्न विषयों से सम्बन्धित केन्द्र में उपस्थित सूचना का प्रकाशन। इस सेवा के अन्तर्गत मशीन सुवाच्य स्वरूप (R.S.S.) में भी सूचना प्रदान की जाती है;
4. अनुदर्शी खोज एवं सेवा;
5. केन्द्र में उपलब्ध समस्त सामग्री की कम्प्यूटर के द्वारा सूचना प्रदान करना तथा पाठक द्वारा मांगे जाने पर उसकी प्रतिलिपि प्रदान करना।

उपरोक्त सेवाएं उपलब्ध करवाने के अतिरिक्त व्यक्तिगत स्तर पर या शोध संस्थाओं द्वारा मांग लेने पर विनीति अपनी किसी पत्रिका में प्रकाशित लेख की माइक्रोफिल्म भी प्रदान करता है।

विनीति प्रकाशन

विनीति यह ऐसी संस्था है, जो आयुर्विज्ञान विषयों का प्रकाशन न करके मात्र शुद्ध व व्यावहारिक विज्ञान का प्रकाशन करती है। विभिन्न विषयों से सम्बन्धित सार सेवाओं के द्वारा विषय विशेषज्ञ अपने विषय क्षेत्र की जानकारी प्राप्त कर सकते हैं। उदाहरणार्थ मेकेनिक्स नामक मासिक पत्रिका यांत्रिकी के क्षेत्र में हो रहे अनुसन्धान की पूर्ण जानकारी प्रदान करती है। इसका वार्षिक संस्करण भी प्रकाशित किया जाता है, लेकिन वार्षिक संस्करण में से किसी सूक्ष्म विषय से जुड़ी जानकारी खोज निकालना थोड़ा कठिन कार्य है। इस समस्या के निवावरण हेतु विभिन्न सूक्ष्म विषय क्षेत्रों में 'एक्सप्रेस बुलेटिन' नामक पत्रिका का प्रकाशन किया जाता है। जैसे--यांत्रिकी के कुछ सूक्ष्म क्षेत्रों–लिक्विड गैस, संरचनात्मक दृढ़ता आदि पर यह प्रकाशन प्रकाशित किया जाता है।

अगर कोई पाठक किसी सूक्ष्म विषय पर सूचना न चाहता हो, बल्कि अन्य विषय क्षेत्र पर जानकारी चाहे तो ऐसे उपयोगकर्ताओं के लिए विनीति 'सम्मिंग अप साइन्टिफिक एण्ड टेक्निकल एचीवमेन्ट्स' का प्रकाशन भी करता है।

विनीति के विशिष्ट प्रकाशन

विनीति के कुछ विशिष्ट प्रकाशन निम्न प्रकार हैं–

(i) मशीन बिल्डिंग, *(ii)* मैटलर्जी, *(iii)* फिजिक्स कैमिस्ट्री, *(iv)* इकोनॉमिक्स आफ इण्डस्ट्री एण्ड इलेक्ट्रिकल इन्जीनियरिंग, *(v)* ओटोमेशन तथा रेडियो इलेक्ट्रोनिक्स, *(vi)* ऐस्ट्रोनोमी एवं भूगणित (Geodesy), *(vii)* बायोलोजी, *(viii)* बायोलोजिकल कैमिस्ट्री, *(ix)* जियोग्राफी, *(x)* माइनिंग, *(xi)* जियो फिजिक्स, *(xii)* मैथमैटिक्स।

दुनिया भर में शोध कार्यों में तीव्र गति से बढ़ोत्तरी हो रही है। अतः सूचना के खोज के कार्य को आसान बनाने के लिए इस प्रकाशन के प्रत्येक निर्गम (Issue) के साथ लेखक व विषय अनुक्रमणिका तथा वार्षिक रूप से लेखक व विषय अनुक्रमणिका भी प्रकाशित की जाती है। इस पत्रिका में लेख का सार, टिप्पणी तथा उसकी ग्रन्थपरक सूचनाएं प्रदान की जाती हैं। इस केन्द्र में सारकरण केन्द्रीकृत रूप में किया जाता है, जिससे अनावश्यक द्विरावृत्ति से बचा जा सके। तीन-चार माह की

अवधि में प्राथामिक सूचना से स्त्रोतों में प्रकाशित प्रकाशनों को शामिल किया जाता है।

एक्सप्रेस इन्फोरमेशन

विज्ञान एवम् प्रौद्योगिकी जगत से सम्बन्धित अन्तर्राष्ट्रीय पत्र-पत्रिकाओं में मुख्य पहलुओं से सम्बन्धित लेखों को इसमें सम्मिलित किया जाता है। वर्ष पर्यन्त इसके 48 अंक निकाले जाते हैं। लेखों से सम्बन्धित अनुवाद, चित्रों सहित इस पत्रिका में से प्रकाशित किये जाते हैं। इस पत्रिका को 69 विषय-श्रेणियों (Series) में विभाजित कर उन्हीं शीर्षकों के अन्तर्गत प्रकाशित किया जाता है। ये श्रेणियां मुख्यतः प्रमुख उद्योगों से सम्बन्धित हैं जैसे—अकार्बनिक पदार्थों का रसायन तथा तकनीकी और लौह तथा इस्पात उद्योग, माइनिंग (खान) उद्योग, रेलवे परिवहन उद्योग, तेल उद्योग, रेडियो इन्जीनियरिंग तथा इलेक्ट्रोनिक्स, कपड़ा उद्योग है।

यह प्रकाशन इतना उपयोगी व प्रभावी है कि इससे सूचना प्राप्त करने के बाद मूल प्रलेखों में समय देने की अनिवार्यता समाप्त हो जाती है। किसी भी प्राथमिक सूचना स्रोत में प्रकाशित होने के एक माह के भीतर ही उस सूचना को इस पत्रिका में सम्मिलित कर लिया जाता है।

रिफ्रेटिवन्यी जुरनाल

यह 1953 से प्रकाशित होने वाली विनीति की एक सारांश पत्रिका है जो ऐसा वैध व विश्वसनीय सूचना माध्यम है जो सामयिक सूचनाओं का प्रकाशन करती है। सामयिक सूचनाओं के लिए यह आवश्यक व विश्वसनीय सूचना स्त्रोत है। 1960 के पश्चात् इस प्रकाशन को निम्नलिखित श्रेणियों (Series) के अन्तर्गत प्रकाशित किया जा रहा है।

पायलट इन्फोरमेशन

यह वैज्ञानिक तथा प्रौद्योगिकी क्षेत्र से सम्बन्धित महत्त्वपूर्ण पत्रिका है। विभिन्न सोवियत तथा अन्य विदेशी प्राथमिक पत्रिकाओं से सूचना एकत्र करके इसमें प्रकाशित की जाती है। किसी भी नवीन सूचना के प्राथमिक स्रोत में प्रकाशन के पश्चात् अन्य किसी भी स्रोत में प्रकाशन से पूर्व यह पत्रिका उस सूचना का प्रकाशन कर देती है। इस प्रकार ग्रन्थ चयन तथा उनकी माँग (Demand ordering) प्रस्तुत करने में यह एक बहुत सहायक प्रकाशन है। यह पाक्षिक रूप से प्रकाशित की जाती है।

साइन्टिफिक एण्ड टेक्नीकल इन्फोरमेशन

अन्तर्राष्ट्रीय स्तर के लेखों को प्रकाशित करने वाला यह प्रकाशन मूल रूप में अनुवाद के रूप में या सर्वेक्षण के रूप में प्रकाशित करता है। इसमें प्रकाशित लेख मुख्यतः सूचना के सिद्धान्त (Theory), सूचना प्रदान करने के तरीकों तथा सूचना के संगठन से सम्बन्धित होते हैं। इसके अतिरिक्त इस प्रकाशन में राष्ट्रीय आर्थिक संरचना की विभिन्न शाखाओं में हो रहे विकास की जानकारी भी दी जाती है।

इतोगी नौकि

सन् 1962 में 'इतोगी नौकि' की स्थापना की गई। इसमें दी गई सूचनाएं मुख्यतः रिफ्रेटिव्यी जुरनाल की सूचनाओं पर आधारित होती हैं। विज्ञान तथा प्रौद्योगिकी के विषयों की विभिन्न शाखाओं में एक निश्चित समय अन्तराल में हुई उन्नति को सुव्यवस्थित तरीके से दर्शाने का कार्य इस पत्रिका द्वारा किया जा रहा है। इसके द्वारा वैज्ञानिक अपनी रुचि के विषय के क्षेत्र में हो रहे विकास तथा प्रवृत्ति (Development and trend) से अवगत हो सकते हैं। यह संस्था ग्रन्थ सूची से सम्बन्धित सूचना तथा मुख्य विषयों के सर्वेक्षण को भी पत्रिकाओं में प्रकाशित करती है।

अन्तर्राष्ट्रीय सहयोग

अन्तर्राष्ट्रीय संगठनों के कार्य में सतत् रूप से विनीति सूचना विज्ञान के क्षेत्र में योगदान कर रहा है। मुख्य रूप से यूनेस्को, एफ.आई.डी., आई.सी.एस.यू. विनीति द्वारा योगदान प्राप्त करने वाले प्रमुख संगठन हैं। इसके अतिरिक्त विनीति विभिन्न देशों में पाठ्य-सामग्री का आदान-प्रदान भी करता है। सामान्यतः इसका प्रमुख सम्बन्ध यूनिसिस्ट से ही है। विनीति ने विभिन्न अन्तर्राष्ट्रीय संगठनों के मध्य समन्वय के द्वारा अन्तर्राष्ट्रीय वैज्ञानिक तन्त्र की स्थापना की हे। यह तन्त्र निम्नलिखित दिशा-निर्देशों पर कार्यरत हैं–

(1) मशीन सुवाच्य रूप में आंकड़ों व सूचना का आदान-प्रदान करना।

(2) सोवियत संघ के प्रकाशनों तथा अन्य प्रकाशनों के संग्रह में सहायता प्रदान करना।

(3) सूचना स्रोतों का आदान-प्रदान करना।

विश्व भर में वैज्ञानिक प्रगति व शोध कार्यों के विकास हेतु यह परम आवश्यक है कि सूचनाओं के सम्प्रेषण में तीव्रता हो जाये, जिससे ज्ञान (सूचना) का सही

व्यक्तियों के द्वारा सही समय पर तथा सही उद्देश्य के लिए उपयोग किया जा सके। इस कार्य हेतु प्रत्येक देश का राष्ट्रीय ग्रन्थालय या सूचना केन्द्र मुख्य भूमिका निभाता है। इस आवश्यकता के कारण ही इन केन्द्रों की स्थापना में यूनेस्को, एफ.आई.डी. जैसे अन्तर्राष्ट्रीय संगठन योगदान देते हैं। 1953 से सतत् इसी दिशा में सोवियत संघ का राष्ट्रीय वैज्ञानिक तथा तकनीकी सूचना केन्द्र विनीति कार्यरत है।

विज्ञान एवम् तकनीकी विषय जगत में अनुवाद सेवा, सार सेवा, चयनित सूचना प्रसार सेवा एवं सामयिक सूचना सेवा प्रदान करने के अतिरिक्त सूचना विज्ञान के क्षेत्र में शोध में सहायता, सूचना प्रदान करने के लिए नई विधियों तथा उपकरणों के उपयोग को बढ़ावा, उच्च शिक्षित व्यक्तियों को सूचना विज्ञान के क्षेत्र में विशिष्टता प्राप्त करने में प्रशिक्षण द्वारा सहायता आदि सेवाओं के द्वारा राष्ट्र, समाज तथा समस्त विश्व में विज्ञान तथा प्रौद्योगिक विषयों के उत्थान के लिए कार्य कर रहा है। प्रो. अलेक्जेन्डर मिखाइलोव ने विनीति के सर्वांगीण विकास में महत्त्वपूर्ण भूमिका का निर्वहन किया है।

13

अन्तर्राष्ट्रीय प्रलेखन संघ

अन्तर्राष्ट्रीय प्रलेखन संघ की स्थापना का श्रेय हेनरी ला फान्टेन तथा ओटलेट को जाता है। उन्होंने अन्तराष्ट्रीय संदर्भ ग्रन्थ सूची की स्थापना कर दुनियाभर के विद्वजगत को चकित कर दिया। सन् 1885 के बेल्जियम में अन्तर्राष्ट्रीय संदर्भ ग्रन्थ सूची सम्मेलन आयोजित कर प्रलेखन क्षेत्र को नई दिशा मिली। 1924 में इसे पुनर्जीवित किया गया। इसके संविधान में परिवर्तन कर एक संघात्मक अन्तर्राष्ट्रीय संगठन का रूप दिया गया और पांच राष्ट्र इसके सदस्य बनाए गये। 1931 में इसके पूर्व नाम को परिवर्तित कर इन्टरनेशनल इंस्टीटूयूट ऑफ डाकूमेन्टेशन (International Institute of Documentation) कर दिया गया, जिसे पुनः 1938 में वर्तमान नाम 'इन्टरनेशनल फेडरेशन फॉर डाकूमेन्टेशन (FID) दिया गया। इस संस्थान ने अन्तर्राष्ट्रीय वाङ्मय सूची का निर्माण एवं संकलन पत्रकों पर किया, लेकिन प्रथम विश्व युद्ध के प्रारम्भ होने के कारण यह कार्य स्थगित कर दिया गया। स्थगन के समय तक इस वाङ्मय सूची के अन्तर्गत 150 लाख संदर्भों का विवरण प्रस्तुत किया जा चुका था। संस्थान का कार्य विशिष्ट प्रकरणों पर संदर्भो को उपलब्ध करना भी था। परिणामस्वरूप इस कार्य को वैश्विक पुस्तकालय की स्थापना की जरूरत महसूस की गई। उस समय संदर्भो का संकलन कार्य वैज्ञानिक स्वेच्छा से किया करते थे। अतः इसके समक्ष अनेक कठिनाइयां उत्पन्न होने लगी। यह विशाल एवं बौद्धिक श्रम का कार्य मात्र उत्साह से ही सम्पन्न नहीं किया जा सकता था। प्रथम विश्वयुद्ध ने इस संस्था को निष्क्रिय बना दिया। इसके कार्यालय को भी ब्रूसेल्स (बेल्जियम) से हटा कर हेग (हालैण्ड) में स्थापित किया। लेकिन इसके संघात्मक रूप को बनाये

रखा गया। मूलतः इसका यूरोपीय देशों तक ही सीमित होने का प्रमुख कारण इसकी अन्तर्राष्ट्रीय मान्यता थी।

द्वितीय विश्व युद्ध के पश्चात् एफ.आई.जी. ने पुनः प्रयास करके अपने कार्यों का संचालन करना शुरू किया। अन्य अनेक अन्तर्राष्ट्रीय संघों–संयुक्त राष्ट्र संघ, यूनेस्को, एफ. ए. ओ. आई. एल. ओ., विश्व स्वास्थ्य संगठन, आई. सी. एस. यू. ने इसे मान्यता प्रदान की। प्रलेखन के लिए मानकों को तैयार करने हेतु इन्टरनेशनल स्टैण्डर्ड्स आर्गनाइजेशन (ISO) ने इसे सहयोग प्रदान किया।

प्रायः ऐसा माना जाता है कि एफ. आई. डी. की गतिविधियां प्रलेखन की दृष्टि से प्रमुखतः यू. डी. सी. के विकास तथा प्रचार तक ही सीमित हैं। अतः प्रलेखन के अन्तर्राष्ट्रीय क्षेत्र में इसका प्रभाव एवं महत्त्व क्षीण होता जा रहा है। परिणामतः इसने प्रलेखन के अन्य पक्षों एवं क्रियाकलापों की ओर भी ध्यान दिया सारांशीकरण सेवाओं, व्यावसायिक प्रशिक्षणों तथा प्रलेखों के छायाचित्रों को प्रस्तुत करने के लिए इसने कार्यदलों को संगठित किया। भारत लगातार सन् 1952 से इसका सदस्य रहा है। इसके पहले से ही डॉ. एम. आर. रंगनाथन को इसके वर्गीकरण के सामान्य सिद्धान्त (IFDCA) के कार्य को करने हेतु एफ. आई. डी. के साथ सम्बद्ध किया गया था।

1958 में वशिंगटन में दीर्घावधि नीतियों के प्रस्तुतीकरण हेतु एक व्यापक आयोजन हुआ, जिसे 1959 में वारसा-सम्मेलन में स्वीकृत किया गया। इसकी प्रमुख संस्तुतियों में–इसकी गतिविधियों को पर्याप्त विस्तृत करना, सदस्यों की संख्या को बढ़ाना, पश्चिमी यूरोप के अतिरिक्त अन्य क्षेत्रों में इसके भाग लेने की क्षमता को विकसित करना, इसे अधिक प्रभावशाली एवं उपयोगी बनाना आदि मुख्य थी। इस सम्बन्ध में अनेक कदम उठाए जा चुके हैं। क्षेत्रीय आधार पर प्रतिनिधित्व प्रदान किया गया है तथा एशिया एवम् अमेरिका में प्रादेशिक कार्यालय निर्मित करने का प्रस्ताव भी किया गया है।

अन्तर्राष्ट्रीय सहयोग के क्षेत्र में प्रलेखन तथा इससे सम्बन्धित अनेक क्रियाकलापों में एफ. आई. डी. की भूमिका प्रशंसनीय है। 1954 में इसके 21 राष्ट्रीय सदस्य थे, जिनकी संख्या अब 79 हो गई है। 82 देशों की 390 संस्थाएं इससे सम्बद्ध हैं। अन्तर्राष्ट्रीय सदस्यों की संख्या 7 है।

एफ. आई. डी. के कार्यक्रम व लक्ष्य

एफ. आई. डी का महत्त्वपूर्ण कार्य अंतर्राष्ट्रीय भागीदारी, अध्ययन एवम् शोध को सूचना विज्ञान से जुड़े समस्त केन्द्रों व प्रणालियों को प्रोत्साहन प्रदान करना है।

सूचना-विज्ञान एवं सूचना-प्रणालियों से सम्बन्धित संस्थाओं, संगठनों एवं व्यक्तियों को अन्तर्राष्ट्रीय स्तर पर समूहबद्ध कर एफ. आई. डी. विचारों एवं अनुभवों के विनिमय के लिए अन्तर्राष्ट्रीय मंच प्रदान करता है और व्यक्तियों व संस्थाओं में समन्वय स्थापित करता है।

अन्तर्राष्ट्रीय व्यवस्था से सम्बन्धित यह सूचना विज्ञान की महत्त्वपूर्ण शाखा है। एफ. आई. डी. के प्रमुख कार्यक्षेत्र वरीयता के अनुसार अग्रलिखित हैं–

(i) सूचना का प्रक्रियाकरण एवं प्रायोगिकी। *(ii)* सूचना-विज्ञान का सैद्धान्तिक एवं भाषाशास्त्रीय आधार। *(iii)* सूचना आवश्यकता तथा उपयोगकर्ताओं की प्रवृत्तियों में समन्वय रखना। *(iv)* सूचना प्रणाली तथा नेटवर्क अभिकल्प तथा व्यवस्था *(v)* सूचना के उपयोगकर्ताओं एवं विशेषज्ञों का प्रशिक्षण एवं शिक्षण।

संगठनात्मक स्वरूप

एफ.आई.डी. अपने कार्यक्रमों को क्रियान्वित करने हेतु निम्न प्रकार के आयोगों का गठन करता है–

(i) FIDCAD–Commission for Asia and Oceania: *(ii)* FIDCLA–Commission for Latin America; *(iii)* FIDCAF–Commission for Africa.

एफ.आई.डी. से सम्बन्धित कुछ समितियाँ निम्न प्रकार हैं–

(i) FIDRI—सूचना-विज्ञान के सैद्धान्तिक आधारों का विकास तथा इसका अन्य वैज्ञानिक विषयों के साथ सम्बन्ध एवं प्रभाव का अध्ययन इस समिति द्वारा किया जाता है।

(ii) FIDPD—पेटेन्टों के सूचना तथा प्रलेखन की यह समिति पेटेन्टों के सूचना के उपयोग को प्रोत्साहित करने का कार्य करती है।

(iii) FIDII उद्योग सूचना (Information for Industry)–उद्योगों में उपयोगी सूचना आवश्यकता के निर्धारण हेतु अन्तर्राष्ट्रीय मंच संस्थापित कर विधियों एवं साधनों का मूल्यांकन आदि का कार्य समिति करती है।

(iv) FIDIM सूचना सांख्यिकी (Informtrics)–सूचना-विज्ञान में सांख्यिकी के अनुप्रयोग के लिए अन्तर्राष्ट्रीय मंच संस्थापित कर विधियों एवं साधनों का मूल्यांकन करना इस समिति का कार्य है।

(v) FIDET (शिक्षण एवं प्रशिक्षण समिति)–प्रलेखन एवं सूचना-विज्ञान के प्रशिक्षण की समस्याओं तथा प्रकरणों एवं विधियों का अध्ययन तथा अनुसन्धान आयोजित करती है।

(vi) FIDTD सूचना एवं प्रलेखन की पारिभाषिक पदावली (Terminology of Information and Documentation)—पारिभाषिक पदों के सिद्धान्त, विधियों, समस्याओं तथा स्थिति के क्षेत्र में अनुसन्धान का आयोजन यह समिति करती है।

(vii) FIDCR (वर्गीकरण-अनुसन्धान)—यह वर्गीकरण एवं अनुक्रमणिकाकरण के क्षेत्र में अनुसन्धान हेतु प्रयोजन, व्यवस्था तथा प्रोत्साहन का कार्य करती है।

(viii) FIDCCC (केन्द्रीय वर्गीकरण समिति)—इसकी यूनिवर्सल डेसीमल क्लासीफिकेशन की 30 संशोधन-समितियां हैं, जो इस वर्गीकरण योजना का संशोधन, विकास, निरीक्षण तथा प्रचालन करती हैं।

(ix) FIDSD—सामाजिक विज्ञानों के प्रलेखन की समिति इस क्षेत्र के सूचना तथा प्रलेखन सेवाओं को प्रोत्साहित करती है।

अनुसंधान वर्गीकरण

प्रायः सभी राष्ट्रों को सूचना विज्ञान सम्बन्धित समस्याओं से निपटने हेतु अनुसंधान समिति अन्तर्राष्ट्रीय स्तर पर अवसर उपलब्ध करवाती है। "वर्गीकरण अनुसंधान पर तीसरा विश्व अध्ययन सम्मेलन" 1975 में बम्बई में आयोजित किया गया। इस तृतीय सम्मेलन का प्रमुख विषय "Ordering System for Global Information Network" था। इसमें 50 शोध निबन्धों को प्रस्तुत किया गया, जो वर्गीकरण के नवीन सैद्धान्तिक विकासों, अन्तर्राष्ट्रीय नेटवर्क में वर्गीकरण की भूमिका तथा विधियां, सूचना-प्रणालियों पर आधुनिक प्रौद्योगिकी का प्रभाव, वर्गीकरण तथा सूचना प्रक्रियाकरण में भाषा-वैज्ञानिक अनुसन्धान से सम्बन्धित थे। समिति के "इन्टरनेशनल क्लासीफिकेशन" पर एक शोध-पत्रिका निकालने तथा वर्गीकरण अनुसन्धान में रंगनाथन पुरस्कार प्रदान करने की स्वीकृति भी प्रदान की। केन्द्रीय वर्गीकरण समिति ने UDC के संशोधन का कार्य भी प्रारम्भ कर दिया है।

जूरिख (Zurich), फ्रैंकफर्ट (Frankfurt) तथा कोपेनहेगन में कार्यरत केन्द्रों की सहायता से यू. डी. सी. एवं यंत्रीकरण उपसमिति ने यू. डी. सी. की सम्पूर्ण अनुसूची की यंत्रेण पठनीय संचिका तैयार की है। एफ. डी. आई. ने "कम्प्यूटर एण्ड यू. डी. सी. एडीकेड ऑफ प्रोफेस—1963-73" को प्रकाशित किया है, जिसमें 15 देशों की प्रयोगात्मक एवं क्रियाशील प्रणालियों की वाङ्मय सूची के आधार पर व्यापक आख्या प्रस्तुत की है। यू. डी. सी. के संशोधनों तथा विस्तार को प्रति वर्ष प्रकाशित

भी किया जाता है। 1982 में वर्गीकरण अनुसंधान विषय पर एफ.आई.डी.सी.आर. (FIDCR) ने जर्मनी के आगसबर्ग में एक अन्तर्राष्ट्रीय सम्मेलन का आयोजन किया। यह सम्मेलन सार्वभौमिक वर्गीकरण (Universal Classification) पर केंद्रित था। सम्मेलन के समापन सत्र में 22 संस्तुतियों को स्वीकार किया गया जिसमें वर्गीकरण के भावी अनुसन्धान की प्रवृत्तियों को एक रणनीति के रूप में अग्रलिखित सन्दर्भों में सम्पन्न करने की अनुमति दी गई।

(i) वर्गीकरण विज्ञान की वैज्ञानिक स्थिति; *(ii)* वर्गीकरण अनुसन्धानकर्ताओं की हठवादिता। *(iii)* सार्वभौमिकता *(iv)* नवीन प्रौद्योगिकी को दृष्टिगत रखते हुए वर्गीकरण के प्रकरणों पर कार्य करना।

विकासशील देशों में प्रलेखन

विकासशील देशों में प्रलेखन से सम्बन्धित समस्याओं के निदान हेतु विकासशील देशों समिति ने "FID DC News" का प्रकाशन प्रारम्भ किया। "Function and Organisation of A National Documentation Centre in Developing Country" के "1973 FIDDC" के प्रतिवेदन को यूनेस्को ने प्रकाशित किया है। इससे अनेक प्रकार की जानकारी उपलब्ध होती हैं।

प्रशिक्षण कार्यक्रम

भारत में अनेकानेक व्यावसायिक दृष्टियों से शिक्षण संबंधित मंचों की स्थापना की गई है। इन्हीं व्यावसायिक श्रेणियों में शिक्षण एवं प्रशिक्षण भी होते हैं। प्रशिक्षण कार्यक्रम को प्रोत्साहित एवं निर्देशित करने की दृष्टि से समिति ने दो सामयिक आलेखों "Future Main Trends of Information Systems and Their Implications for Socialization of Information Personnel" को प्रकाशित किया है। एफ. आई. डी. सचिवालय ने "Syllabus for a Documentation Course 1972 French Course" के अंग्रेजी भाषान्तर का भी प्रकाशन किया है।

भाषाविज्ञान : पारिभाषिक पदावली

सूचना सिद्धान्त के मूल पाठकों की सूचना की पारिभाषिक पदावलियों की त्रुटियों के विश्लेषण तथा पद्धतियों और सूचना क्षेत्र की प्रौद्योगिकी गतिविधियों आदि पर "FIDLD" के सामयिक कार्यक्रमों में "Linguistics in Documentation" "Current Abstracts" पत्रिका एवं संख्यात्मक भाषा विज्ञान पर वाङ्मय सूची का संकलन तथा प्रलेखों की भाषा का अभिज्ञान आदि को शामिल किया गया है।

उद्योग सूचना

सूचना अधिकारियों एवम् प्रबंधकों का प्रशिक्षण कार्य उद्योग सूचना समिति द्वारा किया जाता है, जबकि ''टेक्निकल जनरल्स फार इण्डस्ट्रीज'' के प्रकाशन को समाप्त कर दिया गया है। सूचना मुद्रा का मूल्यांकन प्रारम्भ किया गया है। इस समिति द्वारा प्रस्तुत–"Selected Reading on Information for Industry" तथा "National Referral Service for Industry" को 1975 में प्रकाशित किया गया। 1982 में इस समिति की 22वीं बैठक में निम्नलिखित तथ्यों पर ध्यान दिया गया–

(i) उन्नयन एवं प्रगति के लिए सूचना व्यवस्था;

(ii) सूचना संसाधन प्रबन्ध एवं व्यवस्था; क्षेत्रीय निर्देशिका आदि विषयों की प्रगति एवं सक्रियता पर विचार किया गया;

(iii) राष्ट्रीय उद्योग परामर्श (referral) सेवाएं;

(iv) सूचना अधिकारियों का प्रशिक्षण।

एफ. आई. डी. के महत्त्वपूर्ण प्रकाशन

1. एफ. आई. डी. कुछ प्रमुख धारावाहिक का प्रकाशन करता है। जो निम्नवत हैं–

FID, FID Directory 1981-82, Internationl Forum of Information and Documentations (Quarterly), F&D Projects in Documentation and Librarianship (Bimonthly)

2. एफ. आई. डी. द्वारा प्रकाशित मोनोग्राम निम्न प्रकार है–

Computers and the UDC : A decade in Progress (1963-73), Criteria of the Quality of Information System and Processes, (1981), Guide to Agricultural Information Sources in Asia Oceania, 1980, Current Issues and Trends in Education and Training for Information Works in Developing and Developed Countries, 1981.

शोध

एफ.आई.डी.आर.आई. ने सूचना सिद्धान्त अनुसन्धान से सम्बन्धित कुछ ऐसी परियोजनाएं शुरू की हैं, जिनसे विज्ञान तथा प्राविधिक सूचना के विकास का अनुमान विश्व के प्रलेखीय सूचना के प्रवाह, वर्तमान स्थिति तथा सूचना विज्ञान के सिद्धान्तों के सर्वेक्षण के मूल्यांकन हेतु लगाया जा सके। यह शोध के क्षेत्र में प्रमुख भूमिका अदा करता है।

यंत्रीकरण

एफ. आई. डी. के कांग्रेस अधिवेशन, 1976 में मैक्सिको में यंत्रीकरण समिति (FIDTMO) द्वारा प्रस्तुत कार्यक्रमों पर विचार किया गया। इस समिति के अन्तर्गत जिन कार्यक्रमों को रखा गया, उनमें—वाङ्मयात्मक विवरणों के विनिमय के मानक, यंत्रीकृत सूचना-प्रणालियों द्वारा ''टेलीकम्यूनिकेशन'' सुविधाओं में ''साफ्टवेयर'' और ''हार्डवेयर'' का अनुप्रयोग शामिल है।

निष्कर्ष में कहा जा सकता है कि अन्तर्राष्ट्रीय स्तर पर स्थापित की गई एफ.आई.डी. संस्था ने सूचना प्रलेखन जगत में सराहनीय कार्य किया है। इससे विश्वभर के शोधरत वैज्ञानिकों तथा शोधरत छात्रों को ही मदद नहीं पहुँची है, बल्कि भारत के सभी राज्यों में सूचना प्रलेखन क्षेत्रों में भी अभूतपूर्व बदलाव आया है।

14

अन्तर्राष्ट्रीय कृषि विज्ञान एवं प्रौद्योगिकी सूचना प्रणाली

कृषि क्षेत्र में पिछड़े देशों की कृषि व्यवस्था को उन्नत करने के दृष्टि से अन्तर्राष्ट्रीय कृषि विज्ञान एवम् प्रौद्योगिकी सूचना प्रणाली की स्थापना की गई। इसे एग्रिस के नाम से जाना जाता है। यह संस्था विकासशील देशों को कृषि संबंधी वैज्ञानिक उपकरणों, अनुसंधान संस्थानों की स्थापना, शोधकर्ताओं के शिक्षण-संबंधी प्रशिक्षण कार्य में सहायता प्रदान करती है।

एग्रिस का महत्त्व

अन्तर्राष्ट्रीय कृषि विज्ञान एवम् प्रौद्योगिकी सूचना प्रणाली का महत्त्व अधोलिखित है–

1. सूचना विज्ञान की आधुनिकतम तकनीकों का इसमें सूचना के रख-रखाव एवं प्रबन्ध हेतु प्रयोग किया जाता है।
2. यह एक लक्ष्योन्मुख प्रणाली है।
3. इसमें विषय-अनुक्रमणीकरण (Subject indexing) हेतु पर्याप्त शब्दकोश, (Thesaurus) का प्रयोग किया जाता है।
4. इसके द्वारा यहाँ मासिक पत्रिका का प्रकाशन भी किया जाता है।
5. इसके तंत्र में सम्मिलित की जाने वाली सूचना का चुनाव एवं संकलन स्थानीय स्तर पर राष्ट्रीय/क्षेत्रीय निवेश केन्द्रों (National Regional Input

Centers) द्वारा किया जाता है। इस प्रकार यह तन्त्र अधिकाधिक विकेन्द्रीकरण (Decentralization) के सिद्धान्त पर कार्य करता है।

6. यह एक अन्तर्राष्ट्रीय सहकारी (Cooperative) तन्त्र है जो विभिन्न देशों, राष्ट्रीय तथा अन्तर्राष्ट्रीय संस्थाओं एवं संगठनों का सहयोगी तंत्र है।
7. यह एक कम्प्यूटरीकृत सूचना संग्रह एवं पुनर्प्राप्ति तंत्र है।
8. एग्रिस सहयोगी देशों एवं संस्थाओं में कार्यरत ग्रन्थालयों, प्रलेखनकर्ताओं एवं सूचना वैज्ञानिकों हेतु कार्यक्रमों का आयोजन करता है।
9. सूचना निवेश हेतु इस तन्त्र में एग्रिस ने समुचित मानकों, प्रारूपों एवं नियमों का विकास किया है, जिनके पालन करने से विभिन्न निवेश केन्द्रों द्वारा भेजी गई सूचना में एकरूपता (Uniformity) लाई जाती है।
10. उपर्युक्त सूचनाओं को मशीन द्वारा पढ़ने योग्य (Machine-readable) माध्यमों जैसे— चुम्बकीय फीते, संहत तश्तरी आदि पर भी उपलब्ध करवाया जाता है।
11. विभिन्न सूचनाएं इस तन्त्र द्वारा जैसे—सामयिक अनभिज्ञता सेवा (Current Awareness Service) प्रदान की जाती है।

भारत में अन्तर्राष्ट्रीय कृषि विज्ञान एवम् प्रौद्योगिकी सूचना प्रणाली का महत्त्व है, जिसके परिणामस्वरूप सभी प्रकार की सेवाओं को उपलब्ध नहीं कराया जा सकता है। इतना ही नहीं, एक अन्तर्राष्ट्रीय तन्त्र की अनुपस्थिति में ऐसी कई असम्बन्धित सूचना सेवाओं का प्रसार होने लगा, जिनकी व्याप्ति सन्तोषजनक नहीं थी। कृषि विज्ञान एक ऐसा अन्तर्विषयी तथा बहुआयामी विषय है, जिसमें फसल के उत्पादन के साथ-साथ भौगोलिक स्थिति, वायुमण्डल, मिट्टी आदि का अध्ययन भी किया जाता है तथा जिसकी सूचना सेवाओं का प्रसार होने लगा था जिनकी व्याप्ति सन्तोषजनक नहीं थी।

कृषि विज्ञान एक प्रकार का अन्तर-अनुशानात्मक तथा बहुआयामी विषय है, जिसमें फसल के उत्पादन के साथ-साथ भौगोलिक स्थिति, वायुमण्डल, मिट्टी आदि का अध्ययन भी किया जाता है तथा जिसकी सूचना को किसी एक राष्ट्र की सीमाओं के भीतर नहीं रखा जा सकता है। अतएव इस विषय से सम्बन्धित ज्ञान एवं सूचना के प्रभावी नियंत्रण, प्रसार तथा आदान-प्रदान हेतु एक ऐसे तंत्र के स्थापना की आवश्यकता अनुभव की गई, जो पूर्णतया अन्तर्राष्ट्रीय हो, जिसमें सम्बद्ध समस्त सूचना चाहें वह किसी भी भाषा में हों तथा कहीं से भी प्रकाशित हुई हो, को सम्मिलित किया जाए। इनकी समस्याओं के महत्त्व को स्वीकारते हुए खाद्य एवं कृषि संगठन (FAO) के महानिदेशक ने सन् 1999 में विशेषज्ञों का एक दल नियुक्त

किया। इस दल से विचार-विमर्श एवं अध्ययन के पश्चात् सन् 1970 में यह सुझाव दिया कि एक अन्तर्राष्ट्रीय कृषि विज्ञान एवं टेक्नोलॉजी सूचना तन्त्र (AGRIS) की स्थापना अत्यन्त आवश्यक है। इसकी निम्नलिखित दो गतिविधियाँ इस प्रकार हैं–

(i) कृषि विज्ञान के क्षेत्र में विस्तृत एवं व्यापक आधार सामग्री (Database) का संग्रहण जिससे सामयिक अभिज्ञता सेवा (Current awereness service) प्रदान की जा सकें।

(ii) इस क्षेत्र में उपलब्ध अति विशिष्ट सूचना सेवाओं, केन्द्रों एवं तन्त्रों का समन्वयीकरण ताकि अनावश्यक पुनरावृत्ति को रोका जा सके।

एग्रिस स्तर

सन् 1975 में एग्रिस का प्रथम स्तर इतना अधिक व्यापक हो चुका था कि इसे विभिन्न प्रकार से विचार-विमर्श, आयोजन व मूल्यांकन के बाद किया गया, खाद्य एवं कृषि संगठन, विभिन्न सरकारों तथा संस्थाओं के आपसी सहयोग से स्थापित इस अन्तर्राष्ट्रीय तन्त्र के अन्तर्गत कृषि विज्ञान एवं टेक्नॉलोजी से ग्रन्थपरक/प्रलेखपरक सूचना की एक विस्तृत एवं व्यापक सामग्री को राष्ट्रीय अथवा क्षेत्रीय निवेश केन्द्रों द्वारा एकत्रित एवं चयनित कर मानक प्रारूप में सूचीकृत एवं वर्गीकृत किया जाता है। मूलरूप में इसकी भाषा चाहे जो हो, परन्तु अनुदित रूप में यह अंग्रेजी में ही लिखी जाती है।

आजकल इसके भारत में 128 राष्ट्रीय संस्थान तथा 17 अन्तर्राष्ट्रीय संस्थान लगातार निवेश उपलब्ध करवा रही है। यह निवेश चुम्बकीय फीते (Magenetic tape), छिद्रित पत्रक फीते (Punched paper tape), प्रकाशीय वर्ण पहचान प्रपत्र (Optical character recognition forms), निवेश प्रपत्र (Input worksheets) अथवा फ्लापी डिस्क (Floppy disc) के रूप में भेजा जा सकता है। समस्त निवेश एग्रिस प्रोसेसिंग यूनिट (AGRIS Processing unit), वियना, आस्ट्रिया को भेजा जाता है जहां पर कम्प्यूटर द्वारा इसका संविलयन (Merging), पृथकीकरण (Sorting) तथा वर्गीकरण करके प्रतिमाह आधार सामग्री को चुम्बकीय फीते के रूप में उपलब्ध करवाया जाता है। कुछ अन्य सामग्री भी सूचना प्रस्तुतीकरण का कार्य करती है। इसकी विवेचना निम्न प्रकार है–

एग्रिन्डेक्स

इसे मालिक अनुक्रमण जीवकरण पत्रिका के नाम से भी जाना जाता है, जिसके प्रत्येक अंक में 50 भाषाओं के 7000 से अधिक सामयिकी एवं अन्य प्रकाशनों से

चुने हुए लगभग 11000 सन्दर्भ सम्मिलित किये जाते हैं। प्रविष्टियां 17 मुख्य विषय शीर्षकों में वर्गीकृत की जाती हैं तथा प्रत्येक विषय शीर्षक के अन्तर्गत भौगोलिक क्षेत्र अथवा वस्तु के अनुसार एक संख्यात्मक कोड के आधार पर व्यवस्थित होती हैं। सभी प्रविष्टियों में प्रविष्टि संख्या, आख्या, लेख/प्रलेख की भाषा, लेखक/लेखकों के नाम, प्रथम लेखक का संक्षिप्त पता, पत्रिका का नाम, खण्ड संख्या, अंक, प्रकाशन वर्ष, पृष्ठ संख्या, प्रकाशन का स्थान एवं प्रकाशक का नाम, लेख/प्रलेख प्राप्त करने का स्रोत आदि से सम्बन्धित सूचना दी हुई होती है। इसकी यह विशेषता है कि अनुक्रमणिकाकरण पद प्रवृष्टियों के अन्त में दी गई है। पत्रिका के अन्त में चार अनुक्रमणिकाएं—प्रतिवेदन एकस्व संख्या (AGROVOC), थिसारस व्यक्तिगत लेखक, समष्टि निकाय लेखक का इस्तेमाल किया जाता था।

वर्तमान में प्रवृष्टियों की संस्था तीव्रगति से बढ़ती जा रही है। पत्रिका के प्रथम चार अंकों में मात्र 11000 सन्दर्भ सम्मिलित हुए थे, जबकि वर्तमान में प्रत्येक अंक में 11000 सन्दर्भ सम्मिलित किये जा रहे हैं। एग्रिस आधार सामग्री में सन् 1986 के अन्त तक 13 लाख सन्दर्भ एकत्रित किए जा चुके थे तथा प्रतिवर्ष 1 लाख से अधिक की दर से इसमें वृद्धि हो रही है। प्रत्येक निवेश केन्द्र को एग्रिन्डेक्स की एक प्रति निःशुल्क प्रदान की जाती है।

एग्रिस चुम्बकीय फीते पर

एग्रिस चुम्बकीय फीते पर सुवाच्य मशीनों की प्राप्ति होती है। इस पर अंकित सूचना लगभग एग्रिन्डेक्स के प्रतिबिम्ब के समान होती है। समस्त निवेश केन्द्र एवं वे संस्थाएं, जो इसमें रुचि रखते हैं, एग्रिस प्रोसेसिंग यूनिट, वियना से प्रतिमाह यह चुम्बकीय फीते प्राप्त कर सकते हैं। इन फीतों पर सूचना अन्तर्राष्ट्रीय मानक प्रारूप ISO-2709 के अनुसार अंकित होती है जिसे कम्प्यूटर द्वारा प्रक्रियाशील किया जा सकता है। राष्ट्रीय निवेश केन्द्र इन फीतों को प्राप्त कर सामान्यतः अपने क्षेत्र के वैज्ञानिकों आदि को विभिन्न सूचना सेवाएं प्रदान करते हैं, जिनमें चयनित सूचना प्रसार, पूर्वगामी सूचना खोज सेवाएं प्रमुख हैं। इतना ही नहीं, किसी एक राष्ट्र द्वारा निवेशित समस्त सूचना को प्रकाशित कर राष्ट्रीय ग्रन्थ सूची के रूप में प्रकाशित किया जा सकता है।

एग्रिस आनॅलाइन सेवा

आजकल एग्रिस की आधार सामग्री को प्राप्त करने में विभिन्न स्थानों से सहयोग प्राप्त किया जा सकता है तथा सेवाएं प्राप्त की जा सकती हैं। वर्तमान में

यह मेजबान कम्प्यूटरों पर उपलब्ध है तथा अन्तर्राष्ट्रीय दूरसंचार माध्यम/तन्त्रों जैसे—टैलेक्स, टेलीफोन एवं पैकिट स्विचिंग नेटवर्क की सहायता से इस तक पहुँचकर नवीन तथा दूरगामी सूचनाओं की प्राप्ति की जा सकती है। इसकी प्रमुख संस्थाएं निम्न प्रकार हैं—

1. डच औषधि प्रलेखन एवं स्थान (डी.आई.एम.डी.आइ), जर्मनी।
2. डायलाग (DIALOG) अमेरिका।
3. अन्तर्राष्ट्रीय आणविक ऊर्जा एजेंसी (आई.ए.ई.ए.), वियना।

एग्रिस संहत तश्तरी पर

एग्रिस आन सीडी-रोम चुम्बकी फीते पर छपे एग्रिस आधार सामग्री को स्थानीय कम्प्यूटर द्वारा खोजने हेतु अत्यधिक मुख्य स्मृति (Main memory or disc space) की आवश्यकता होती है तथा जैसे-जैसे आधार सामग्री में वृद्धि होगी वैसे ही मुख्य स्मृति की आवश्यकता भी बढ़ेगी, जो महंगी साबित होगी तथा सूचना खोजने में अधिक समय लगेगा। ऑनलाइन सेवा द्वारा यद्यपि सूचना तुरन्त प्राप्त की जा सकती है, किन्तु दूरसंचार माध्यमों का विशेषकर विकासशील देशों में, समुचित विकास न होने के कारण दूरस्थ स्थान पर प्रस्थापित कम्प्यूटर से सम्पर्क स्थापित कर पाना काफी कठिन होता है। इन सेवाओं में ऐसी अनेकानेक कठिनाइयाँ हैं, जिनकी वजह से यह किसी भी उपभोक्ता के लिए महँगी पड़ती है।

प्रकाशीय संग्रह माध्यम (Optical storage medium) के विकास से अभी कुछ लेजर टेक्नोलॉजी के सहयोग से उपर्युक्त समस्याएं आसानी से हल हो गई हैं। इस टेक्नोलॉजी द्वारा ऐसी संहत तश्तरी निर्मित की गई है, जो स्वरूप में श्रव्य-संहत तश्तरी (Audio Compact Disc) के समान है तथा जिस पर सूचना का विशाल भण्डार संग्रहीत किया जा सकता है। 12 सेन्टीमीटर व्यास की इस तश्तरी पर 55-60 करोड़ वर्ण/चिह्न संग्रहीत किये जा सकते हैं। यह तश्तरी सी डी-रोम के नाम से प्रसिद्ध है।

एग्रिस आधार सामग्री को इसी प्रकार की संहत तश्तरी के रूप में उपलब्ध करवाया गया है तथा सम्पूर्ण आधार सामग्री (1975-90) 4 या 5 ऐसी तश्तरियों पर संग्रहीत की जा सकती है। सी डी-रोम पर अंकित सूचना को सी डी-रोम चालक (CD-ROM Drive) तथा माइक्रो-कम्प्यूटर की सहायता से खोजा जा सकता है। इस प्रकार एग्रिस आधार-सामग्री के संहत तश्तरी के रूप में उपलब्ध हो जाने से महंगे, बड़े कम्प्यूटर एवं मुख्य स्मृति की आवश्यकता स्वतः ही समाप्त हो गई है तथा

दूरसंचार माध्यमों पर निर्भर हुए बिना सम्पूर्ण आधार सामग्री को मन चाहे समय के लिए किसी भी छोटे अथवा बड़े ग्रन्थालय/प्रलेखन केन्द्र में खोजा जा सकता है। एग्रिस संहत तश्तरी के माध्यम से आवश्यक एवम् उपयोगी सेवाओं की प्राप्ति की जा सकती है।

अभी भी एग्रिस अनेक उपलब्धियों के उपरांत उन उद्देश्यों को पूर्णतः प्राप्त नहीं कर सका है, जिसके लिए इसकी स्थापना की गई थी। कई अध्ययनों से पता चला है कि इसकी व्याप्ति अभी भी अपेक्षित व्याप्ति से काफी कम है। सम्मिलित किए गये प्रलेखों में आधे (50%) से अधिक केवल अंग्रेजी भाषा के तथा 75% मात्र चार यूरोपीय भाषाओं से जुड़े है। अपरम्परागत प्रलेखों की संख्या कुल निवेश के 20% से भी कम है तथा विकासशील देशों से मात्र 20% निवेश ही प्राप्त होता है, जो कि भाषायी एवं क्षेत्रीय असन्तुलन को प्रकट करता है। इसकी प्रकाशित सेवा एग्रिन्डेक्स में सार सम्मिलित नहीं किया जाता, जिसके कारण इसका महत्त्व घटता जा रहा है।

एग्रिस स्तर द्वितीय

जब खाद्य एवं कृषि संगठन के महानिदेशक को एग्रिस स्थापित करने का विशेषज्ञों के दल ने सुझाव दिया था, उसी समय इसे दो स्तरों में कार्यशील करने का प्रस्ताव किया गया, ताकि प्रत्येक स्तर द्वारा विभिन्न प्रकार के उपयोगकर्ताओं जरूरतों को ध्यान में रखकर आवश्यक सुविधाओं व सेवाओं को प्रदान कराया जा सके। उनके अनुसार स्तर I शीघ्र सामयिक अभिज्ञता सेवा प्रदान करेगा तथा स्तर II विशिष्ट सूचना सेवाओं, सूचना केन्द्रों, सूचना विश्लेषण केन्द्रों एवं आधार सामग्री संचिकाओं का समन्वित तन्त्र होगा, जिसमें प्रत्येक संस्थाओं की निम्नवत जिम्मेदारी होगी–

(i) उपर्युक्त आधार सामग्री में सम्मिलित प्रत्येक लेख/प्रलेख का गहन अध्ययन कर अनुक्रमणीकरण तथा सारकरण करना;

(ii) सूचना सेवाओं जैसे–चयनित सूचना प्रसार सेवा, पूर्वगामी खोज सेवा, सूचना विश्लेषण सेवा आदि का प्रावधान करना;

(iii) अपने कार्य क्षेत्र से सम्बन्धित समस्त उपयोगी पाठ्य-सामग्री का चयन एवं संग्रहण कर आधार सामग्री का विकास करना।

एग्रिस स्तर II की गतिविधियां प्रारम्भ करने हेतु पशु चिकित्सा विज्ञान, वन विज्ञान, उष्णदेशीय कृषि आदि विषयों का चयन किया गया एवं कई अग्रगामी अध्ययन दल (Pilot study teams) नियुक्त किए गये, किन्तु किसी भी दल के प्रयत्नों से अभी तक कोइ उपयोगी परिणाम प्राप्त नहीं हुआ है।

इस दिशा में खाद्य एवम् कृषि संगठन की परिधि से बाहर अन्तर्राष्ट्रीय संस्थाओं द्वारा किए गए प्रयासों के फलस्वरूप कई विशिष्ट सूचना विश्लेषण केन्द्रों की स्थापना की गई जो अत्यन्त सूक्ष्म विषय क्षेत्र उदाहरणार्थ एक फसल जैसे—चावल, गेहूँ अथवा एक विशिष्ट पहलू जैसे—सिंचाई आदि में उसी प्रकार की सूचना सेवाएं प्रदान कर रहे हैं, जिनकी परिकल्पना एग्रिस स्तर II में की गई है। मुख्यतया ये केन्द्र अन्तर्राष्ट्रीय विकास अनुसंधान केन्द्र, कनाडा तथा अन्तर्राष्ट्रीय कृषि अनुसन्धान परामर्श दल, अमेरिका के सहयोग एवं प्रयोजन से ऐसे राष्ट्रीय एवं अन्तर्राष्ट्रीय शोध संस्थानों में स्थापित किए गए हैं, जहाँ उन्हीं विषयों/पहलुओं पर अनुसन्धान कार्य हो रहा है। इन शोध संस्थानों में उपलब्ध शोध सुविधाओं, सूचना संसाधनों, विशेषज्ञों एवं कार्यकुशल सूचना वैज्ञानिकों के अनुभव से विशेषकर ऐसी सूचनाओं को काफी लाभ पहुँचा है।

विगत कुछ वर्षों से सूचना तकनीकी केन्द्र की कुछ ऐसी संस्थाएं हैं, जो सूचना तकनीक क्षेत्र में महत्त्वपूर्ण भूमिका निभा रही हैं, जैसे—कैशवा सूचना केन्द्र, कोलम्बिया, उष्णदेशीय दलहन सूचना केन्द्र, नाइजीरिया, अन्तर्राष्ट्रीय सिंचाई सूचना केन्द्र, इस्राइल, नारियल सूचना केन्द्र, श्रीलंका, (International Buffalo Information Crops Information Centre) आदि विशिष्ट सूचना केन्द्रों के ऐसे उदाहरण हैं, जो पिछले कई वर्षों से सफलतापूर्वक कार्य कर रहे हैं तथा विशेषकर विकासशील देशों की सूचना से संबद्ध जरूरतों को पूर्णता प्रदान कर रहे हैं तथा इनमें से कई केन्द्र एग्रिस निवेशप केन्द्र की भांति भी कार्य कर रहे हैं निस्सन्देह ये केन्द्र एग्रिस स्तर II पातिक केन्द्र (Nodal Centres) माने जाते हैं। आवश्यकता केवल इस बात की है कि ऐसे केन्द्र अन्य विषयों में भी स्थापित किये जायें तथा इनके समन्यीकरण तथा इनको वित्तीय सहायता प्रदान करने का उत्तरदायित्व खाद्य एवं कृषि संगठन को ग्रहण करना चाहिए जिससे एग्रिस स्तर विभिन्न लक्ष्यों की प्राप्ति आसानी से कर सके।

भारत में एग्रिस की उपलब्धियाँ

विगत 16 वर्षों से एग्रिस एक ऐसा प्रमुख संस्थान है जो कृषि वैज्ञानिकों को सूचनात्मक सुविधा प्रदान कर रहा है तथा कृषि सूचना के क्षेत्र में अपना एक विशिष्ट स्थान बना चुका है। इस तन्त्र की स्थापना से विकासशील राष्ट्रों में सूचना गतिविधियों को सुचारू रूप से चलाने हेतु आधारभूत संरचना के विकास में पर्याप्त सहायता प्राप्त हुई है। एग्रिस द्वारा प्रदत्त प्रशिक्षण कार्यक्रमों से इन राष्ट्रों के सैकड़ों ग्रन्थालयी, प्रलेखनकर्ता तथा सूचना वैज्ञानिक लाभान्वित हो चुके हैं।

सन् 1974 में भारत सरकार के कृषि मन्त्रालय ने यह निर्णय ले लिया था कि भारत इस तन्त्र के एक सक्रिय सदस्य के रूप में अपना सहयोग देगा। इसी उद्देश्य हेतु भारतीय कृषि अनुसंधान परिषद् (I.C.A.R) के अधीन कृषि अनुसन्धान सूचना केन्द्र सन् 1975 से कृषि विज्ञान एवं तकनीक से सम्बन्धित भारत में प्रकाशित पाठ्य-सामग्री को एग्रिस तन्त्र में निवेशित करता रहा है। यह केन्द्र सन् 1984 तक लगभग 30,000 सन्दर्भ एग्रिस में निवेश हेतु भेज चुका है तथा प्रतिवर्ष लगभग 3500 सन्दर्भ भेजता है।

उपरोक्त अध्ययनों से स्पष्ट होता है कि अन्तर्राष्ट्रीय कृषि विज्ञान एवम् प्रौद्योगिकी सूचना प्रणाली ने कृषि क्षेत्र सम्बन्धित सूचनागत प्रणालियों को विकसित कर पुस्तकालय आन्दोलन में महत्त्वपूर्ण भूमिका का निर्वहन किया है।

15

अन्तर्राष्ट्रीय नाभिकीय सूचना प्रणाली

अन्तर्राष्ट्रीय नाभिकीय सूचना प्रणाली (INIS) की स्थापना अप्रैल 1970 ई. में संयुक्त राष्ट्रसंघ की अन्तर्राष्ट्रीय परमाणु ऊर्जा एजेन्सी (I.A.E.A) के सौजन्य से की गई थी। इसका मुख्यालय वियना नगर में है इसकी स्थापना में सोवियत संघ तथा संयुक्त राज्य अमेरिका का प्रमुख हाथ रहा है। इन दोनों ने सन् 1962 में I.A.E.A की सूचना प्रणाली के निर्माण की रूपरेखा बनाई। सन् 1968 में अन्तर्राष्ट्रीय कार्यकारी समूह (International Working Group) ने इस योजना को मूर्तरूप देने के लिए प्रारम्भिक रूपरेखा तैयार की। इसको 1969 ई. में अन्तर्राष्ट्रीय परमाणु ऊर्जा द्वारा मान्यता प्रदान की गई। सन् 1969 में ही भारत सहित 20 देशों ने इनिस की स्थापना हेतु अपना सहयोग प्रदान किया तथा अप्रैल 1970 में इनिस ने अपना कार्य प्रारम्भ कर दिया। इसका प्रथम निर्गत (Output) इनिस एटमइन्डेक्स (INIS Atomindex) मासिक रूप में प्रकाशित किया गया। इनिस एटमइन्डेक्स में एक विषय सूची (Subject Index) का सितम्बर 1973 में प्रतिपादन किया गया। 1975 में इनिस एटमइन्डेक्स में क्रमिक सारकरण तथा इनिस मैग्नेटिक टेप में 'मशीन सुवाच्य, (Machine Readable Abstract) शुरू किया गया। 1978 में प्रयोगात्मक इनिस/एग्रिस (Experimental INISIAGRIS) की स्थापना की गई। इस प्रकार इनिस का विकास होता गया।

इनिस की अवधारणा

अन्तर्राष्ट्रीय नाभिकीय सूचना प्रणाली के स्थापना का समर्थन दुनिया के देशों

से इसलिए नहीं मिल सका, क्योंकि विश्व में इस प्रकार की कोई संस्था नहीं थी। अतः अब अन्तर्राष्ट्रीय कार्यकारी समूह (International Working Group) ने इनिस के स्वरूप तथा कार्य पर अपनी रूपरेखा तैयार की तो यह उनके सामने एक बहुत ही चुनौतीपूर्ण कार्य था कि इसका ढांचा, रूपरेखा, स्वरूप आदि को किस प्रकार से तैयार किया जाये।

नाभिकीय तथा प्रौद्योगिकी के क्षेत्र में इनिस का मुख्य कार्य सूचना का विनिमय करना है। यह इस बात पर भी विशेष बल देता है कि सदस्य देशों के नाभिकीय तथा प्रौद्योगिकी के क्षेत्र में हो रहे शोध आदि से सम्बन्धित साहित्य में किसी प्रकार की द्विरावृत्ति (Duplication) की स्थिति न बने।

आमतौर पर इसकी स्थापना का श्रेय अन्तर्राष्ट्रीय सहयोग को जाता है। अन्तर्राष्ट्रीय सूचना तन्त्र के अन्तर्गत अपने आप में यह इस प्रकार का संस्थान है जिनमें निवेश तथा निर्गत दोनों को विकेन्द्रीकृत (Decentralized) किया गया है। विभिन्न सदस्य देशों से सूचना एकत्रित की जाती है तथा उस सूचना को पुनः सदस्य देशों में व्यवस्थित रूप से वितरित किया जाता है। इस संस्था के जो कार्य केन्द्रीय होते हैं वे वियना में ही सम्पन्न होते हैं। वहां पर रूपान्तरण, जांच, मिलान (Merging) तथा आंकड़ों के प्रस्तुतीकरण का कार्य किया जाता है। सम्पूर्ण नाभिकीय साहित्य को सम्मिलित करने हेतु यह केन्द्रीकृत प्रक्रिया बहुत आवश्यक थी। विकेन्द्रीकृत पद्धति में किसी प्रकार का विघ्न तथा गैर-वैज्ञानिक तरीके से कार्य न हो।

सभी देशों में नाभिकीय साहित्यों की उपलब्धता बरकरार बनाए रखने हेतु जनसम्पर्क अधिकारी की नियुक्ति की जाती है। इस सम्पर्क अधिकारी की यह जिम्मेदारी होती है कि वह अपने देश में उत्पन्न सम्पूर्ण नाभिकीय साहित्य को एकत्रित करे तथा इनिस मुख्यालय, वियना को प्रस्तुत करे। इस सम्पर्क अधिकारी का कार्य सिर्फ सूचना एकत्रित करना ही नहीं है, बल्कि इनिस निर्गत को अपने वैज्ञानिकों, इंजीनियरों आदि में वितरित करना भी है। अतः हम कह सकते हैं कि इनिस की अवधारणा विज्ञान विषय से सम्बन्ध रखने वाली एक सुदृढ़ अवधारणा है।

संरचना

किसी भी संस्था का एक व्यवस्थित ढांचा कार्यशील ढांचे से घनिष्ठता से जुड़ा हुआ होता है। यदि सम्पूर्ण ढांचा वैज्ञानिक स्वरूप में है तो उससे उत्पादन तथा सेवाओं में किसी प्रकार का अवरोध पैदा नहीं होगा। अतः इस संस्था के सन्दर्भ में

हम कह सकते हैं कि उसका अपना एक सम्पूर्ण तन्त्र बना हुआ है जिसमें ग्रन्थियां एक-दूसरे को सूचित करती रहती हैं। ये राष्ट्रीय, क्षेत्रीय या अन्तर्राष्ट्रीय स्तर की हो सकती हैं। प्रत्येक स्थानीय ग्रन्थी केन्द्र पर एक इनिस सम्पर्क अधिकारी होता है। यह सम्पर्क अधिकारी ही अपने देश के नाभिकीय तथा प्रौद्योगिकी से सम्बन्धित सम्पूर्ण साहित्य को एकत्रित करके केन्द्रीय ग्रन्थी (जो कि इनिस-सचिवालय है) के पास भेजता है। अतएव केन्द्रीय ग्रन्थी से उपलब्ध सूचना तथा सामग्री अपने पाठकों तक स्थानीय ग्रन्थियों के माध्यम से पहुँचाई जाती है।

इसके अतिरिक्त अनेकों ग्रन्थियां इससे जुड़ी होती हैं, जिससे इस तंत्र की गतिशीलता बनी रहती है। तकनीकी कार्यकारी समूह संचालन सम्बन्धी कार्यों के लिए प्रायः मिलते रहते हैं। वर्ष में सामान्य कार्य विधि तथा तकनीकी मामलों के लिए सभी इनिस-सम्पर्क-अधिकारियों की एक बैठक बुलाई जाती है। इस बैठक के माध्यम से इनिस के सचिव तथा संबंधित अधिकारियों के मध्य समन्वय स्थापित करने में सहायता मिलती है। इसके कारण विभिन्न तकनीकी कठिनाइयों का आसानी से हल हो जाता है। इसी बैठक में नीतिगत मामलों पर सलाहकार समिति द्वारा विचार-विमर्श किया जाता है। यह सलाहकार समिति एजेन्सी के महानिदेशक को सलाह देती है तथा एक निश्चित समयावधि पर इनसे मिलती रहती है तथा नवीनीकरण के साथ-साथ समायोजन के तथा प्रवृत्तियों का सत्यापन सामान्य विन्यास में परिवर्तित करती है। इनिस तन्त्र सभी समूहों तथा समितियों को अद्यतन बनाने, समायोजित करने तथा सुधार के लिए सहायता करती है। इसके साथ प्रवृत्तियों का सत्यापन सामान्य दिगूविन्यास में परिवर्तित करती है।

सदस्यता

आइनिस (INIS) की सदस्य संख्या 1983 के आंकड़ों के अनुसार 67 राष्ट्रीय तथा 14 अन्तर्राष्ट्रीय स्तर की संस्थाएं इसकी सदस्य थीं। इन सदस्य राज्यों के द्वारा एक वर्ष में लगभग 75,000 से अधिक मदों का निवेश किया जाता था।

आइनिस (INIS) में शामिल किये गए विषय

आइनिस (INIS) नाभिकीय विज्ञान से सम्बन्धित कई विषयों पर पत्र-पत्रिकाओं का प्राकशन करता है। इनमें प्राथमिक प्रलेखों के सभी स्वरूप—सामयिक प्रकाशनों, रिपोर्ट्स, सम्मेलन में प्रस्तुत पत्रों, लेखों आदि को सम्मिलित किया जा सकता है। इसके आंकड़े वैज्ञानिक संस्थाओं, औद्योगिक, प्रायोगिक, सरकारी संस्थाओं, शोध

संस्थानों, विश्वविद्यालय यहां तक वैज्ञानिकों और शोधकर्ताओं से व्यक्गित रूप से भी एकत्रित किये जाते हैं। इसमें राष्ट्रीय योजनाओं, बजट अनुमानों, सरकारी प्रलेखों, आदि को भी सम्मिलित किया जाता है। इसके कुछ वर्गीकृत प्रलेख होते हैं, जैसे—सरकारी गोपनीय रिपोर्ट आदि को सम्मिलित नहीं किया जाता है। इसके विषय क्षेत्र के अन्तर्गत उच्च भौतिक ऊर्जा, नाभिकीय भौतिकी, रसायन पदार्थों और धातुओं, भू-विज्ञानों, उच्च ऊर्जा नाभिकीय विधियां, इंजीनियरिंग एवं प्रौद्योगिकी नाभिकीय विधि, सामान्य भौतिकी, न्यूटोन, व्यावहारिक जीव विज्ञानों, दवाओं में नाभिकीय साधन आदि को शामिल किया जाता है।

इनिस के प्रमुख लक्ष्य

विश्व स्तर पर प्रकाशित आणविक साहित्य का अनुक्रमणीकरण तथा सारकरण करना, अन्तर्राष्ट्रीय स्तर पर प्रलेख सूचना पुनर्प्राप्ति सेवा प्रदान करना, शोध परिणामों के प्रभावकारी उपयोग के लिए सहयोगी देशों को शीघ्र सूचनाएं प्रदान करना, सूचनाओं की प्राप्ति के लिए विकेन्द्रीकरण की नीति का पालन करना तथा सूचना संचार के लिए वियना स्थित केन्द्र की सेवाओं का उपयोग करना, कम्प्यूटर उपयोग के लिए मानक निर्धारित करना तथा नियम बनाना और 'मशीन-पठनीय-सूचना' सेवा प्रदान करना इनिस के प्रमुख उद्देश्य हैं।

इनिस सन्दर्भ शृंखला

इनिस संदर्भ शृंखला के 19 प्रलेख हैं। इनको इनिस के मानकों तथा नियमों (INIS Standards and rules) के नाम से भी जाना जाता है। ये मानक तथा नियम मुख्य रूप से इनिस निवेश के काम आते हैं। इसी कारण इसका निर्गत (Output) भी इस सन्दर्भ शृंखला के कारण स्वतः ही मानकीकृत हो जाता है।

इनिस के प्रमुख प्रलेख निम्न प्रकार हैं—

1. इनिस : वर्णनात्मक सूचीकरण नियम, आई.ए.ई.ए. इनिस 2. इनिस : वर्णनात्मक सूचीकरण नमूने, आई.ए.ई.ए. इनिस 3. इनिस : विषय श्रेणियाँ तथा क्षेत्र विवरण, आई.ए.ई.ए. इनिस 4. इनिस : सारकरण जमा करवाने सम्बन्धी निर्देश, आई.ए.ई.ए. इनिस 5. इनिस : देशों तथा अन्तर्राष्ट्रीय संस्थाओं के लिये पारिभाषिक शब्दावली तथा संकेतांक, आई.ए.ई.ए. इनिस 6. इनिस : सहकरण प्रविष्टियों की तथा रिपोर्ट संख्या निर्धारण की प्राधिकृत सूची, आई.ए.ई.ए. इनिस 7. इनिस : चुम्बकीय तथा छिद्रित पेपर टेप कोड तथा चरित्र सेट, आई.ए.ई.ए. इनिस 8. इनिस

: पेपर टेप विशिष्टिकरण तथा रिकार्ड ग्रन्थाकार मैग्नेटिक टेप, आई.ए.ई.ए. इनिस 9. इनिस : मैगनेटिक टेप विशिष्टीकरण तथा रिकार्ड ग्रन्थाकार, आई.ए.ई.ए. इनिस 10. इनिस : चयनीय अ-रोमन चरित्र के लिए ट्रान्सलिटरेशन नियम, आई.ए.ई.ए. इनिस 11. इनिस : जर्नल आख्याओं के लिये प्राधिकृत सूची, आई.ए.ई.ए. इनिस 12. इनिस : अनुक्रमणीकरण पुस्तिका आई.ए.ई.ए. इनिस 13. इनिस : कोश, आई.ए.ई.ए. इनिस 13 (F) इनिस : कोश (फ्रेंच भाषा में), आई.ए.ई.ए. इनिस 13 (G) इनिस : कोश (रशियन भाषा में), आई.ए.ई.ए. इनिस 14. इनिस : कम्प्यूटर प्रोग्रामों का विवरण, आई.ए.ई.ए. इनिस 15. इनिस : वर्णनात्मक सूचीकारों के लिये स्वयं-अध्यापन पुस्तिका, आई.ए.ई.ए. इनिस 16. इनिस : विषय अनुक्रमणीकरण नमूने, आई.ए.ई.ए. इनिस 17. इनिस : स्टेयर्स पर पहला कदम, आई.ए.ई.ए. इनिस 18. इनिस : इनिस तथा एग्रिस के लिये पूर्वाभिमुखीकरण कार्यक्रम पुस्तिका, आई.ए.ई.ए. इनिस 19. इनिस : ओ.सी.आर. निवेश निर्देश।

इनिस (INIS) की कार्यकारी पद्धति

इनिस मुख्यालय से सभी सदस्य देशों को नाभिकीय विज्ञान सम्बन्धी साहित्य भेजा जाता है। इस प्रकार एकत्रित की गई सूचना नीचे के स्वरूप में से किसी को भी प्रेषित किया जा सकता है—

(i) पेपर टेप : यह केवल फ्लेक्सोराइटर की सहायता से ही बनाया जा सकता है।

(ii) वर्क शीट : निर्धारित वर्क शीट्स जहां पर कम्प्यूटर सुविधाएं नहीं के बराबर होती हैं वहीं पर काम में लाई जाती है। भारत का इनिस को निवेश वर्क शीट्स के द्वारा ही शुरू किया गया था।

(iii) मैग्नेटिक टेप : इसको केवल कम्प्यूटर की सहायता से ही बनाया जा सकता है।

इनिस के मुख्यालय वियना से पेपर टेप तथा वर्क शीट्स के आकार के लिए पठनीय मशीन तैयार की जाती है। मशीन पठनीय स्वरूप तैयार करती है। इसका शब्दकोश निवेश हेतु अत्यन्त उपयोगी है। इसी प्रकार अन्तर्राष्ट्रीय स्तर पर एकरूपता तथा मानक स्वरूप प्रदान करने के लिए अन्तर्राष्ट्रीय मानकीकृत ग्रन्थपरक विवरण (International Standard Bioliographical Description) का सहारा लिया जाता है।

वर्तमान में सभी सदस्य देश इसके कार्यों में निवेश कर रहे हैं। संस्थाओं के विकेन्द्रित होने के कारण इनका स्वरूप भी विकसित है। सदस्य देश चूँकि विकेन्द्रीकृत हैं तथा एक केन्द्रीकृत संस्था को अपना निवेश करते हैं, इसी कारण इसका निवेश सम्बन्धी कार्य विकेन्द्रीकृत प्रकृति का माना जाता है।

केन्द्रीयकृत प्रक्रिया

इनिस केन्द्रीकृत प्रक्रिया के अंतर्गत मुख्यालय में जैसे ही आँकड़े एवम् सूचनाएँ उपलब्ध होती हैं, उसकी जांच की जाती है, उन्हें सही किया जाता है, मशीन पठनीय स्वरूप में हस्तान्तरित किये जाते हैं तथा उन्हें बिना किसी समयावरोध के केन्द्रीय कम्प्यूटर (डाटाबेस) में निवेश कर दिये जाते हैं। इस सम्पूर्ण प्रक्रिया में बहुत कम समय लगता है तथा आंकड़े उपलब्ध होने के लगभग 15 दिन बाद निर्गत का वितरण सदस्य राज्यों में कर दिया जाता है। प्रत्येक वर्ष लगभग 70,000 मद इसमें भरे जाते हैं इन आंकड़ों में प्रलेख की ग्रन्थ सन्दर्भ सूची, उद्धरण, स्थिति तथा अंग्रेजी भाषा में सार भी दिया हुआ रहता है। अतएव पत्र-पत्रिकाओं एवम् सूचनाओं आदि का आदान-प्रदान केन्दीय ग्रन्थी तथा विकेन्द्रित ग्रन्थियों में लगातार चलता रहता है।

अगर कोई इनिस का सदस्य देश वियना मुख्यालय से आवश्यक साहित्य नहीं प्राप्त कर पा रहा है, तो वह अन्य सदस्य देशों के द्वारा अपना साहित्य केन्द्रीय ग्रन्थि तक पहुँचा सकता है। केन्द्रीय ग्रन्थी द्वारा निर्गत उत्पादन (Output production) को भी उन्हीं या अन्य सदस्य देशों के माध्यम से प्राप्त कर सकता है। सदस्य देश किस माध्यम से इनिस मुख्यालय से सम्पर्क बनाये रखे, यह सदस्य देश का कर्त्तव्य बनता है।

इनिस की केन्द्रीकृत तथा विकेन्द्रीकृत प्रक्रिया के लाभ

(i) नाभिकीय साहित्य को विस्तृत रूप में सम्मिलित करना।

(ii) ग्रन्थपरक सूचना में विश्वसनीयता आती है।

(iii) सदस्य देशों में निवेश सम्बन्धी व्यय बढ़ जाती है।

(iv) यह विभिन्न भाषाओं में सूचना एकत्रित करने की प्रभावी विधि है।

(v) समय तथा धन की बचत क्योंकि सम्पूर्ण विकेन्द्रीकृत साहित्य केन्द्रीय स्थान पर प्रस्तुतीकरण से गुजरता है।

इनिस का वितरण तथा उत्पादन

इनिस के उत्पादन एवम् वितरण का प्रमुख आधार विकेन्द्रीकरण की प्रवृत्ति पर निर्भर करता है। किस सदस्य को कौन-सी या किस प्रकार की सामग्री चाहिये,

यह बात उस देश विशेष की आवश्यकता पर निर्भर करता है। यह उत्पादित सामग्री विविध रूपों में हो सकती है—

(i) माइक्रोफिश (Microfiche),
(ii) सामयिक प्रकाशन (Periodical Publication),
(iii) मैग्नेटिक टेप (Magnetic tape),
(iv) आफ-लाइन सेवाएं (Off-line services),
(v) ऑनलाइन सेवाएं (On-line services),
(vi) माइक्रोफिल्मस् (Microfilms)।

सामयिक प्रकाशन के क्षेत्र में इनिस एटमइन्डेक्स का विशिष्ट स्थान है। इसको मैग्नेटिक टेप पर सदस्य देशों को वितरित किया जाता है। इस सामग्री का स्थानीय वितरण वहां के सम्पर्क अधिकारियों पर छोड़ दिया जाता है। ये सम्पर्क अधिकारी अपने देश में इस प्रकार की सामग्री को वितरित करने के लिए उत्तरदायी होते हैं, किन्तु इनिस का कार्य यहीं पर समाप्त नहीं हो जाता है कि राज्यों को इनिस उत्पादित सामग्री वितरित कर दी गई है। विभिन्न देशों को जरूरत के मुताबिक समय-समय पर निर्देश भी देता है।

अतएव जो सदस्य देश सीधी सेवा (Direct access) लेना चाहते हैं उनके लिए इनिस ऑनलाइन सेवा तथा ऑफलाइन सेवाएं उपलब्ध कराता है। इस सीधी सेवा (Direct access) को सीधा-डायल-टेलीफोन तथा टेलेक्स द्वारा प्रदान किया जाता है।

नवीन प्रवृत्तियाँ

जैसा कि वर्तमान समय में स्पष्ट है कि इनिस नाभिकीय तथा प्रौद्योगिकी के क्षेत्र में निवेश करने में सक्रिय भूमिका नहीं निभा पा रहा है। इस क्षेत्र में नवीनतम् साहित्य को अपने ही देश तक सीमित रखना उचित समझने लगा हैं। इसका प्रभाव विकासशील देशों पर बहुत बुरा पड़ सकता है। अतः इस ओर अन्य अन्तर्राष्ट्रीय संस्थाओं, जैसे—संयुक्त राष्ट्र संघ (UNO), आई.ए.ई.ए. आदि को ध्यान देना चाहिए।

विषय अनुक्रमणीकरण के लिए शब्दकोश

सन् 1979 में इनिस द्वारा प्रयोग किया जाने वाला शब्दकोश यूराटाम शब्दकोश पूर्णरूपेण से स्थापित है। यह शब्दकोश परिवर्तनात्मक प्रवृत्ति का है। इसमें साहित्य वृद्धि के साथ-साथ नये पुराने मदों को जोड़ा या घटाया जाता है। इस शब्दकोश को

मशीन पठनीय स्वरूप में बनाया गया है। इसको फ्रेंच, जर्मन तथा रूसी भाषाओं में भी अनुदित किया गया है। इसका प्रयोग अनुक्रमणीकरण हेतु किया जाता है। अनुक्रमणीकरण में समन्वय पद्धति को अपनाया गया है। इसको प्रत्येक 12 महीने में परिवर्तित किया जाता है। इस शब्दकोश में उन सभी विषयों को सम्मिलित किया है जो कि इनिस विषय क्षेत्र के अन्तर्गत आते हैं।

यह शब्दकोश इसलिए महत्त्वपूर्ण माना जाता है, क्योंकि यह वर्णनकर्ता तथा वर्णन न करने वाले दो मदों में विभक्त है। वर्णनकर्ता (Descriptors) में जैसे अनुक्रमणीकरण के लिये स्वीकार्य मद, इनिस एटमइन्डेक्स (INIS Atomindex), इनिस निर्गत मैग्नेटिक टेप में से सूचना खोजने सम्बन्धी बातें आती हैं। साथ ही वर्णन न करने वाले (Non-descriptors) में भुलाये जाने वाले मद (Forbidden) अर्थात् ऐसे मद जो स्वीकार्य न हो, आते हैं। इसका 25वां संस्करण 1986 में प्रकाशित हुआ था। इसके अन्तर्गत वर्णन करने वाले की संख्या लगभग 16,800 तथा अस्वीकार्य मद 57,000 थी।

कम्प्यूटर्स

कम्प्यूटरों का इस्तेमाल कर इनिस अपनी गति तथा उत्पादन की विभिन्नता को समाप्त कर समानता स्थापित करना है। इनके प्रयोग से उच्च श्रेणी का उत्पादन होता है। उपयोकर्ताओं तक सूचना जल्दी पहुँच जाती है। इनिस में शृंखला को बनाते समय कम्प्यूटरों के पयोग का विशेष ध्यान रखा गया है।

इनिस एक लोचदार तंत्र के रूप में–इनिस के कतिपय कुछ ऐसे कार्य कलाप हैं जिनके आधार पर यह कहा जा सकता है कि इसके तंत्र लोचशील हैं। इस की लोचशीलता निम्न प्रकार है–

(i) इनिस निवेश (INIS input) माध्यम सम्बन्धी विकल्प (Choice)–इनिस निवेश विभिन्न स्वरूपों में किया जा सकता है, जैसे–वर्क शीट्स, पेपर टेप, ओ.सी.आर. विधि, मैग्नेटिक टेप आदि।

(ii) इनिस का उत्पादन (INIS output)–इनिस का उत्पादन विभिन्न स्वरूपों जैसे–प्रिन्टेड जर्नल, मैग्नेटिक टेप, ऑनलाइन सेवा, माइक्रोफिश आदि में होता है।

(iii) उपनाम तथा व्यक्तिगत लेखक के आद्याक्षर (Initials) लेने सम्बन्धी स्वतंत्रता–सदस्य देशों में जिस प्रकार की विधि काम में लाई जा रही हो उसी प्रकार की विधियां यहां पर काम में ले सकते हैं, किन्तु नामों का उपकल्पन

इनिस वर्णनात्मक सूचीकरण नियमों (इनिस सन्दर्भ शृंखला का एक प्रलेख) के अनुसार ही किया जा सकता है।

इनिस एक गतिशील तंत्र के रूप में—इनिस के गतिशील तंत्र की कुछ ऐसे मदें हैं जिनके आधार पर कहा जा सकता है कि इसका यह तन्त्र गतिशील प्रवृत्ति का है। इन तत्त्वों के द्वारा हम निम्नलिखित तथ्यों को स्पष्ट कर सकते हैं—

(i) इनिस टेप उत्पादन तथा एटमइन्डेक्स में सारकरण सम्मिलित करना।

(ii) इनिस एटमइन्डेक्स के स्वरूप में परिवर्तन करना।

(iii) इनिस वर्कशीट्स में परिवर्तन तथा सुधार।

(iv) इनिस कोश में नये-पुराने मदों को जोड़ा तथा घटाया जाना।

इनिस की अन्य विशिष्टता

इनिस की कार्यप्रणाली में निम्न प्रकार के मदों को सम्मिलित किया जा सकता है—

(i) यह प्रलेख पुनर्प्राप्ति तन्त्र के रूप में है।

(ii) यह अपने सहयोगी राज्यों की सूचना को संरक्षित करता है।

(iii) यह नाभिकीय तथा परमाणु ऊर्जा के क्षेत्र में एक अन्तर्राष्ट्रीय सहयोगशील साहसिक कार्य है।

(iv) इसके द्वारा मशीन पठनीय सूचना सेवा प्रदान की जाती है।

(v) यह सूचना प्रस्तुतीकरण में आधुनिक विधियों का प्रयोग करता है।

(vi) यह एक अनुक्रमणीकरण तथा सारकरण सेवा है।

इनिस के प्रकाशन

इनिस विविध प्रकार की सूचनागत सहायता प्रदान करने हेतु भिन्न-भिन्न पत्रिकाओं का प्रकाशन करता है, क्योंकि इन प्रकाशनों के अभाव में विभिन्न प्रकार की सूचनाओं को प्राप्त करने में विभिन्न प्रकार की समस्याएँ आती हैं।

इनिस एटमइन्डेक्स

यह एक प्रकार की एक ऐसी सारकरण पत्रिका है, जो कि कम्प्यूटरीकरण प्रक्रिया द्वारा तैयार की जाती है। यह उन सभी निवेशों पर निर्भर होता है जो सदस्य देशों द्वारा भेजे जाते हैं। इसकी प्रकाशन अवधि पाक्षिक है। उन सभी विषयों को इसके अन्तर्गत सम्मिलित किया गया है जो कि उपर्युक्त विषय क्षेत्र में बताये गये हैं। इसे इनिस मुख्यालय द्वारा सम्पर्क अधिकारियों को भेजा जाता है। ये सम्पर्क अधिकारी

अपने देश में वितरण सम्बन्धी कार्य करते हैं। इसका स्वरूप मैग्नेटिक टेप के समान होता है। मई 1970 में इसका पहला प्रकाशन हुआ था। यह नाभिकीय भौतिकी के क्षेत्र में एक विस्तृत सामयिक प्रकाशन है। इसमें अपने विषय से सम्बन्धित लगभग 80,000 मद सम्मिलित किये जाते हैं। सन् 1976 से इसका सारकरण भी छपने लगा है। इसके अन्तर्गत 6 अनुक्रमणिकायें (Indexes) मिलती हैं। इन अनुक्रमणिकाओं के नाम अग्रलिखित हैं :

(i) समष्टि प्रविष्टि अनुक्रमणिका,

(ii) व्यक्तिगत लेखक अनुक्रमणिका,

(iii) प्रतिवेदन, मानक तथा एकस्व संख्या अनुक्रमणिका,

(iv) सम्मेलन अनुक्रमणिका (स्थानानुसार)।

(v) सम्मेलन अनुक्रमणिका (तिथिनुसार)।

(vi) विषय अनुक्रमणिका।

इस प्रकार की अनुक्रमणिकाएं साल में दो बार जनवरी-जून और अन्त में जनवरी-दिसम्बर में प्रकाशित की जाती हैं।

इनिस एटमइन्डेक्स की प्रयोग प्रणाली

अनुक्रमणिकाओं के साथ एक मुख्य प्रविष्टि संलग्न होती है तथा विषय श्रेणी के अनुसार व्यवस्थित रहती है। प्रत्येक विषय श्रेणी के अन्तर्गत जो सन्दर्भ दिये हुए रहते हैं, उनको साहित्य के आधार पर छांट लिया जाता है। यथा; साहित्य को अपरम्परागत साहित्य के बाद स्थान दिया जाता है। परम्परागत साहित्य के अन्तर्गत तकनीकी रिपोर्ट्स, सम्मेलन पूर्व रिपोर्ट्स, एकस्वों आदि को सम्मिलित किया जा सकता है। प्रत्येक प्रविष्टि में ग्रन्थपरक विवरण दिया रहता है। विषय शीर्षक जिनके अन्तर्गत विषय अनुक्रमणिका की प्रविष्टि अनुक्रमणित की जाती है, प्रविष्टि के अन्त में दिया रहता है। इन प्रविष्टियों में शामिल तथ्य निम्नलिखित हो सकते हैं–

1. **पृष्ठादि विवरण**–इसके अन्तर्गत खण्ड संख्या, पृष्ठ आदि की सूचना दी जाती है।
2. **उपलब्धता टिप्पणी**–उपलब्धता टिप्पणी में प्रलेख विश्लेषकों से प्राप्त किये जाने वाले स्थान का नाम लिखा जाता है।
3. **सार**–इसमें यह भी व्यवस्था है कि आवश्यकतानुसार अंग्रेजी भाषा में भी इसका सार प्रस्तुत किया जा सकता है। अंग्रेजी भाषा के अतिरिक्त यह सार फ्रेंच व रूसी भाषाओं में भी दिया जा सकता है। जहां पर सार नहीं दिया जाता

है वहां पर वर्णनकर्ताओं (Descriptors) की एक सूची सम्मिलित कर ली जाती है। इन वर्णनकर्ताओं को इनिस कोश (INI thesaurus) से लिया जाता है। इन वर्णनकर्ताओं को अनुक्रमणकारों (Indexers) द्वारा नियत (Assigned) किया जाता है। इनका व्यवस्थापन वर्णक्रमानुसार (Alphabetically) किया जाता है।

4. **विषय शीर्षक तथा संकेत**—शीर्षक तथा संकेत सूचनाएं प्रविष्टियों के अन्तर में होता है।
5. **प्रारम्भिक आख्या**—इसके अन्तर्गत अंग्रेजी भाषा में आख्या (Title) लिखी जाती है। इसको थोड़े मोटे अक्षरों (Bold face) में लिखा जाता है।
6. **सन्दर्भ संख्या**—प्रत्येक प्रविष्टि के अन्तर्गत एक सन्दर्भ संख्या दी हुई रहती है, जो कि प्रतीक संख्या के रूप में जानी जाती है। किसी एक शृंखला के प्रत्येक खण्ड के लिए अलग संख्या प्रदान की जाती है।
7. **लेखक सम्बन्ध**—लेखक जिस संस्था से सम्बन्धित होता है उसका नाम तथा स्थिति इसके अन्तर्गत बताई जाती है, जिसे लघु कोष्ठक (parentheses) में दिया जाता है।
8. **लेखक**—प्रविष्टि में अंशदान (Contribution) करने वाले सभी लेखकों के नाम इसके अन्तर्गत आते हैं।
9. **समष्टिगत प्रविष्टि**—इसके अन्तर्गत संस्था का नाम तथा स्थिति बिना किसी कोष्ठकों के प्रयोग करते हुए लिखी जाती है।
10. **सहकारण**—ऐसे सहकारकों के नाम इसके अन्तर्गत होते है जिन्होंने इस क्षेत्र में सहयोग किया है।
11. **मूल आख्या**—यदि आवश्यक हो तो मूल आख्या इनिस नियमों को ध्यान में रखते हुए अनुदित की जाती है।
12. **भाषा**—यदि साहित्य अंग्रेजी भाषा में ही है तो उसको अलग से लिखने की जरूरत नहीं है, किन्तु यदि अंग्रेजी के अलावा किसी अन्य भाषा में है तो उसकी भाषा यहां पर लिखी जाती है।
13. **द्वितीयक संख्या**—किसी अन्य प्रकार की ऐसी संख्या जो अतिरिक्त हो, इसमें लिखी जाती है।
14. **रिपोर्ट या पेटेन्ट प्रलेख संख्या**—इसमें वे संख्याएं दी जाती हैं जो संख्या विशेषज्ञों द्वारा निरूपित की जाती हैं।
15. **प्रकाशन विवरण**—इसमें प्रकाशन स्थान, प्रकाशक का नाम तथा प्रकाशन तिथि सम्मिलित की जाती है।

16. **जर्नल आख्या**–इसको लिखते समय भी इनिस शृंखला के नियमों, मानकों आदि को ध्यान में रखना पड़ता है। यह इटेलिक अक्षरों (Italics) में लिखी जाती है।
17. **टिप्पणियां**–प्रलेख वर्णन से सम्बन्धित यदि कोई और सूचना जोड़नी हो तो इसके अन्तर्गत लिखी जाती है।

उपरोक्त मदों के अलावा कुछ ऐसे मद भी होते हैं जो सभी मुख्य प्रविष्टियों के साथ संलग्न होती है। इनके अलावा भी कुछ मदें हैं जो यहां पर दी जाती हैं जैसे–डाटा फ्लैग (यह इसको बताते हैं कि प्रलेख के अन्तर्गत आंकड़े हैं) सम्मेलन आख्या, स्थान, तिथि, अन्तर्राष्ट्रीय मानक, क्रमिक संख्या (आई.एस.एस.एन), अन्तर्राष्ट्रीय मानक ग्रन्थ संख्या (आई.एस.बी.एन) आदि।

इनिस प्रौद्योगिकी टिप्पणियाँ

इनिस से सम्बन्धित प्रौद्योगिकी टिप्पणियों को महत्त्वपूर्ण उपयोगी प्रकाशन माना जाता है। इसमें समय-समय पर तन्त्र में होने वाले परिवर्तनों को सम्मिलित किया जाता है।

इनिस सरकुलर लैटर्स

इनिस सरकुलर लैटर्स के माध्यम से समय-समय पर होने वाली घोषणाएं, समाचार, पद्धति परिवर्तन, प्रभावित आंकड़े आदि को सम्मिलित किया जाता है। अतः कहा जा सकता है कि इसमें सम्मिलित की जाने वाली सूचना असामयिक या अनियमित होती है। इसी कारण इसे अनियमित प्रकाशन के रूप में भी जाना जाता है।

इनिस सम्मेलन कार्यविधियाँ

इनिस सम्मेलन कार्यविधियों के माध्यम से वे जानकारियाँ या रचनाएँ प्रदान की जाती हैं, जिनका प्रकाशन समयानुसार आयोजित सभाओं व सम्मेलनों को स्पष्ट करता है।

भारत और इनिस

उन सभी देशों में से भारत एक ऐसा देश है जिसने इनिस की सर्वप्रथम सदस्यता प्राप्त की थी। आणविकी के शान्तिपूर्ण उपयोग से सम्बन्ध रखने वाली इस

संस्था को भारत ने पूर्ण सहयोग दिया है। भाभा आणविक शोध केन्द्र इनिस से संबंधित कार्यों के प्रति पूर्णरूप से (B.A.R.C.) उत्तरदायी है। देश में सम्पूर्ण नाभिकीय साहित्य इस केन्द्र पर पहुँचता है। इस केन्द्र की यह जिम्मेदारी है कि इस प्रकार एकत्रित किये गये साहित्य को व्यवस्थित रूप में इनिस मुख्यालय तक पहुँचाये। इस साहित्य को व्यवस्थित रूप में लाने के लिए इस केन्द्र को सारकरण, अनुक्रमणीकरण आदि कार्य करने पड़ते हैं। इनिस द्वारा निर्गत उत्पादन को पढ़ने के लिए कम्प्यूटरों का सहारा लिया जाता है।

इनिस ने एक समूह बनाया है जिसका लक्ष्य इनिस निर्गत को वितरण करने या उसके उपयोग सम्बन्धी समस्याओं का हल करना है। इस समूह में 6 विषय विशेषज्ञ तथा अनुभवी सूचना वैज्ञानिक होते हैं। इस समूह ने इनिस मानकों तथा नियमों का विस्तृत अध्ययन कर देश में प्राप्त नाभिकीय साहित्य का सर्वेक्षण किया। सूचना पद्धति में इनिस समूह द्वारा 2 सूचना वैज्ञानिकों को सम्मिलित किया गया था। इन सूचना वैज्ञानिकों का कम्प्यूटर एप्लीकेशन में विशिष्टिकरण था। संयोगवश इनिस का पहला क्षेत्रीय सम्मेलन जो भाभा आणविक शोध केन्द्र द्वारा 23 नवम्बर से 22 दिसम्बर, 1970 को आयोजित किया गया था, का 'विषय निवेश तैयारी' था। यह सम्मेलन इनिस समूह के लिए बहुत महत्त्वपूर्ण रहा। इस समूह को 'ऑन दी जाब ट्रेनिंग' पर इनिस मुख्यालय में प्रतिनियुक्ति पर रखा गया। इसको यूरोप के कुछ मुख्य नाभिकीय सूचना केन्द्र देखने का अवसर भी प्रदान किया गया।

भारत में एक सर्वेक्षण से यह तथ्य उभरकर आया कि भारत में लगभग पन्द्रह सौ से अठ्ठारह सौ प्रलेख वर्षभर पहुँचते हैं। इनमें से लगभग 65% भाग विदेशी पत्रिकाओं में प्रकाशित होता है। फलस्वरूप वे भारतीय निवेश की गिनती में नहीं आते हैं। शेष भाग राष्ट्रीय निवेश केन्द्र द्वारा एकत्रित किया जाता है। यह भाग विभिन्न रूपों जैसे लेख, रिपोर्ट्स, ग्रन्थों, इनिस-सम्मेलन पेपरों आदि में हो सकता है। लेकिन ये सभी निवेश अंग्रेजी भाषा में होते थे। भारतीय भाषाओं में लिखी सामग्री इनिस निवेश के लिए स्वीकार नहीं की जाती है। भारत में नाभिकीय साहित्य सम्बन्धी जितना भी कार्य होता है, उसका अधिकतर भाग भाभा आणविक शोध केन्द्र या इससे जुड़े केन्द्रों द्वारा ही किया जाता है। इन्हें निम्नवत तालिका के माध्यम से समझा जा सकता है—

वर्ष	निवेश (Input)		संचयी निवेश (Cumulative input)	
	भारत (India)	विश्व (World)	भारत (India)	विश्व (World)
1970	151	4,053	4,053	151
1971	235	10,425	14,478	386
1972	614	20,862	35,340	1000
1973	1230	56,757	92,097	2230
1974	750	63,669	1,55,765	2980
1975	1000	63,296	2,19,062	3980
1976	1000	60,479	2,79,541	4980
1977	1050	69,028	3,48,569	6030
1978	1000	70,795	4,19,364	7030
1979	1250	75,960	4,95,330	8280
1980	1000	76,593	5,71,952	9280
1981	1000	70,820	6,42,772	10280
1982	450	72,718	7,15,490	10730
1983	500	91,216	NA	NA
1984	600	73,662	NA	NA

सन् 1970 में भारत ने इनिस को पहला निवेश किया, परन्तु यह निवेश मात्र 151 मदों तक की सीमित था। सन् 1961 में यह 235 मदों का था। हालांकि यह निवेश सीमित विषय क्षेत्र के काल का था, किन्तु फिर भी अन्य सदस्य देशों की तुलना में कम था। पूर्ण विषय क्षेत्र के अन्तर्गत सन् 1972 में 614 मदों को सम्मिलित किया गया। यह बढ़कर 1973 में 1230 हो गया। इसके बाद सन् 1977 तक 1000 मदों तक स्थिर रहा। यह पुनः घटकर 1982, 1983 तथा 1984 में क्रमशः 450, 500 तथा 600 मदों का रह गया। अतः शुरू से अब तक का निवेश लगभग 800 मद प्रतिवर्ष के औसत के हिसाब से रहा है। इसी प्रकार भारतीय संचयी निवेश भी शुरू के वर्षों में 3.7% तक अधिकतम रहा इसके बाद यह स्थायी रूप से घटता गया तथा सन् 1982 में एक चेतावनी भरा प्रतिशत 0.7% ही रह गया।

प्रारम्भ में इस निवेश को छपे हुए वर्क शीट्स पर ही किया गया। इसके बाद छिद्रित पेपर टेप स्वरूप में निवेश किया गया। इसके लिए फ्लेक्सोराइट (Flexowriter) की आवश्यकता थी, अतः उसे खरीदा गया। सन् 1980 तक इन्हीं छिद्रित पेपर टेपों पर भारत अपना निवेश करता रहा। इसके बाद भारत का निवेश ओ.सी.आर. शीट्स पर होने लगा। ओ.सी.आर. शीट्स पर भी सन् 1985 तक निवेश किया गया। इसके बाद कम्प्यूटर (Prime 450) की सहायता से मैग्नेटिक टेप पर भारतीय साहित्य को निवेश करने की प्रणाली में प्रारम्भ किया गया।

इनिस/चयनित सूचना सेवा

भारत प्रारम्भ से ही इनिस निर्गत को प्राप्त करता है। सर्वप्रथम इनिस एटमइन्डेक्स मुद्रित रूप में था। बहुत वर्षों तक भारत कम्प्यूटर के अभाव के कारण इनिस मैग्नेटिक टेप के प्रयोग से वंचित रहा। चयनित सूचना सेवा (SDI) जून 1980 में देना तभी सम्भव हो पाया, जब इरिस–80 (IRIS—80) कम्प्यूटर को कोलकाता स्थिति 'वेरीएबल एनर्जी साइक्लोट्रोन सेन्टर' में स्थापित किया गया। इससे इनिस निर्गत टेप (INIS output tape) का प्रस्तुतीकरण सम्भव हो पाया। इसमें एक साफ्टवेयर पैकेज का प्रयोग किया जाता है, जिसे मिस्टल (MISTRAL=Me'morisation d'infmation, Se'lection, Traitement et Recherche Automatique) के नाम से जाना जाता है। एस.डी.आई. सेवा की स्थापना इरिस–80 (IRIS—80) कम्प्यूटर सुविधा तथा बार्क, मुम्बई के ग्रन्थालय तथा सूचना विज्ञान शाखा का एक सामूहिक कार्य (Team work) है। यह सुविधा भारतीय वैज्ञानिक संस्थाओं में कार्यरत वैज्ञानिकों तथा आणविक ऊर्जा विभाग से सम्बन्धित सदस्यों को प्रदान की जाती है।

निष्कर्ष में कहा जा सकता है कि इनिस अपने विषय क्षेत्र से प्रभावित करने वाली विश्व की विख्यात संस्थाओं में से एक है। इस केन्द्र की दिनानुदिन बढ़ती सदस्य संख्या इसकी लोकप्रियता को सिद्ध करने के लिए पर्याप्त हैं, लेकिन भारत इनिस का सदस्य बनकर पर्याप्त लाभ नहीं उठा पा रहा है। इसके सामने प्रशिक्षित कर्मचारियों की कमी, आधुनिक साज-सज्जा, मशीनरी आदि की पर्याप्त कमी रहती है। अतएव भारत सरकार का कर्त्तव्य है कि इन समस्याओं को हल करने का प्रयास करे।

16

वैज्ञानिक संघों की अन्तर्राष्ट्रीय परिषद्

दुनियाभर में वैज्ञानिक संघों की स्थापना के लिए आपसी सहयोग कायम किया जा रहा है, ताकि विज्ञान जगत से सम्बन्धित अनेक समस्याओं के निदान हेतु विज्ञान जगत से सम्बन्धित अनेक समस्याओं का निदान विचार-विमर्श तथा भावी परियोजनाओं को विस्तृत रूप देने हेतु सार्वभौम तंत्र की स्थापना हेतु की आवश्यकता को पूर्ण किया जा सके, इसके लिए इसका निर्माण किया गया।

सर्वप्रथम इस प्रकार के संघ को बनाने का प्रयास प्रथम विश्व युद्ध के उपरांत 1919 में ब्रुसेल्स में अन्तर्राष्ट्रीय अनुसंधान परिषद् के नाम से स्थापित किया गया था। बाद में इसे समाप्त कर 1931 में इसका नाम अंतर्राष्ट्रीय संघों का अंतर्राष्ट्रीय परिषद् (I.C.S.U) रखा गया।

सांगठनिक ढाँचा

यह एक अन्तर्राष्ट्रीय संगठन है, जिसमें 17 स्वायत्तशासी अन्तर्राष्ट्रीय वैज्ञानिक संघ, 68 राष्ट्रीय सदस्य, चार राष्ट्रीय एसोशिएट—नेपाल, अपर-बोल्टा, जमैका, मलेशिया सम्मिलित हैं।

अन्य वैज्ञानिक क्रियाकलाप कार्यक्रमों के अतिरिक्त सूचना-विज्ञान तथा प्रलेखन के क्षेत्रों में इसे महत्त्व दिया गया है। अतः सूचना-विज्ञान एवं प्रलेखन के क्षेत्र में इन्टरनेशनल फेडरेशन फॉर लाइब्रेरी एसोसिएशन्स एण्ड इंस्टीट्यूशन्स

(IFLA) को सहयोगी सदस्य बनाया गया है। इसके अलावा इन्टरनेशनल फेडरेशन फॉर डाकूमेन्टेशन (एफ.आई.डी.) और उद्देश्य व कार्य में इन्टरनेशनल फेडरेशन फॉर इनफारमेशन प्रोसेसिंग (आई.एफ.आई.पी.) को सहयोगी बनाया गया है।

वैज्ञानिक संघों की अंतर्राष्ट्रीय परिषद् के लक्ष्य व कार्य

इसका प्रमुख लक्ष्य मानवीय कल्याण व वैज्ञानिक विचारधाराओं का परिपोषण तथा विकास है। विचारधाराओं के विनिमय, वैज्ञानिक सूचना के सम्प्रेषण मानकों के विकास के केन्द्र-बिन्दु के रूप में कार्य करना भी इसका लक्ष्य है।

परिषद् की वित्तीय स्थिति—इस परिषद् के कुछ प्रमुख स्रोत निम्न प्रकार है—

(i) दान स्वरूप प्राप्त धनराशि धरोहर, तथा राष्ट्रों द्वारा प्रदत्त आर्थिक सहायता,

(ii) वार्षिक शुल्क,

(iii) राष्ट्रीय सदस्यों से प्रदत्त योगदान,

(iv) निवेशों से प्राप्त राजस्व।

वैज्ञानिक संघों की अंतर्राष्ट्रीय परिषद् विभिन्न प्रकार के विज्ञान से जड़ी सामग्रियों व अनुसंधानों के कार्यक्रमों व आयोजनों का समन्वय करता है। साथ ही अन्तर्राष्ट्रीय महत्त्व के कार्यों में सक्रियता प्रदान करती है तथा इसके अभिकल्प को प्रस्तुत करती है। इस प्रकार के कार्यक्रमों में प्रमुखतः इन्टरनेशनल जियोफिजिकल एयर (आई.सी.एस.यू.) (IGY) तथा इन्टरनेशनल बायोलॉजिकल प्रोग्राम (IBP) इत्यादि है।

अन्तर्राष्ट्रीय क्षेत्रों के सहयोगात्मक अनुसंधानों को समन्वित एवं सुविधाजनक बनाने की दृष्टि से समितियों एवं आयोगों को संगठित करती है जो वैज्ञानिक संघों के नियंत्रण के अन्तर्गत नहीं आते हैं। जैसे—अण्टार्कटिक, सामुद्रिक, अन्तरिक्ष एवं जल अनुसन्धान, पर्यावरण की समस्याएँ आदि। यह समन्वय के क्षेत्र में विज्ञान शिक्षण, संख्यात्मक तथ्य प्रौद्योगिकी से संबद्ध है।

अन्तर्राष्ट्रीय संगठनों से सम्बन्ध

1934 में परिषद् ने 'आर्गनाइजेशन फॉर इन्टेलेक्चुयल को-आपरेशन ऑफ दी लीग ऑफ नेशन्स' के साथ अपना सम्बन्ध स्थापित किया था, लेकिन 1939 में द्वितीय विश्व युद्ध के कारण इस सम्बन्ध में बाधाएं उत्पन्न हो गईं।

इसके महत्त्व व उपादेयता को ध्यान में रखते हुए 1947 में यूनेस्को ने एक प्रत्यक्ष अनुबंध स्थापित किया।

अन्तर्राष्ट्रीय संघों की अन्तर्राष्ट्रीय परिषद् का 1966 में बम्बई में ग्यारहवां सम्मेलन आयोजित किया गया, जिसमें प्रमुख संस्तुति यह की गई कि एक समिति का गठन अन्तर्राष्ट्रीय विज्ञान सूचना प्रणाली की सम्भावना को निश्चित करने के लिए किया जाए। परिणामतः परिषद् एवं यूनेस्को की एक संयुक्त समिति अन्तर्राष्ट्रीय सूचना प्रणाली (UNISIST) की स्थापना हेतु इसका गठन किया गया।

आई.सी.एस.यू. के प्रमुख प्रकाशन

यह संघ विभिन्न प्रकार के प्रकाशन करता है तथा शोधकर्ताओं व अध्येताओं को आवश्यक सामग्री प्रदान करता है। इनमें परिषद् के सदस्यों की सूची "Yearbook" "ICSU Statutes and Rules of Procedure, ISSU Bulletin" आदि सम्मिलित है।

आई.सी.एस.यू. का विकास

एक अराजकीय संगठन के रूप में विज्ञान की प्रगति एवं विकास को अपना सशक्त योगदान देने हेतु बिना किसी राजनीतिक उद्देश्य के, वैज्ञानिकों की सहायता प्राप्त करना इसका प्रमुख उद्देश्य रहा है। विगत छह दशकों की अवधि में परिषद् 12 राष्ट्रीय सदस्यों तथा चार अन्तर्राष्ट्रीय वैज्ञानिक संघों के एक संगठन से विकसित एवं सशक्त होकर आज 72 राष्ट्रीय सदस्यों एवं 18 अन्तर्राष्ट्रीय वैज्ञानिक संघों का एक प्रमुख एवं विशाल संगठन बन गया है।

इण्टरनेशनल कॉउन्सिल ऑफ साइन्टिफिक यूनियन्स अब्स्ट्रैक्टिंग बोर्ड (ICSUAB)

इस बोर्ड का मुख्य कार्य वैज्ञानिक एवं प्रौद्योगिकी सारांशीकरण एवं अनुक्रमणिकाकरण सेवाओं का एक अन्तर्राष्ट्रीय मंच स्थापित कर विश्व के वैज्ञानिकों तथा अभियंताओं (Engineers) के मध्य सार्वजनिक सूचना के प्रवाह को विकसित करना है। विज्ञान एवं प्रौद्योगिकी से सम्बन्धित साहित्य के सारांशीकरण की समस्याओं का अध्ययन करने हेतु यूनेस्को तथा 'ICSU' के संयुक्त आयोग के विस्तार के रूप में इन्टरनेशनल कॉउन्सिल ऑफ साइन्टिफिक यूनियन्स अब्स्ट्रैक्टिंग बोर्ड (ICSUAB) की स्थापना 1452 में की गई।

आई.सी.एस.यू. वैज्ञानिक एवम् प्रौद्योगिकी के क्षेत्र में सहयोग देने वाला है। यह एकमात्र अन्तर्राष्ट्रीय संगठन है, जो द्वितीयक सूचना सेवाओं तथा मौलिक

प्रकाशकों, ग्रन्थालय एवं प्रलेखन समुदाय और प्रसार एवं तथ्यात्मक सामग्री केन्द्रों को समन्वित करता है।

आई.सी.एस.यू. की परियोजनाएँ–कुछ निम्नलिखित परियोजनाएं इसके कार्यों को भी स्पष्ट करती हैं जो इस प्रकार हैं–

(i) भूगर्भशास्त्र तथा भौतिकी की वर्गीकरण योजनाओं का निर्माण एवं प्रकाशन करना।

(ii) "टिकटॉनिक्स" (Tictonics) की बहुभाषीय शब्दावली प्रकाशित करना।

(iii) धारावाहिक प्रकाशनों के ग्रन्थात्मक विवरण हेतु "Guidelines for Bibliographic strip for Serial Publications" का प्रकाशन करना।

(iv) अन्तर्राष्ट्रीय मानव संगठन के मानकों का, पत्रिकाओं के आख्याओं की संक्षिप्त आख्या को तैयार करना जो सार्वभौमिक रूप से आवश्यकतानुसार प्रयोग में लाई जा सके।

(v) यूनिसिस्ट के "Reference Manual for Machine Readable Bibliographic Descriptions" को प्रस्तुत करना।

(vi) वैज्ञानिक साहित्य की अनुक्रमणिकाओं तथा सारांशों की सहकारिता के निवेश में विश्व नियोजन को गतिशीलता प्रदान करना।

परिषद् की सदस्यता

आई.सी.सी.यू. में राष्ट्रीय एवम् अन्तर्राष्ट्रीय स्तर के वैज्ञानिकों को सदस्यता प्रदान की जाती है। बोर्ड के सेवा सदस्यों में–प्राकृतिक एवं भौतिक विज्ञानों, गणित एवं प्रौद्योगिकी में विश्व की प्रमुख सारांशीकरण एवं अनुक्रमणिकाकरण सेवाएं सम्मिलित हैं, जो सभी प्रमुख भाषाओं की हैं और 20 लाख अनुक्रमणिकाकरण एवं सारांशों को प्रतिवर्ष प्रस्तुत करती हैं। इससे सम्बन्धित बोर्ड मंच भी प्रभावी होता है तथा इसके द्वारा द्विपक्षीय एवं बहुपक्षीय अनुबन्धों तथा सहयोग को प्रोत्साहित किया जाता है। इस क्षेत्र में अनुसंधान तथा विकास के अनुभवों से लाभ उठाने तथा अन्तर्राष्ट्रीय क्रियाकलापों से अवगत होने के लिए भी यह बोर्ड एक पंच का कार्य करता है।

उपरोक्त अध्यायों के अध्ययन के आधार पर कहा जा सकता है कि वैज्ञानिक संघों की अन्तर्राष्ट्रीय परिषद् ने अपने जन्मकाल से पुस्तकालय के विकास के सन्दर्श में अनेकानेक महत्त्वपूर्ण उपलब्धियाँ की प्राप्ति की हैं। खासतौर पर भारत को इससे बेहतर सहयोग की प्राप्ति हुई है।

17

इण्टरनेशनल फेडरेशन ऑफ लाइब्रेरी एसोसिएशन्स एण्ड इंस्टीट्यूशन्स या इफ्ला

इस संस्था की स्थापना सन् 1927 में एडिन बर्ग में 15 सदस्यीय देशों के सहयोग से की गई। बाद में सन् 1970 में इस संस्था के आगे इंस्टीट्यूशन्स शब्द जोड़ा गया यह एक स्वतंत्र एवम् निष्पक्ष अन्तर्राष्ट्रीय संस्था है। यह अपनी प्रमुख गतिविधियों के फलस्वरूप दिन-प्रतिदिन फलती-फूलती एवं उन्नति करती जा रही है। इसके सदस्यों की संख्या भी अब एक हजार से अधिक है और इसमें 100 देशों से अधिक राष्ट्रों का प्रतिनिधित्व है। ग्रन्थालयों के संघों, ग्रन्थालयों से सम्बन्धित संघों एवं समान संस्थाओं को इसकी सदस्यता प्रदान की जाती है। एक संस्थागत संघ के रूप में इसका पंजीकरण नीदरलैण्ड्स में किया गया है और इसका मुख्य कार्यालय हेग (नीदरलैण्ड) में है।

इफ्ला के लक्ष्य

इस संस्था के महत्त्वपूर्ण लक्ष्य निम्नवत् हैं–

(i) निरन्तर एवं सतत् कार्मियों की शिक्षा को सुदृढ़ एवं शक्तिशाली बनाना।

(ii) विदेश स्तर पर एवं प्रक्रियाओं के क्षेत्र में जिस माध्यम से ग्रन्थालयी कला का प्रतिनिधित्व सम्भव हो सकता है, उसके लिए संगठन अथवा निकाय प्रदान करना।

(iii) अन्तर्राष्ट्रीय स्तर पर एवं प्रक्रियाओं के क्षेत्र में सांख्यिकीय संकलन एवं संग्रह, वाङ्मयात्मक आधार-सामग्रियों को अभिलेखबद्ध एवं सम्प्रेषित करना, ग्रन्थालयों की सामग्रियों का संरक्षण एवं परिरक्षण (conservation and preservation) आदि के कार्य को विकसित करना, प्रोत्साहित करना तथा इनके लिए मार्गदर्शिका तैयार करना।

(iv) पुस्तकालय एवं सूचना-सेवा के सम्पूर्ण क्षेत्रों की गतिविधियों के अन्तर्गत विदेशी अवबोध, सहयोग, बातचीत, शोध तथा प्रगति पर जोर।

इफ्ला का प्रमुख लक्ष्य पुस्तकालय से सम्बन्धित सभी देशों को सहयोग प्रदान करना है। इन उद्देश्यों का मूल लक्ष्य इन क्रियाकलापों में सार्वभौमिकता तथा समानता स्थापित करना है। अपने उद्देश्यों की पूर्ति के लिए इफ्ला अन्य संगठनों एवं संस्थाओं—अन्तरशासकीय एवं अशासकीय संगठनों के साथ अपना सहयोग प्रदान करता है।

इफ्ला का सांगठनिक ढाँचा—इफ्ला का संगठनात्मक स्वरूप 1976 में दो इकाईयों में संगठित किया गया है—

(i) अन्तर्राष्ट्रीय कार्यालय एवं कार्यक्रम; *(ii)* विभाग, उपविभाग एवं राउण्ड टेबल्स।

इफ्ला को 27 उपविभागों तथा 7 राउण्ड टेबलों में संगठित किया गया है। कुछ उपविभाग ग्रन्थालयों के प्रकारों—सार्वजनिक पुस्तकालय, राष्ट्रीय पुस्तकालय, विश्वविद्यालयी पुस्तकालय, बाल पुस्तकालय आदि से सम्बन्धित हैं। अन्य उपविभाग पुस्तकालय के क्रियाकलापों, जैसे—वाङ्मय सूचियों, विदेशीय लेनदेन एवं विनियम, मानकीकरण, प्रसूचीकरण, संरक्षण, आदि से सम्बन्धित हैं। प्रत्येक उपविभाग सम्बन्धित क्षेत्र के कार्यक्रमों के आयोजन हेतु स्वयं जरूरी प्रयास करते हैं। क्षेत्रीय गतिविधियों एवं प्रक्रियाओं का विभाग एक अलग विभाग है, जो उन्नतिशील राष्ट्र के पुस्तकालयों से जुड़े कार्यक्रमों को सम्पन्न करता है। इफ्ला का व्यावसायिक कार्यक्रमों के आयोजन एवं व्यवस्था हेतु दो व्यावसायिक इकाइयों का गठन किया गया है।

सार्वभौमिक वाङ्मयात्मक नियंत्रण के क्षेत्र में इन्टरनेशनल आफिस फॉर यू.बी.सी. के द्वारा प्रत्येक कार्यों का आयोजन किया जाता है। प्रकाशनों की सार्वभौमिक सुलभता के कार्यक्रम का निर्देशन इफ्ला आफिस फॉर यू.ए.पी. (IFLA Office for UAP) करता है। इफ्ला आफिस फॉर इन्टरनेशनल लेन्डिंग (IFLA Office for International Lending) एक दूसरी व्यावसायिक इकाई है। अन्तर्राष्ट्रीय

अदान-प्रदान के कार्यक्रमों को क्रियाशील बनाने के अतिरिक्त यह इकाई यू.ए.पी. (UAP) के कार्यक्रमों में सहायता प्रदान करती है। इफ्ला का अन्तर्राष्ट्रीय ''मार्क'' कार्यक्रम यंत्रेण पठनीय प्रसूची से सम्बन्धित है। इफ्ला का सांगठनिक ढाँचा अनेक लक्ष्यों तथा कार्यक्रमों पर आधारित है। इसकी एक महापरिषद् है, जो सदस्य-संघों के प्रतिनिधियों की सभा है। इसकी एक कार्यकारी परिषद् है, जिसका एक अध्यक्ष होता है तथा छः उपाध्यक्ष होते हैं। उपविभागों के सचिव एवं अध्यक्ष भी होते हैं।

सामान्य कार्यक्रम

सन् 1963 में इफ्ला की दीर्घकालीन एवं व्यापक कार्यक्रम (long-term programme) 'लाइब्रेरीज इन दी वर्ल्ड' निर्मित किया गया था और व्यावसायिक कार्यक्रमों के क्षेत्र में इसे परिदर्शिका के रूप में 1975 तक प्रयोग में लाया जाता रहा है। इफ्ला के कार्यक्रमों के प्रलेखों (1974) में यह प्रस्तावित किया गया कि इसके व्यावसायिक गतिविधियों को आयोजित करने हेतु पंचवर्षीय अवधि के लिए प्रस्तुत किया जाए तो वह अति उपयोगी सिद्ध होगी। अतः इफ्ला के कार्यक्रम विकास दल ने इफ्ला के प्रथम साधारण एवं अल्पकालिक कार्यक्रम प्रलेख को प्रस्तुत किया।

इस प्रलेख को 1975 में इफ्ला द्वारा मंजूरी देकर 1976 में इसे प्रकाशित कर दिया गया। 1976-80 तक इफ्ला के कार्यों एवं कार्यक्रमों की एक मार्गशिका एवं आधार के रूप में एम.टी.पी. (MTP) का प्रयोग किया जाता रहा। 1980 में द्वितीय एम.टी.पी. 1981-85 तक के लिए तैयार की गई।

व्यापक कार्यक्रम

इफ्ला ने सन् 1971 में अपने कार्यक्रमों को विस्तृत रूप देने हेतु सार्वभौमिक ग्रन्थ सूची निर्माण की मंजूरी दे दी। यू.बी.सी. का लक्ष्य सुसंगत वाङ्मयात्मक अभिलेखों के विनिमय एवं प्रयोग को प्रोत्साहित तथा प्रचलित करना है। ''वाङ्मयात्मक नियन्त्रण'' के लक्ष्य की पूर्ति के लिए ग्रन्थात्मक विवरण तथा चरण एवं शीर्षकों के स्वरूप के मानकीकरण पर अधिक जोर दिया गया है।

इफ्ला—यू.बी.सी. कार्यक्रम के अन्तर्गत चार क्षेत्र निम्न प्रकार हैं—

(i) अन्तर्राष्ट्रीय मानक ग्रन्थात्मक विवरण,

(ii) शीर्षकों के स्वरूपों का मानकीकरण,

(iii) राष्ट्रीय वाङ्मयसूचियों का उन्नयन,

(iv) यंत्रेण पठनीय वाङ्मयात्मक अभिलेखों का मानकीकरण।

प्रकाशनों की सार्वभौमिक सुलभता (Universal Availability of Publication—UAP)—इस प्रोग्राम के सामाजिक, आर्थिक, शैक्षणिक तथा व्यक्तिगत विकास एवं उन्नयन के क्षेत्र में एक आवश्यक तत्त्व तथा सामग्री के रूप में जब कभी और जहाँ कहीं भी उपयोगकर्ताओं/अध्येताओं द्वारा अनुभव किए जाने पर सभी प्रकार की प्रकाशित सामग्रियों का जहाँ तक सम्भव हो, उनको उपलब्ध कराना। अर्थात् सभी प्रकार की पठनीय सामग्रियाँ विश्व के कोने-कोने में मानव की अन्य आवश्यकताओं की भाँति सुलभ होनी चाहिए।

इसके अन्तर्गत प्रलेखों के संरक्षण, संग्रह तथा प्रसार के कार्य में संलग्न सभी प्रकार की संस्थाएं तथा सभी प्रकार की सूचनाएँ, ग्रन्थालय एवं अभिलेखागार की सेवाएँ विशेष रूप से सम्मिलित हैं। प्रकाशित एवं छपी वस्तुओं में श्रृव्य-दृश्य वस्तुएं तथा मुद्रित वस्तुएं जिसके अन्तर्गत सूचना साहित्य और पत्रिकाओं से आलेख आदि प्रमुख हैं, को सम्मिलित किया गया है।

उद्देश्य पूर्ति की दृष्टि से इफ्ला का यह प्रोग्राम राष्ट्रीय स्तर से लेकर अंतर्राष्ट्रीय स्तर तक तथा सभी अवस्थाओं में नवीन सामग्री के प्रकाशन से लेकर अन्तिम प्रतियों को सुलभ कराने की जितनी प्रतिक्रियाएँ एवं स्थितियां हैं, उनमें सुधार एवं उन्नयन करने के लिए प्रारम्भ किया गया है। यू.ए.पी. (UAP) का यह एक उत्तम लक्ष्य है कि किसी भी प्रलेख की सूचना का जो उन्नत अभिगम है, उसे प्रलेखों की प्राप्ति के लिए उन्नत अभिगम का कार्य करने में सक्षम होना चाहिए। अर्थात् सार्वभौमिक वाङ्गमयात्मक नियन्त्रण के उपकरण सुचारु रूप से निर्मित किए जाने चाहिए, जिससे वांछित सामग्री की पूर्ण सूचना प्राप्त हो सके। इस सम्बन्ध में सन् 1973 में यू.ए.पी की अवधारणा का प्रादुर्भाव हुआ था और इस कार्यक्रम को क्रियान्वित करने हेतु आवश्यक क्रियाकलापों को निश्चित तथा विकसित करने हेतु 1973 में एक विषय-निर्वाचन समिति (Steering Committee) का गठन किया गया। इस प्रकार सूचना एवं सूचनाप्रद प्रलेखों को सार्वभौमिक रूप से उपलब्ध होने एवं किए जाने के क्रियाकलापों को आयोजित करने का यू.ए.पी. का कार्यक्रम एक उल्लेखनीय प्रयत्न है।

अन्तर्राष्ट्रीय मार्क कार्यक्रम एवं अन्तर्राष्ट्रीय मार्क कार्यालय परियोजना

इफ्ला ने इस समिति की स्थापना 1979 ई. में की। यंत्रेण पठनीय प्रसूची की महत्ता का अनुभव करते हुए इफ्ला की कार्य परिषद् ने अन्तर्राष्ट्रीय मार्क विकास की

आवश्यकता का अनुभव किया। इफ्ला ने अन्तर्राष्ट्रीय मार्क कार्यक्रम तथा अन्तर्राष्ट्रीय मार्क कार्यालय की स्थापना का दायित्व स्वीकार किया।

प्रादेशिक कार्यक्रम

इफ्ला ने प्रादेशिक कार्यक्रमों के लिए एक विशेष विभाग–क्षेत्रीय कार्यक्रम विभाग स्थापित किया है। इस विभाग का कार्यक्षेत्र उन्नतिशील राष्ट्रों के सभी प्रकार के पुस्तकालयों से जुड़ा है। इसके तीन उपविभाग हैं–पहला अफ्रीका, दूसरा एशिया तथा तीसरा लेटिन अमेरिका एवं कैरीबियन के देशों में इफ्ला के कार्यक्रमों को संचालित करते हैं।

विकासशील देशों को लाभ पहुँचाने की दृष्टि से इफ्ला यूनेस्को की सहायता से समय-समय पर संगोष्ठियों, प्रशिक्षण शिविरों को आयोजित करती है। इसके साथ ही इफ्ला के सामान्य सम्मेलनों से भी इन्हें सम्बद्ध किया जाता है। तृतीय विश्व (Third World) के युवा-ग्रन्थालयियों को विशेष प्रशिक्षण प्रदान करने हेतु पश्चिमी यूरोप में अवसर प्रदान करता है।

इफ्ला के प्रादेशिक परियोजनाओं के महत्त्व निम्नलिखित हैं–

(i) एलीपा (Experienced Library and Information Personnel in Asia and Oceania) के डेटाबेस का उपयोग एवं अद्यतन करना।

(ii) अफ्रीका में बालकों एवं नवयुवकों के लिए ब्रेल पुस्तकों (Braille book) को तैयार करने हेतु एक इकाई की स्थापना करने की सम्भावना का अध्ययन।

(iii) लोक एवं सार्वजनिक पुस्तकालय की नीतियों पर यूनेस्को सेमिनार का आयोजन करने हेतु सहायता प्रदान करना।

(iv) एशिया के क्षेत्रों में सुलभ किए जाने वाले पाठ्यक्रमों हेतु ग्रन्थालय एवं सूचना विज्ञान के पाठ्यक्रमों का संग्रह तैयार करना।

पुस्तकालयों की दशा

पुस्तकालयों की दशा के सम्बन्ध में इफ्ला की यह अवधारणा है कि जब तक पुस्तकालयों को सूचना एवम् विज्ञान से नहीं जोड़ा जाएगा तब तक इसकी दशा में सुधार नहीं आएगा। इस उद्देश्य की पूर्ति हेतु अनेक परियोजनाओं–ग्रन्थालयियों के व्यावसायिक दायित्व की परिभाषा तथा अभिप्राय तथा व्यावसायिक योग्यताओं/अर्हताओं की अन्तर्राष्ट्रीय मान्यता आदि के माध्यम से सम्पन्न कर रहा है। अल्पकालिक कार्यक्रमों में भी इस दिशा में ध्यान दिया जा रहा है।

इफ्ला के महत्त्वपूर्ण प्रकाशन

इफ्ला के विशिष्ट एवं महत्त्वपूर्ण प्रकाशन निम्नलिखित हैं–

(1) International Standard Bibliographic Descriptions (ISBD-S). (2) World Directory of Administrative Libraries. (3) World Directory of Map Collection. (4) IFLA Directory—द्विवर्षीय प्रकाशन, सदस्यों एवं अधिकारियों की तालिका, अनेक प्रकार के प्रकाशनों की तालिका आदि इसमें प्रकाशित की जाती है। (5) IFLA Journal—त्रैमासिक। (6) IFLA Annual–इफ्ला के वार्षिक सम्मेलनों की कार्यवाहियों, आलेखों के सारांश, वार्षिक प्रतिवेदन। (7) IFLA Status and Rules of Procedure. (8) IFLA Medium-Term Programme 1981-85\comp. by Professional Board of IFLA. (9) Divisional and Sectional Newsletters. (10) International Cataloguing (Quartely bulletin of UBC office). (11) International Stardard Bibliographic Discriptions. (ISBD-M).

पुस्तकालय एवम् सूचना जगत में इफ्ला एक विदेशीय संगठन के रूप में सराहनीय कार्य कर रहा है तथा विभिन्न प्रक्रियाओं के आयोजन से इस व्यवसाय को सशक्त एवं सक्रिय, सम्मानित तथा उपयोगी बनाने का प्रयास स्थानीय स्तर से लेकर अन्तर्राष्ट्रीय स्तर पर कर रहा है।

यूनेस्को–इसकी स्थापना संयुक्त राष्ट्र संघ की प्रमुख संस्था के रूप सन् 1946 में इसकी स्थापना की गई। इस संस्था का कार्यलय पेरिस में है। यूनेस्को संयुक्त राष्ट्र संघ की चौदह सुसंगठित एजेन्सियों में से एक सशक्त एवं पर्याप्त सक्रिय एजेन्सी है। इसका विशिष्ट कार्यक्षेत्र शैक्षणिक, वैज्ञानिक तथा सांस्कृतिक क्रियाकलापों को प्रोत्साहित, विकसित करना है।

पुस्तकालय एवं सूचना सेवाएं

सूचना, पुस्तकालय तथा प्रलेखन सेवाओं एवं अभिलेखागारों की स्थापना, विकास एवं क्रियान्वयन करने में यूनेस्को का निम्नलिखित योगदान विशेष रूप से उल्लेखनीय एवं प्रशंसनीय है–

(1) ग्रन्थालय एवं प्रलेखन सेवाओं का सैद्धान्तिक पक्ष एवं स्वरूप–ग्रन्थालय एवं प्रलेखन सेवाओं को एक नवीन दिशा तथा सैद्धान्तिक आधार प्रदान करने के लिए यूनेस्को के घोषणापत्र में सार्वजनिक ग्रंन्थालयों के उद्देश्यों, आकारों तथा स्थापना की नवीन पद्धतियों का विशेष उल्लेख किया गया है, जिनके आधार पर इन सेवाओं का आयोजन किया जाना चाहिए।

(2) विश्वविद्यालयी एवं विशिष्ट ग्रंथालय—यूनेस्को इस प्ररिप्रेक्ष्य में लगातार गतिविधियों एवम् प्रक्रियाओं को आयोजित करता रहा है। जैसे—संगोष्ठियां एवं सेमीनार, प्राविधिक सहायता मिशन, अनुदान, अनेक प्रकार के प्रकाशन आदि। इनका लक्ष्य सदस्य-राष्ट्रों के विश्वविद्यालयी एवं विशिष्ट ग्रन्थालयों की सेवाओं को उन्नयन एवं सक्रिय तथा कुशल बनाना रहा है। परिणामतः ग्रन्थालयों के लक्ष्यों, कार्यों, विश्वविद्यालयी क्रियाकलापों एवं जीवनधारा में उनका स्थान एवं भूमिका, अनेक प्रकार की सेवाओं के आयोजन में अनेक प्रकार की विधियों का उपयोग एवं अनुसरण तथा उनके आर्थिक प्रावधान की आवश्यकताओं के क्षेत्र में एक नवीन दिशा प्राप्त हुई है। पेन्ना (Carlos Victor Penna) की कृति "प्लानिंग ऑफ लाइब्रेरी एण्ड डाकूमेन्टेशन सर्विसेज" में इसका विवेचन किया गया है।

प्रमुख ग्रंथालयों को मजबूत एवम् सक्रिय बनाने की दृष्टि से प्रादेशिक सेमिनारों तथा राष्ट्रीय प्रलेखन केन्द्रों तथा राष्ट्रीय सूचना प्रणालियों के आयोजनों एवं स्थापना पर यूनेस्को ने पर्याप्त योगदान किया है। इस दिशा में कोलम्बो, उगाण्डा, काहिरा में अन्तर्राष्ट्रीय सेमिनारों का आयोजन किया गया है। विशिष्ट ग्रंथालयों के विकास के लिए क्षेत्रीय सेमिनारों का भी आयोजन किया गया है।

(3) सामूहिक पुस्तकालय (Public Libraries)—द्वितीय विश्वयुद्ध के पश्चात् पुस्तकालय के स्वरूप में अभूतपूर्व परिवर्तन आया। संयुक्त राष्ट्र संघ की संस्था यूनेस्को ने 1950 की अवधि में विश्वस्तर पर अनेकानेक सार्वजनिक ग्रंन्थालयों का निर्माण किया। दिल्ली में 'दिल्ली पब्लिक लाइब्रेरी' की एक परीक्षण परियोजना के रूप में स्थापित करने में एक प्रशंसनीय योगदान रहा है, जो आजकल दक्षिणी-पूर्व एशिया का विशालतम एवं सर्वाधिक व्यस्त सामूहिक एवं सार्वजनिक पुस्तकालय है। ऐसे पुस्तकालयों की नाइजीरिया (Nigeria) में एनूगु तथा कोलम्बिया (Columbia) में मेडलिन (Medellin) में स्थापना कर यूनेस्को ने सार्वजनिक ग्रन्थालयों की उपयोगिता को अधिक महत्त्व एवं समर्थन प्रदान किया है और सदस्य-राष्ट्रों में इनकी स्थापना एवं विकास की ओर प्रोत्साहित एवं अग्रसर किया है।

1971 में शिक्षा के उपकरण के रूप में पुस्तकालयों का प्रयोग पनामा में आयोजित सेमिनार में शैक्षणिक प्रलेखन एवं सूचना पर विचार-विमर्श करते हुए ज्ञानार्जन एवं सीखने की नवीन अवधारणा को मान्यता प्रदान की गई, जिसमें अध्यापन की विधियों-प्राविधियों तथा अध्यापन-ज्ञानार्जन में अध्यापकों एवं छात्रों द्वारा प्रयुक्त उपकरणों में ग्रन्थालयों के उपयोग को महत्त्वपूर्ण माना गया। इस परिप्रेक्ष्य में सेमिनार में जिन सिद्धान्तों को मान्यता प्रदान की गई, उनका अनुप्रयोग

यूनेस्को/यू.एन.डी.पी. प्रोग्राम के माध्यम से पैरागुवे (लेटिन अमेरिका) में किया जा रहा है। इस प्रयोग का अनुसरण करने से ग्रन्थालयों तथा शिक्षण प्रलेखन सेवाओं की दृष्टिकोण एवं विचारधारा सम्पूर्ण रूप से बदल गई है, क्योंकि इन्हें शिक्षण एवम् प्रशिक्षण का महत्त्वपूर्ण दर्जा प्राप्त है।

(4) राष्ट्रीय पुस्तकालय (National Libraries)—यूनेस्को ने विश्व के सभी देशों में राष्ट्रीय पुस्तकालयों के निर्माण हेतु विशेष ध्यान दिया है। नेशनल इनफॉरमेशन सिस्टम (NATIS) के अन्तर्गत राष्ट्रीय ग्रन्थालयों की भूमिका महत्त्वपूर्ण मानी गई है। राष्ट्रीय वाङ्मयात्मक उत्पादनों के संग्रह, अधिग्रहण तथा संरक्षण, प्रकाशनों के अन्तर्राष्ट्रीय विनिमय तथा सामयिक एवं पूर्वव्यापी राष्ट्रीय वाङ्मय सूचियों के संकलन का माध्यम राष्ट्रीय संग्रहालय ही है। राष्ट्रीय वाङ्मय सूचियों के संकलन पर यूनेस्को ने अधिक जोर दिया है। अन्तर्राष्ट्रीय स्तर पर प्रकाशनों के विनिमय हेतु यूनेस्को ने नियम बनाये हैं। वाङ्मय सूचियों के संकलन हेतु यूनेस्को ने इफ्ला के सहयोग से महत्त्वाकांक्षी परियोजना सार्वभौमिक वाङ्मयात्मक नियंत्रण को आरम्भ किया है। अन्तर्राष्ट्रीय सहयोग के लिए यूनेस्को ने राष्ट्रीय ग्रन्थालयों को अधिक महत्त्वपूर्ण माना है।

(5) अन्तर्राष्ट्रीय सहभागिता—विश्व स्तरीय सहभागिता के क्षेत्र में यूनेस्को तथा इन्टरनेशनल काउन्सिल ऑफ साइन्टिफिक यूनियन्स के सम्मिलित अध्ययन के आधार पर यूनिसिस्ट (UNISIST) की स्थापना वैज्ञानिक एवं प्राविधिक सूचना के अन्तर्राष्ट्रीय सहयोग के लिए एक सतत् अन्तर-राजकीय कार्यक्रम के रूप में की गई थी। इसका प्रमुख एवं विशिष्ट उद्देश्य सहयोग के जगत में प्रचलित अवधारणाओं को समन्वय करना, वैज्ञानिक एवं प्राविधिक सूचना के विकास के लिए एक योजक का कार्य करना, सूचना प्रणालियों को आन्तरिक रूप से सम्बद्ध करने की स्थिति को उत्पन्न करना तथा विश्व के सूचना-संसाधनों के अभिगम को सरल एवं क्रियान्वित करना रहा है। यूनिसिस्ट के क्षेत्र के अन्तर्गत मुख्यतः विज्ञानों, व्यावहारिक विज्ञानों, अभियांत्रिकी, प्रौद्योगिकी की सूचना प्रणालियों को सम्मिलित किया गया है। लेकिन अन्य विषयों के क्षेत्रों को भी इसमें सम्मिलित किए जाने का लक्ष्य है। इस संस्था का अन्तिम लक्ष्य स्वैच्छिक सहयोग के आधार पर सूचना सेवाओं को विश्वव्यापी पैमाने पर विस्तार देना है।

यूनिसिस्ट की कार्यविधियां—यूनिसिस्ट की प्रमुख कार्यविधियाँ अधोलिखित हैं—

(i) आगामी सूचना नेटवर्क के नियोजन एवं प्रचालन के लिए आवश्यक विशिष्टीकृत मानव संसाधनों को विकसित करना।

(ii) राष्ट्रीय अथवा क्षेत्रीय सूचना नीतियों एवं आवश्यक साधनों के विकास हेतु आवश्यक कदम उठाना।

(iii) सूचना स्थानान्तरण/संप्रेषण के संस्थागत तथा आवश्यक साधनों को उन्नयन एवं सशक्त तथा सक्रिय करने हेतु आवश्यक कदम उठाना।

यूनेस्को का सूचना सेवाओं के सम्बन्ध में अन्य कार्यक्रम—सूचना सेवाओं के सम्बन्ध में युनेस्को का निम्नलिखित योगदान है—

1. विश्व पुस्तक कांग्रेस (World Book Congress)—अन्तर्राष्ट्रीय पुस्तक वर्ष की दसवी वर्षगांठ पर यूनेस्को ने एक विशाल पुस्तक कांग्रेस का आयोजन 1982 में किया, जिसका विषय ''ट वर्डस ए रीडिंग सोसाइटी'' (Towards a Reading Society) था। इन पुस्तकों की गरिमा बनाए रखने हेतु निम्नलिखित बातों पर ध्यान दिया जाता है—

(i) पुस्तकों का अन्तर्राष्ट्रीय प्रसारण, प्रवाह एवं वितरण तथा पुस्तकों के विकास में यूनेस्को की भूमिका *(ii)* पुस्तकों के भावी कार्यक्रम पर आधुनिक प्रौद्योगिकी प्रभाव एवं मुद्रित शब्दों की चुनौतियां *(iii)* अन्तर्राष्ट्रीय पुस्तक वर्ष (1972) के दस वर्ष पश्चात् की अखिल विश्व पुस्तकीय स्थिति *(iv)* राष्ट्रीय पुस्तक नीति।

2. साफ्टवेयर पैकेज की सूची (Inventory of Software Packages) —सूचना प्रसार की गतिविधियों तथा प्रविधियों में सहायक ''साफ्टवेयर पैकेज'' की सूची भी यूनेस्को द्वारा यूनिसिस्ट के सूचना कार्यक्रम योजना के अन्तर्गत तैयार की गई है। इसके अन्तर्गत 50 से अधिक ''साफ्टवेयर'' पैकेजों को तालिकाबद्ध किया गया है।

3. NATIS—एकीकृत राष्ट्रीय सूचना प्रणालियों को विकसित करने के लिए यूनेस्कों के ग्रन्थालय, प्रलेखन तथा अभिलेखागार विभाग (UNESCO'S Department of Libraries, Documentation and Archives) ने ''राष्ट्रीय इनफ़ारमेशन सिस्टम'' (NATIS) को प्रोत्साहित किया है। नाटिस क्रियाकलापों के अन्तर्गत जैसे—

(i) राष्ट्रीय प्रलेखन, ग्रन्थालय तथा अभिलेखागारों के नियोजन तथा स्थापना पर सम्मेलनों का आयोजन आदि सम्मिलित है। सन् 1974 के दौरान पेरिस में इस सन्दर्भ में एक सम्मेलन सम्पन्न किया जा चुका है।

(ii) राष्ट्रीय सूचना के नियोजन पर अन्तरिम अध्ययन,

(iii) क्षेत्रीय सम्मेलनों का आयोजन।

4. SPINES—यूनिसिस्ट के यूनेस्को के विज्ञान प्रखण्ड ने कार्यक्रमों के साथ सूचना नीतियों तथा विज्ञान नीतियों की सूचना व्यवस्था हेतु ''साइन्स एण्ड टेक्नालाजी पॉलीसीज इनफारमेशन एक्सचेन्ज सिस्टम'' (SPINES) की स्थापना को प्रस्तावित किया है।

5. सामाजिक विज्ञानों के क्षेत्र की सूचनाप्रद गतिविधियां—यूनिसिस्ट सूचना तथा प्रलेखन सेवाओं को मजबूत बनाने के लिए सामाजिक विज्ञान के क्षेत्र की सूचनाप्रद गतिविधियों को शामिल किया है। सामाजिक एवं मानव विज्ञानों की सूचना प्रणालियों के लिए तथ्यात्मक सामग्रियों को स्वतः प्रस्तुत करने की प्रक्रिया को भी विकसित किया जा रहा है। यूनेस्को की अन्तर्राष्ट्रीय पत्रिकाओं में सामाजिक विज्ञानों के क्षेत्रों की सूचना सुलभ की जाती है, जो सामाजिक-आर्थिक, विकास, जनसंख्या, पर्यावरण की गुणात्मक स्थिति, शिक्षा, संस्कृति, वैज्ञानिक मानव संसाधन से सम्बन्धित सूचना-विवरण को प्रस्तुत करती है।

सन् 1950 में यूनेस्को के उद्देश्यों पर खरे उतरने के लिए अन्तर्राष्ट्रीय सामाजिक विज्ञान प्रलेखन समिति की स्थापना की गई। इसके आधार पर प्रमुख चार वार्षिक वाङ्मय सूचियों—राजनीति विज्ञान, अर्थशास्त्र, समाजशास्त्र तथा सांस्कृतिक मानवशास्त्र का प्रकाशन ''इन्टरनेशनल बिल्योग्राफी ऑफ दी सोसल साइन्सेज'' के आख्यान्तर्गत प्रारम्भ किया गया है। यह समिति इस क्षेत्र की अन्य संस्थाओं, संगठनों एवं संघों के सहयोग से सूचना प्रसार की गतिविधियों को सक्रिय करने का प्रयास करती है।

6. भारत में यूनेस्को की केमिकल अब्स्ट्रैक्ट्स एस.डी.आई. परियोजना—यूनेस्को की मदद से भारत में "CAN\SDI" ''साफ्टवेयर'' स्थापित किया गया है। वाङ्मयात्मक सामग्री को डेटावेस के रूप में "Chemical Abstracts Condensates" को चुना गया है। इसके लिए भारतीय तकनीकी संस्थान (IIT), मद्रास में IBM 370/155 कम्प्यूटर स्थापित किया गया है। चयनात्मक सूचना प्रसार सेवा के आयोजन के लिए इस परियोजना को प्रारम्भ किया गया है। इस परियोजना को भारत में बहुत ज्यादा ख्याति प्राप्त हुई।

7. शोधकर्ताओं का शिक्षण तथा प्रशिक्षण कार्यक्रम—यूनेस्को द्वारा सामान्य सूचना के अंतर्गत उपयोगकर्ताओं के प्रशिक्षण का जो कार्यक्रम यूनिसिस्ट के तत्वावधान में प्रारम्भ किया गया था, वह क्रमवत चल रहा है। इस कार्यक्रम की प्रकृति को भी निश्चित किया गया है, जो शोधकर्ताओं के सार्वजनिक तौर पर प्रशिक्षण प्रदान करने के कार्यक्रमों के प्रयासों से सम्बद्ध है। अतः *(i)* सूचना सेवाओं

का सार्थक एवं कौशलपूर्ण उपभोग, *(ii)* इन अध्येताओं के स्वयं की सूचना आवश्यकता को मान्य करने; *(iii)* इन आवश्यकताओं का निर्धारण एवं सूत्रबद्धता; तथा *(iv)* उपलब्ध सेवाओं का मूल्यांकन आदि करने में जो कार्यक्रम सहायक सिद्ध होते हैं, उन्हें प्रशिक्षण के उद्देश्यों एवं कार्यों के अन्तर्गत सम्मिलित किया गया है।

8. यूनेस्को सूचना सेवाएं एवं राष्ट्रीय विकास—बंगलौर में सन् 1978 में यूनेस्को तथा COSTED का मिश्रित सम्मेलन आयोजित किया गया, जिसमें वैज्ञानिकों, आयुर्विज्ञान के विशेषज्ञों, सूचना विशेषज्ञों एवं सार्वजनिक संचार विशेषज्ञों ने भाग लिया। इस बैठक की पृष्ठिभूमि हेतु विकास के क्षेत्र में वैज्ञानिक एवं प्रौद्योगिकी सूचना के अनुप्रयोग का पाँच देशों—श्रीलंका, भारत, मलाया, तन्जानिया, और कास्टारिका का सर्वेक्षण किया गया। जिन सूचनाओं को परामर्शदाताओं ने व्यक्त किया, उसके अन्तर्गत अन्य तथ्यों के अलावा यह स्वीकार किया गया कि अविकसित राष्ट्रों में वैज्ञानिक एवं प्रौद्योगिकीय सूचना सेवाएं अपर्याप्त हैं।

इस प्रकार इस प्रस्ताव में अनुशंसा की गई कि ग्रामीण समुदाय एवं क्षेत्रों की विशिष्ट आवश्यकताओं की पूर्ति के लिए सूचना प्रदान करने हेतु इसे सशक्त रूप से पुनर्गठित करना चाहिए। वैज्ञानिक सूचना के सम्प्रेषण एवं प्रसार की दृष्टि से विकासशील देशों में अनेक समस्याएं हैं। इसके अलावा सही प्रकार की सूचना तथा सम्प्रेषण प्रणालियों का भी अभाव है।

वांछित सूचना सेवा के आयोजना सम्बन्धी बैठक का मुख्य उद्देश्य इन चुनौतियों से निपटने के लिए समस्याओं को निश्चित करने तथा वांछित सूचना सेवाओं के आयोजन हेतु राष्ट्रीय नियोजन निकायों, अभिकरणों तथा यूनेस्को एवं COSTED को आवश्यक संस्तुति प्रस्तुत करना रहा है, जिससे राष्ट्रीय विकास तथा इसके कार्यक्रमों को सफल बनाया जा सके।

9. सामान्य सूचना कार्यक्रम एवं यूनेस्को—यूनेस्को के 19वें अधिवेशन में सन् 1976 में इस प्रोग्राम की स्थापना की गई। इसी सम्मेलन में यूनेस्को के अल्पकालिक कार्यक्रम—(1977-82) को भी स्वीकृति प्रदान की गई थी। इसमें इस संगठन की सभी गतिविधियों के साथ ही साथ सूचना के विनिमय एवं स्थानान्तरण को भी सम्मिलित किया गया है। अन्तर्राष्ट्रीय, राष्ट्रीय तथा प्रादेशिक स्तर पर सूचना प्रणालियों के विकास तथा प्रोत्साहन हेतु सूचना नियोजन एवं नीतियों को सूत्रबद्ध करने हेतु चार प्रकार के उद्देश्यों को इसमें निर्धारित किया गया है।

इस प्रोग्राम के अंतर्गत विशिष्ट चार क्षेत्रों में कार्यविधियों को सक्रिय करने पर जोर दिया गया है, जो अल्पकालिक योजना के उद्देश्यों के अनुकूल हैं। 1978

के 20वें अधिवेशन में सामान्य सूचना कार्यक्रम में प्रमुख पाँच क्षेत्र निश्चित किये गये हैं जो निम्नवत् हैं–

(i) सूचना अवसंरचना के विकास में योगदान, *(ii)* उपभोगकर्ताओं एवं सूचना विशेषज्ञों का प्रशिक्षण एवं शिक्षण आयोजित करना, *(iii)* सूचना व्यवस्था के लिए प्रसारण की विधियों, मानकों एवं मानदण्डों को प्रोत्साहन, *(iv)* राष्ट्रीय, क्षेत्रीय तथा अन्तर्राष्ट्रीय स्तर पर सूचना नीतियों तथा योजनाओं की सूत्रबद्धता तथा प्रोत्साहन, *(v)* शिक्षा, संस्कृति, सम्प्रेषण एवं संचार तथा प्राकृतिक एवं सामाजिक विज्ञानों के क्षेत्र के विशिष्ट सूचना प्रणालियों का विकास।

10. शिक्षाशास्त्रीय प्रलेखन केन्द्र–क्यूबा के शिक्षा मंत्रालय के सहयोग से सन् 1959 ई. में एक शिक्षाशास्त्रीय प्रलेखन केन्द्र की स्थापना की गई। इसके प्रमुख कार्य अधोलिखित हैं–

(i) लेटिन अमेरिका के देशों को शिक्षा के क्षेत्र में सूचना सेवाओं का आयोजन करना;

(ii) तकनीकी सहायता मिशन, लेटिन अमेरिका के नेशनल कमीशन फॉर यूनेस्को तथा यूनेस्को विशेषज्ञों को सूचना सेवा सुलभ करना;

(iii) शिक्षा के क्षेत्र के प्रकरणों एवं प्रमुख विषयों पर वाङ्मयात्मक सूचना प्रदान करना;

(iv) शिक्षाशास्त्र तथा सम्बन्धित विज्ञानों के क्षेत्र में सूचना का संग्रह तथा व्यवस्था करना;

(v) लेटिन अमेरिका के क्षेत्र की अभिरुचि एवं आवश्यकता से सम्बन्धित शिक्षाशास्त्रीय समस्याओं एवं विषयों पर अनुसंधान करना आदि।

11. प्रलेखन शोध में अन्तर्राष्ट्रीय सूचना पद्धति (ISORID)–एफ.आई.डी. के सहयोग से यूनेस्को ने अन्तर्राष्ट्रीय सूचना पद्धति की स्थापना की। इसका उद्देश्य प्रलेखन, ग्रंथालयों आदि के क्षेत्र में किए गए कार्यों तथा अनुसंधानों की सूचना का संग्रह विश्लेषण तथा उनको प्रसारित करना है। यूनेस्को सेक्रेटरियेट में इसके माध्यम से निम्न प्रकार आयोजन करती है–

(1) शोध प्रतिवेदनों का संग्रहालय, (2) शोध परियोजनाओं तथा प्रतिवेदनों की एक केन्द्रीय सूचना, संचिका।

राष्ट्रीय सूचना स्थानान्तरण केन्द्रों (N.I.T.C) द्वारा प्रदान किए विवरणों की केन्द्रीय सूचना संचिका को सूचना तथ्य-सामग्री के रूप में व्यवस्थित किया जाता है। इसके अंतर्गत निम्नलिखित सेवाओं का आयोजन किया जाता है–

(i) शोध परियोजनाओं की सूचना प्रदान करना।

(ii) शोध प्रतिवेदनों की सूचना प्रदान करना।

(iii) शोध प्रतिवेदनों की प्रतियां सुलभ करना।

इसके अतिरिक्त संचयी अनुक्रमणिका सेवा, सामयिक चेतना सेवा तथा अनुरोध करने पर सूचना पुनर्प्राप्ति सेवा का आयोजन किया जाता है।

निष्कर्ष में कहा जा सकता है कि बीसवीं शताब्दी के मध्य में स्थापित यूनेस्को ये पुस्तकालय सूचना सेवाओं में युगान्तकारी परिवर्तन लाने में महती भूमिका निभाई है, लेकिन यूनेस्को के अलावा अन्तर्राष्ट्रीय स्तर पर कई घटनाओं तथा देशों का भी ये ोगदान कम नहीं है।

❑❑❑